人民法院案例选

CHINA LAW REPORT

2020年 第10辑 总第152辑

最高人民法院中国应用法学研究所 / 编

人民法院出版社

图书在版编目（CIP）数据

人民法院案例选．总第152辑／最高人民法院中国应用法学研究所编．－－北京：人民法院出版社，2021.3
ISBN 978－7－5109－3004－1

Ⅰ．①人…　Ⅱ．①最…　Ⅲ．①案例－汇编－中国　Ⅳ．①D920.5

中国版本图书馆CIP数据核字（2020）第240005号

人民法院案例选　2020年第10辑（总第152辑）
最高人民法院中国应用法学研究所　编

责任编辑　陈晓璇　　执行编辑　杨佳瑞
出版发行　人民法院出版社
地　　址　北京市东城区东交民巷27号（100745）
电　　话　（010）67550638（责任编辑）　67550558（发行部查询）
65223677（读者服务部）
客服QQ　2092078039
网　　址　http：//www.courtbook.com.cn
E－mail　courtpress@sohu.com
印　　刷　河北鑫兆源印刷有限公司
经　　销　新华书店

开　　本　787毫米×1092毫米　1/16
字　　数　283千字
印　　张　15.75
版　　次　2021年3月第1版　2021年3月第1次印刷
书　　号　ISBN 978－7－5109－3004－1
定　　价　58.00元

《人民法院案例选》
编审委员会

《人民法院案例选》
编辑委员会

出版说明

《人民法院案例选》是最高人民法院最早创办的案例研究连续出版物，也是我国改革开放以后出版时间最早、延续时间最长、出版册数最多的案例研究书籍。创办二十多年来，《人民法院案例选》坚持“反映审判面貌，总结审判经验，研究审判理论，服务审判工作”的编选方针，突出“真实、全面、及时、说理”的编辑特色，从一个侧面记载了人民法院审判工作发展的轨迹，反映人民法院审判活动的面貌，展示了人民法院审判工作的成就，受到了学术界与实务界的普遍关注和喜爱，在全国法院、社会各界乃至国际上都产生了广泛的影响、取得了良好的声誉、得到了广泛的认可，成为法研所乃至最高人民法院的品牌性连续出版物。

随着法律界对案例分析和案例指导需求的增长，关于案例分析的书刊越来越多，竞争也越来越激烈。同时，也出现了很多问题。一是虽然平台增多，但缺乏集中性、系统性；二是虽然数量增大，但缺乏精选性、经济性；三是虽然来源多元化，但缺乏权威性，给法律工作者使用案例增加了难度。因此，《人民法院案例选》将作出符合读者期待的变化，改为每月1辑。

改版后的《人民法院案例选》将继续秉承“反映审判面貌、司法水平和指导审判工作并重”的编辑方针，形成“全面、及时、权威、开放”的编辑特色。考虑到最高人民法院发布、评析、编辑案例的权威性和说服力，改版后的《人民法院案例选》将全面收集最高人民法院以各种载体发布的各类典型案例，按照读者最普遍的阅读习惯重新编辑，按月集中展现在读者面前，形成“指导性案例”“公报案例”“审判指导与参考”“典型案例发布”等栏目。同时，《人民法院案例选》继续保留经典的“专题策划”“案例精析”栏目，展现各地法院的优秀案例和司法智慧。

此外，为增强互动性和可读性，《人民法院案例选》增设了“域外撷英”“专家关注”等栏目。为发挥《人民法院案例选》培育思想、褒奖学术的理念，特推出“案香浮动”栏目，刊登某位法官的三至五个优秀裁判案例，挖掘其中裁判精髓，充分展现专家型法官的个人风采、人生经历、著述思想及对司法事业的热爱与贡献。

为进一步适应案例工作发展的新形势、新要求，提高案例的质量、编写与报送效率，《人民法院案例选》对案例编写报送体例作了部分修改和完善，具体要求请参阅“中国应用法学网”刊载的《〈人民法院案例选〉案例编写体例与报送规范》。

由于水平所限，本书在编辑过程中存在的不当之处，敬祈读者批评、指正。

编　者

二〇二一年一月

目录 / CONTENTS

人民法院案例选
2020 年第 10 辑 · 总第 152 辑

一、专题策划 · 《民法典》合同编

二、案例精析

刑　事

民　事

商　事

知识产权

行政与国家赔偿

一、专题策划·《民法典》合同编

【编者按】 2020 年 5 月 28 日，十三届全国人大三次会议审议通过了《中华人民共和国民法典》，这是新中国成立以来第一部以“法典”命名的法律，是新时代我国社会主义法治建设的重大成果，为了迎接全新的“民法典时代”，更好地贯彻实施好《民法典》，帮助读者及时准确地理解《民法典》的内容，非常有必要以案例的形式，对《民法典》中的条文进行实践解读，更好地把握《民法典》的立法原意，让《民法典》得以正确适用。

北京红山宏源物业管理有限公司诉逸途（北京）科技有限公司房屋租赁合同纠纷案

——合同僵局时违约方请求解除合同的处理

关键词：《民法典》　合同僵局　违约方解除　合同解释　诚信原则

【裁判要旨】

在合同未明示合同陷入僵局时违约方可解除合同的情况下，就双方对合同条款性质的争议，法院应运用诚信解释的基本原则，认定违约方可在承担违约责任的前提下依据约定解除合同。

【相关法条】

《中华人民共和国合同法》

第九十三条[①]　当事人协商一致，可以解除合同。当事人可以约定一方解除合同的条件。解除合同的条件成就时，解除权人可以解除合同。

第一百二十五条[②]　当事人对合同条款的理解有争议的，应当按照合同所使用的词句、合同的有关条款、合同的目的、交易习惯以及诚实信用原则，确

---

① 参见《民法典》第五百六十二条之规定："当事人协商一致，可以解除合同。当事人可以约定一方解除合同的事由。解除合同的事由发生时，解除权人可以解除合同。"

② 参见《民法典》第四百六十六条之规定："当事人对合同条款的理解有争议的，应当依据本法第一百四十二条第一款的规定，确定争议条款的含义。合同文本采用两种以上文字订立并约定具有同等效力的，对各文本使用的词句推定具有相同含义。各文本使用的词句不一致的，应当根据合同的相关条款、性质、目的以及诚信原则等予以解释。"第一百四十二条第一款规定："有相对人的意思表示的解释，应当按照所使用的词句，结合相关条款、行为的性质和目的、习惯以及诚信原则，确定意思表示的含义。"

定该条款的真实意思。合同文本采用两种以上文字订立并约定具有同等效力的，对各文本使用的词句推定具有相同含义。各文本使用的词句不一致的，应当根据合同的目的予以解释。

【案件索引】

一审：北京市朝阳区人民法院（2018）京0105民初97574号（2019年2月11日）

二审：北京市第三中级人民法院（2019）京03民终5827号（2019年5月9日）

【基本案情】

原告（被上诉人）诉称：北京红山宏源物业管理有限公司（以下简称红山公司）与逸途（北京）科技有限公司（以下简称逸途公司）签订《宏源大厦租赁合同》，租期为2017年6月30日至2019年6月29日。自2018年3月起，逸途公司以各种理由拒不缴纳房租及滞纳金，我公司多次催缴未果。故请求：（1）判令解除与逸途公司签订的《宏源大厦租赁合同》；（2）判令逸途公司支付租金1133035.36元、滞纳金135854.04元、免租期租金185526.4元。

被告（上诉人）辩称：我公司同意解除合同，但认为合同于2018年8月30日已经解除。2018年6月，我公司因内部原因开始拖欠租金，但也在尽力分期分批支付，且红山公司也同意。我公司于2018年8月30日向红山公司发函，载明了解除合同等内容。我公司实际于2018年8月30日搬离租赁房屋，故合同应于该日终止。

法院经审理查明：2017年3月29日，红山公司作为出租方（甲方）与逸途公司作为承租方（乙方）签订《宏源大厦租赁合同》，约定乙方承租涉案房屋，租赁期限自2017年6月30日至2019年6月29日。月净租金总计125402.14元，月物业费36227.28元。合同中第八条第五款约定：乙方因自身经营状况提前终止本合同，则甲方无须返还乙方已付之保证金。终止本合同前1个月，乙方明确书面通知甲方，由甲方负责寻找新租户，在签订新的租赁合同前乙方仍要承担所租房屋租金。

合同履行中，逸途公司分别于2018年3月30日和2018年7月16日向红山公司作出说明及承诺，主要内容为因资金周转问题申请延期支付租金及物业费，如于约定时间内未付款则按照合同约定承担法律责任。

2018 年 8 月 30 日，逸途公司向红山公司发送《协商函》，主要内容为：我公司无力继续承担每月超过 16 万元的房租和物业费，故通知自今日起搬离涉案房屋，终止租赁。

逸途公司称其于 2018 年 8 月 30 日从涉案房屋搬离，但其提出的折抵损失的物品仍在涉案房屋内。红山公司不认可逸途公司陈述。

另查，红山公司在诉讼中增加要求解除合同的诉讼请求，逸途公司于 2018 年 11 月 15 日收到该请求的通知。

【裁判结果】

北京市朝阳区人民法院于 2019 年 2 月 11 日作出（2018）京 0105 民初 97574 号民事判决：一、红山公司与逸途公司于 2017 年 3 月 29 日签订的《宏源大厦租赁合同》于 2018 年 11 月 15 日解除；二、逸途公司于判决生效后 7 日内支付红山公司自 2018 年 6 月 1 日至 2018 年 12 月 11 日租金（合同解除后为使用费）以及物业费 1028228. 76 元；三、逸途公司于判决生效后 7 日内支付红山公司免租期租金 45350 元；四、逸途公司于判决生效后 7 日内支付红山公司逾期付款违约金 35000 元；五、驳回红山公司的其他诉讼请求。宣判后，逸途公司提出上诉。北京市第三中级人民法院于 2019 年 5 月 9 日作出（2019）京 03 民终 5827 号民事判决：一、维持北京市朝阳区人民法院（2018）京 0105 民初 97574 号民事判决第三项、第四项；二、撤销北京市朝阳区人民法院（2018）京 0105 民初 97574 号民事判决第一项、第二项、第五项；三、红山公司与逸途公司于 2017 年 3 月 29 日签订的《宏源大厦租赁合同》于 2018 年 10 月 1 日终止；四、逸途公司于本判决生效后 7 日内支付红山公司 2018 年 6 月 1 日至 2018 年 9 月 30 日的租金及物业费 646517. 68 元；五、驳回红山公司的其他诉讼请求。二审案件受理费 14777. 21 元，由红山公司负担 5088. 16 元，由逸途公司负担 9689. 05 元。

【裁判理由】

法院生效裁判认为：综合双方诉辩主张，本案二审的争议焦点为，《宏源大厦租赁合同》终止时间应如何认定。《合同法》第九十一条规定，有法律规定或当事人约定终止的其他情形，合同的权利义务终止。本案中，《宏源大厦租赁合同》第八条违约和赔偿责任第五款约定：“乙方因自身经营状况提前终止本合同，则甲方无须返还乙方已付之保证金。终止本合同前1个月，乙方明确书面通知甲方，由甲方负责寻找新租户，在签订新的租赁合同前乙方仍要承担所租单位租金……”该条文即为合同的约定解除条款，逸途公司可在承担相应责任的情况下依约单方解除合同。逸途公司其因自身经营状况问题于2018年8月30日向红山公司发送《协商函》，提出“终止租赁”，据上述约定，《宏源大厦租赁合同》应于2018年10月1日终止。

【案例注解】

一、合同僵局

合同僵局是指在持续性合同的履行过程中，一方因为市场形势等外在环境变化或自身的身体原因或履约能力恶化等内在原因，无法或者不再具备履行该合同的能力，从而客观上需要提前解约，而另一方拒绝解除合同的情况。实践中，合同僵局主要有以下几种原因：一是由于客观情况变化，合同内容已经事实上无法履行，如国家或本地出台新的房地产限购政策；二是由于当事人一方自身的客观情况的变化，特别是履行能力的下降，导致合同无法继续履行；三是合同履行成本过高，已经远远超出了当事人订立合同时的预期。

合同僵局在商业合作类的租赁合同，此种情况在商铺租赁的履行过程中最为常见。在房屋租赁合同中，若承租人因外部环境原因或自身经营不善等原因而无力继续支付租金，承租方的负担日渐加重。对于承租方而言，其继续使用承租房屋，不仅入不敷出，还有可能承担日益严重的违约责任，陷入困境无法自拔。而即使在这种情况下，出租人仍贪恋租金收益，对承租人的困境视而不见，坚持不解除合同，从而使合同陷入僵局。

二、违约方解除合同的法律规范基础

（一）《合同法》未明确赋予违约方解除权

我国《合同法》第九十四条规定了合同依法解除的几类情形。该条文是合同法定解除权的请求权基础，法律界对于其中规定的可以解除合同的当事人是否包括违约方的理解存在不同认识。一种观点认为，法律未明确指明此处“当事人”不包括违约方，故违约方也可以据此行使合同解除权；另一种观点从体系解释的角度理解认为，此条文中的“当事人”不应包括违约方，只有非违约

方才可以据此行使合同解除权。当然，这两种观点中，以否定说为主流观点。[①]

（二）《民法典》对违约方解除问题的意见反复

在英美法上，合同履行不能、履行不现实及合同目的落空均属于合同受挫，均能使合同消灭并使双方当事人免责。[②] 王利明教授认为，法律必须对合同僵局情形下的司法解除条件作出明确规定，以维护诚信和公平原则，并保障交易的效率。[③]

在此次《民法典》的立法过程中，违约方的主动解除问题也在立法者的视野之内。在草案的一审稿、二审稿中均规定，“合同不能履行致使不能实现合同目的，有解除权的当事人不行使解除权，构成滥用权利对对方显失公平的，人民法院或者仲裁机构可以根据对方的请求解除合同，但是不影响违约责任的承担”。但在2019年底的三审稿中，该条规定又被删除了。[④]

然而，最终，2020年5月28日正式通过的《中华人民共和国民法典》还是明确肯定了违约方解除合同的可能。该法第五百八十条规定，非金钱债务履行不能且致使不能实现合同目的的情形下，违约方可通过司法方式请求终止合同权利义务关系并承担违约责任。[⑤] 该条为陷入合同僵局的当事人，特别是违约方，提供摆脱困境的可能，不仅解决了《合同法》第一百一十条的立法构造上的缺陷，[⑥] 更是符合立法者的价值取向。

三、司法实践对违约方解除的认同

我国法律虽未明确规定违约方的合同解除权，但有很多案例从社会经济考量、公平原则、诚信原则、实际履行合同的非现实性等理由出发，适用《合同法》第五条、第六条、第一百一十条等法律规范，支持了违约方解除的请

---

① 孙国良：《违约方合同解除的理论争议、司法实践与路径设计》，载《法学》2019年第7期。

② 原蓉蓉：《英国合同受挫的法律后果》，载《民商法论丛》第52卷，法律出版社2013年版，第585页。

③ 王利明：《论合同僵局中的违约方申请解约》，载《法学评论》2020年第1期。

④ 参见《民法典》历次草案信息，载 http://www.faxin.cn/alllibsearch/SearchResult.aspx?text=&valueid=&valuename=&name=&keyword=民法典草案&usersearchtype=1&rdo_search_tj=1&rdo_search_fs=a&gs_znwd_word=，最后访问时间：2020年4月1日。

⑤ 《民法典》第五百八十条规定：“当事人一方不履行非金钱债务或者履行非金钱债务不符合约定的，对方可以请求履行，但是有下列情形之一的除外：（一）法律上或者事实上不能履行；（二）债务的标的不适于强制履行或者履行费用过高；（三）债权人在合理期限内未请求履行。有前款规定的除外情形之一，致使不能实现合同目的的，人民法院或者仲裁机构可以根据当事人的请求终止合同权利义务关系，但是不影响违约责任的承担。”

⑥ 最高人民法院民法典贯彻实施工作领导小组主编：《中华人民共和国民法典合同编理解与适用（二）》，人民法院出版社2020年版，第741页。

求。有学者对此也进行了专门研究。[①] 在这一领域，最为典型的案例即新宇公司诉冯玉梅商铺买卖合同纠纷案件。在该判决中，合议庭依据《合同法》第一百一十条规定认为，当违约方继续履行所需的财力、物力超过合同双方基于合同履行所能获得的利益，合同已不具备继续履行的条件时，为平衡双方当事人利益，可以允许违约方解除合同，但必须由违约方向对方承担赔偿责任，以保证对方当事人的现实既得利益不因合同解除而减少。[②]

最高人民法院在2019年发布的《全国法院民商事审判工作会议纪要》（以下简称《九民会纪要》）中明确肯定了违约方的解除权，其第48条第1款规定："……在一些长期性合同如房屋租赁合同履行过程中，双方形成合同僵局，一概不允许违约方通过起诉的方式解除合同，有时对双方都不利。在此前提下，符合下列条件，违约方起诉请求解除合同的，人民法院依法予以支持：（1）违约方不存在恶意违约的情形；（2）违约方继续履行合同，对其显失公平；（3）守约方拒绝解除合同，违反诚实信用原则。"这也是最高人民法院总结这一方面多年的司法经验，对这--问题作出的最终意见。

四、约定解除中的合同解释

（一）约定解除的运用需要合同解释

本案争议的核心焦点在于，承租人作为违约方是否有权主张解除合同以及其请求解除的请求权基础问题。就此，承租人引用了约定解除制度，并主张其合同依据为双方合同的第八条第五款。一审法院认为该条款仅是承租人违反合同约定所应承担的违约责任，并非合同解除的约定。二审法院则采纳了承租人的主张，认定该条款构成约定解除条款。

本案中，二审法院与一审法院就诉争合同条款认识不一，二审法院运用合同解释的司法方法，对双方合同条款内涵进行了解读，认定该条款含有允许承租人以承担违约责任为代价而解除合同的意思。合同解释是合同案件审判的必备过程。合同解释的必要性，除了合同条款中语言文字本身具有的局限性之外，更重要的是契约具有"二元性"，即日本学者所言，契约与其说是严格的权利义务关系，还不如说是基于友好的、信赖基础上的协同关系，因此出现纠纷时，就需要解释。[③] 因此，本案的审判思路的剖析，就需要先讨论合同解释问题。

---

① 石佳友、高郦梅：《违约方申请解除合同权：争议与回应》，载《比较法研究》2019年第6期。

② 参见新宇公司诉冯玉梅商铺买卖合同纠纷案件二审判决书，载《最高人民法院公报》2006年第6期。

③ 王晨：《日本契约法的理论现状与课题》，载《外国法译评》1995年第2期。

（二）合同解释应符合诚信原则

合同的解释是指法官对合同中的词语的含义加以确定，从而决定其法律上的效果的过程。[①] 合同解释一直是比较法上立法制度的重点与法学研究的焦点。我国亦不例外。

在合同解释的指导原则上，有一个主观主义向客观主义变迁的历史过程。有学者指出，大陆法系国家合同解释的基本原则是以客观主义为主，而辅以主观主义，我国合同法亦然。[②] 实体法上，我国《合同法》第一百二十五条规定："当事人对合同条款的理解有争议的，应当按照合同所使用的词句、合同的有关条款、合同的目的、交易习惯以及诚实信用原则，确定该条款的真实意思。"故从合同法的规定上看，我们对合同的解释也体现了主观与客观相结合的态度，既要探求真意，也要符合社会公众的一般观念。这一规定，在《民法典》中也基本上予以沿用，只是从立法体例出发，将其转移到总则编中的民事法律行为部分。

在学理上，我国学者对合同解释总结归纳为5种解释方法，即文义解释、整体解释、目的解释、习惯解释、诚信解释。其中，最能体现客观主义原则的就是诚信解释。诚信原则是大陆法系各国民法典均承认的关于契约法的一般原则，成为衡量合同当事人权利义务的基本原则，合同解释也应遵循这个原则。[③] 其基本内涵即在运用诚信原则解释有争议的合同用语时，法官应当根据一个诚实守信的人所应当理解的含义来解释合同，需要平衡当事人双方的利益，公平合理地确定合同内容。[④]

（三）诚信解释允许违约方摆脱合同僵局

在我们进行合同解释，运用诚信解释的方法时，就会遇到一个根本问题，诚信原则如何在具体案件中加以把握？具体而言，问题即在于，通过对合同条款的解释，允许违约方解除该合同，是否符合诚信原则。

作为民法中的帝王条款，诚信原则的功能包括四个方面，即补充、限制、调整、接引。[⑤] 合同中的诚信原则要求合同中的双方当事人均应善意行使权利，双方在合同事务处理过程中，应当秉持协同的理念，而非竞争的关系，特别是其中的地位占优者，如出租人。

对处于僵局之中的合同，以"法锁"的信仰而拒绝无力继续履行合同的

---

① 王军：《美国合同法》，中国政法大学出版社1996年版，第232页。

② 李永军：《合同法》（第二版），法律出版社2005年版，第624页。

③ 李永军：《合同法》（第二版），法律出版社2005年版，第633页。

④ 韩世远：《合同法总论》（第四版），法律出版社2018年版，第876页。

⑤ 朱庆育：《民法总论》，北京大学出版社2016年版，第524页。

当事人的解除需求，并不是合同自由与合同神圣的真谛。在如本案情形的房屋租赁合同中，若合同已陷入僵局，承租人的租金与违约责任将使其陷入困境无法自拔，而出租人坚持不解除合同，将承租人推向绝境，完全违背了善意的理念。其实，出租人虽然有按期收入租金的“账面收益”，也可以通过诉讼方式获得胜诉判决，但最终也可能因为承租方没有执行财产而收益落空。这种结果，并不符合诚信原则对债权人善意行权的要求。

（四）诚信解释应体现合同双方合理期待，维护公平

诚信解释原则中当然包括公平解释之意。① 根据诚信解释原则，法官解释有争议的合同用语时，应当根据一个诚实守信的人所应当理解的含义来解释合同，需要平衡当事人双方的利益，公平合理地确定合同内容。②

合同双方当事人就合同条款含义有不同观点时，如何平衡？有民法学者指出，不同于对单方意思表示的解释，合同解释有整体审视的需要。③ 在法国法上，其民法明确规定，契约有疑义时，应作不利于债权人而有利于债务人的解释。④ 本案中，诉争条款是承租人为自己在将来如果经营不善的情况下及时止损而设定的救济方式，“因自身经营状况”的表述清晰表明了承租人对未来经营风险的顾虑，对在经营不善的情况下能够通过承担违约责任而脱身具有强烈愿望，并在该事项载入合同条款之后对此抱有合理期待。因此，在诚信解释的原则下，宜将争议条款解释为约定解除权，否则导致合同形成僵局，承租人因无法履行导致损失继续扩大，出租人亦不能从合同中获取利益，与作为出租方获取租金的合同目的相悖。而若将争议条款解释为违约方在承担赔偿损失后享有合同解除权，则可以使双方及时从合同僵局中解脱出来，避免损失扩大，出租方获得违约赔偿后可以弥补损失，又可继续寻找承租人实现收取房屋租金的合同目的，违约方可以赔偿违约金后及时止损。

因此，将合同条款解释为后一种含义更符合诚信解释原则，合理地平衡了双方利益。

五、违约方解除路径选择之比较

当前，司法实践中，从公平解决案件的角度出发，合同僵局情况下的合同解除问题，有两种处理方式：其一，通过对合同约定条款进行解释的方式，确

① 李永军：《合同法》（第二版），法律出版社2005年版，第627页。

② 韩世远：《合同法总论》（第四版），法律出版社2018年版，第869～876页。

③ 崔建远：《合同解释辨》，载《财经法学》2018年第4期。

④ 参见《法国民法典》第1162条。

认违约方享有合同约定解除权；其二，通过适用《九民会纪要》的规定，认定违约方可以起诉解除合同。两种方式的适用前提有一定的类似性：其一，违约方不存在恶意违约的情形，实属因自身经营状况问题；其二，继续履行合同，对违约方显失公平；其三，守约方在对方协商解除合同的情况下，未同意解除合同，违反诚信原则。

但在实践运用上，我们还需根据案情灵活审查，确定如何选择，考量因素包括：第一，应当尊重当事人意思的选择，贯彻民事诉讼法上的处分主义、辩论主义，根据当事人的具体主张确定相应的适用规范；第二，应当注意审查违约方的解除方式，从行使方式上看，《九民会纪要》规定的违约方需要以向法院起诉请求解除的方式行使，而不是以通知对方的方式，后者只有在约定解除事由的情况下，才可以通过这一方式解除；第三，注意审查合同解除时间，在适用约定解除制度的情况下，通知到达时合同即解除，没有事先通知的，起诉状送达之日，合同解除，而在适用《九民会纪要》的情况下，合同需在判决生效后方能解除。

六、启示

违约方的合同解除问题，既是立法技术问题，更是价值取向问题。在合同法时代，这一问题引发了诸多争议，即使在前文所引的公报案例刊登之后，这一争议亦未得到解决，而是引发了更多的讨论。相关争议在《民法典》的编纂过程中亦有集中的反映。虽然最后《民法典》肯定了合同僵局时违约方可以请求司法解除，但作为妥协性的安排，没有将其纳入合同解除权的法定事由，而是作为但书条款规定在关于合同实际履行的规范之中，而这与法定解除、约定解除之间并不互相排斥。① 故在案件审判之中，在实际处理此类纠纷时，明确合同解除的制度基础，进而识别相应的请求权基础规范及其要求就显得格外重要。因此，我们应当注意区分法定解除权、约定解除权、司法解除权的不同法律规范与相应要件，并在具体审理案件时，根据当事人的诉讼主张，进行要件审查，进而判定合同是否应解除、何时解除以及不同的法律效果。

（**一审法院独任审判员**　李甲军
二审法院合议庭成员　黄海涛　万丽丽　杨　夏
编写人　北京市第三中级人民法院　赵　卉
责任编辑　李　明
审稿人　范明志）

① 黄薇主编：《中华人民共和国民法典合同编释义》，法律出版社2020年版，第273页。

黄某某诉广州市子陌网络科技有限公司网络服务合同纠纷案

——合同僵局情况下违约方起诉解除合同的责任承担

关键词：《民法典》 继续性合同 合同僵局 权利滥用 司法解除 违约责任

【裁判要旨】

在继续性合同陷入合同僵局情况下，经审查认为违约方不存在恶意违约情形，继续履行合同对其明显不公平，且守约方拒绝解除合同有违诚信原则的，可以支持违约方解除合同的请求，从而更好地优化互联网资源配置，传递司法鼓励高效交易、诚信交易，维护实质正义的理念。

【相关法条】

《中华人民共和国合同法》

第一百一十条① 当事人一方不履行非金钱债务或者履行非金钱债务不符合约定的，对方可以要求履行，但有下列情形之一的除外：

（一）法律上或者事实上不能履行；

（二）债务的标的不适于强制履行或者履行费用过高；

① 参见《民法典》第五百八十条之规定：“当事人一方不履行非金钱债务或者履行非金钱债务不符合约定的，对方可以请求履行，但是有下列情形之一的除外：（一）法律上或者事实上不能履行；（二）债务的标的不适于强制履行或者履行费用过高；（三）债权人在合理期限内未请求履行。有前款规定的除外情形之一，致使不能实现合同目的的，人民法院或者仲裁机构可以根据当事人的请求终止合同权利义务关系，但是不影响违约责任的承担。”

（三）债权人在合理期限内未要求履行。

【案件索引】

一审：广州互联网法院（2019）粤0192民初48975号（2020年4月21日）

【基本案情】

黄某某诉称：其是网店店主，与广州市子陌网络科技有限公司（以下简称子陌公司）签订了合同，将网店交给了子陌公司代运营。按照约定，子陌公司应提供代运营团队，并分五步逐步优化店铺10项运营内容。但是，子陌公司没有对店铺进行实质、有效的优化，未能帮助网店提高销售业绩、实现合同目的。为此，黄某某向子陌公司提出终止合同，请求法院判令子陌公司退回黄某某18000元服务费。

子陌公司未作答辩。

法院经审理查明：黄某某与子陌公司签订《天猫店铺代理服务协议》。双方约定：子陌公司代运营黄某某的网店一年，技术费72000元。黄某某先付第一季度费用（2019年9月23日至12月22日）18000元，如子陌公司完成当季度80万元销售目标，黄某某无条件继续付下季度的服务费用。如果子陌公司未达到目标，黄某某有权单方终止合同。子陌公司提供“推广宝贝分析和选择”等10项服务内容。在子陌公司进行服务期间，黄某某不得干扰子陌公司既定策略的执行，不得对子陌公司的操作进行修改，确保子陌公司优化策略的完整执行。黄某某可参照数据报表监控子陌公司的服务效果，随时向子陌公司传达自身的需求，由子陌公司进行策略调整。

2019年9月23日，黄某某支付子陌公司18000元并为子陌公司开通网店账号，子陌公司开始提供服务。9月23日至10月14日，子陌公司按合同约定提供了部分项目服务。10月15日，黄某某关闭子陌公司的网店账号，子陌公司无法再提供服务。10月16日，黄某某向子陌公司提出终止合同，要求退款，子陌公司不同意解除合同。黄某某提交的数据报表显示：子陌公司服务期间，店铺成交总金额从4769.5元环比提升到8428.52元，但店铺花费也相应增加，导致利润从2837.66元环比下降到1524.45元。

【裁判结果】

广州互联网法院于2020年4月21日作出（2019）粤0192民初48975号民事判决：一、子陌公司于判决生效之日起7日内，向黄某某退还代运营费用1万元；二、驳回黄某某的其他诉讼请求。宣判后，当事人未提出上诉，判决已发生法律效力。

【裁判理由】

法院生效裁判认为：《合同法》第九十四条规定了当事人可以单方解除合同的情形。黄某某主张解除涉案合同合法，但现阶段既未达到合同约定的解除条件，子陌公司也不存在根本违约行为。此外，合同约定黄某某在子陌公司服务期间，不得干扰子陌公司既定策略的执行，但可以向子陌公司传达自身的需求，由子陌公司进行策略的调整。考虑营销数据变化的多因性，运营操作效果的相对滞后性，子陌公司运营操作黄某某店铺时间较短等多项因素，在合同未约定子陌公司具体运营步骤及短期阶段效果的情况下，黄某某依据自身认识和自行统计的网店销售数据主张子陌公司违约，并单方通知子陌公司解除合同，显属违约。考虑服务合同具有人身依附性，且黄某某已经关闭子陌公司的网店账号，继续履行合同已无现实可能。黄某某要求解除合同，法院予以准许。法院结合黄某某、子陌公司履行合同义务的情况及涉案合同的履行期间，同时考虑子陌公司未举证证明其实际工作量，酌定子陌公司返还黄某某1万元。

【案例注解】

一、合同僵局情况下违约方起诉解除合同的理论基础

（一）合同僵局的理论基础

合同严守原则是合同领域重要的原则之一。基于该原则，理论界和司法实务界长期以来秉持只有非违约方才享有合同解除权的理念，严格维护合同的拘束力，拒绝违约方解除合同的请求，敦促违约方惮于此而不敢肆意违约。但是随着社会经济的发展，实践中出现的合同僵局的新情况和新问题，对上述理念产生了冲击，对合同履行背后的价值衡量提出了新的思考。

所谓合同僵局，理论界目前尚未形成明确的概念，一般认为，合同僵局是指合同不能继续履行，而当事人对解除合同不能达成一致意见，导致当事人、标的物等无法从合同关系中脱身而陷于僵局的情况。从审判实践来看，产生合同僵局的原因往往是因合同义务的性质而不能继续履行，或者因履行成本过高而不能继续履行，这两类是合同僵局的主要类型。一般而言，金钱给付义务不存在不能履行的问题，而非金钱债务在法律上或事实上则存在不能履行的情况，同时有些债务的标的也不适于强制履行，这些均可能导致合同义务因其性质而不能继续履行。履行成本过高不仅需要考量实际履行将给一方当事人造成的经济负担过高，而且要考虑公众利益乃至整体经济利益。此外，构成合同僵局需同时符合以下要件：第一，未完成的合同义务不能或者不适合强制履行；第二，违约方明确提出不再继续履行合同，而非违约方拒绝解除合同；第三，合同义务不能履行的原因不属于情势变更、商业风险。

法律上之所以要打破合同僵局，主要原因在于：一方面，非违约方拒绝解除合同，可能导致合同当事人的利益严重失衡；另一方面，合同僵局中的当事人、标的物等长期受此束缚而无法从中脱身，但在市场经济中，合同具有组织经济的功能，单个合同陷于僵局可能对系列合同乃至整个交易链条的交易秩序产生不利影响，从而降低了整体交易效率，妨碍经济要素的高效配置，不利于社会经济的发展。

（二）合同僵局情形下违约方解除合同的理论基础

新宇公司诉冯玉梅商铺买卖合同纠纷案是司法判决支持违约方解除合同的典型案例，该案也开启了违约方是否享有合同解除权的法理讨论与立法完善。有观点认为，《合同法》第九十四条规定不可抗力以及几种根本违约情形下，“当事人可以解除合同”，这里的“当事人”可以理解为各方当事人，不局限于守约方，即法律并没有明确禁止违约方解除合同。也有观点依据《合同法》第一百一十条“当事人一方不履行非金钱债务或者履行非金钱债务不符合约定的，对方可以要求履行，但有下列情形之一的除外：（一）法律上或者事实上不能履行；（二）债务的标的不适于强制履行或者履行费用过高；（三）债权人在合理期限内未要求履行”的规定，认为在不能履行、继续履行费用过高等情形下，违约方可以不再履行合同。笔者认为，《合同法》从体系上已经将解除合同作为一种违约救济方式，第九十四条关于法定解除合同的主体应理解为限定在非违约方，第一百一十条的规定更多的是给予了违约方不再履行合同的抗辩权，但是合同本身并未解除，违约方依然需要受到合同约束。即无论如何对《合同法》的条文进行解释，不可否认的是《合同法》并没有明确规定违约方享有法定解除权，这也导致司法实践中对于违约方能否解除合同长期缺乏统一的裁判依据。

实际上，在合同僵局的情况下，允许违约方解除合同首先来源于司法实践——以判决的方式终结合同效力。司法先行虽然没有引用明确的法律条文，但并不是创设新的法律或者突破现有法律，而是在实践中发现合同严守规则影响了合同履行的效率，限制了商业的发展，出于降低交易成本，更好地维护公平与诚信原则的目的，以司法裁判的形式打破合同僵局。这样的思路体现了法律对于合同的保护更在于实实在在的履行利益，而非仅仅保护“合同严守”原则的外观，置合同效率与现实正义于不顾。因此，赋予特定情况下违约方解除合同的权利实际上就是在践行《合同法》维护社会诚信与实质正义的立法理念，也更加符合效率与公平的商事追求，更加符合民法的整体秩序与价值追求，当然有其正当性的理论基础与法律依据。

二、违约方起诉解除合同的司法适用

（一）本案构成合同僵局的认定

根据前述合同僵局的构成要件分析，案涉网络服务合同需要在违约方明确不愿意继续履行合同，且合同不能或者不适宜强制履行情况下才构成“僵局”。本案中，双方签订了为期一年、按季度履行的继续性合同，首月运营报表的数据显示，案涉店铺的销量提升但是所获盈余不足以填补代运营费用。首先，对于黄某某而言，继续履行的后果很可能是子陌公司无法完成80万元的销售目标，其合同目的落空的可能性非常大，但与此同时其损失越来越大，双方的利益失衡明显。其次，黄某某关闭子陌公司的账号，导致子陌公司无法履行合同义务，而作为守约方的子陌公司拒绝解除合同，双方已经僵持不下。再次，当事人已失去了互信基础甚至产生了对抗因素，而案涉网络服务合同具有较强的人身依附性，黄某某关闭了子陌公司的账号后，不太适宜强制履行合同，且强制履行也会耗费更大的司法资源和社会成本。据此，合同僵局已经形成，若不解除代运营合同，一方面网店将处于闲置状态，黄某某在持续承担经营成本的同时却无法享受对应的服务；另一方面，子陌公司的人力资源也将长期处于待命状态。因此，对于本案违约方能否解除合同的问题，法院首先将其放置于互联网经济发展与电子商务交易的目标追求之下，基于有效利用资源、提升交易效率的价值衡量，作出双方已经形成合同僵局的初步判断，再依照合同僵局下起诉解除合同的构成要件予以具体认定。

（二）合同僵局情况下违约方起诉解除合同的司法认定

根据《全国法院民商事审判工作会议纪要》（以下简称《九民会纪要》）第四十八条规定，双方形成合同僵局是违约方起诉解除合同的前提条件。此外，违约方起诉还需要具备三个条件：一是违约方不存在恶意违约的情形；二是违约方继续履行合同，对违约方显失公平；三是守约方拒绝解除合同违反诚实信用原则。这三个构成要件反映了该会议纪要对于违约方起诉解除合同保持相对谨慎、严苛的态度。即只有同时符合上述条件，才赋予违约方循司法途径解除合同的权利。

具体到本案，子陌公司依约履行合同，是守约方；黄某某关闭网店账号致使子陌公司不能代运营，是违约方，在判定案涉合同能否解除时需要综合考量上述三个要件。首先，黄某某关闭网店账号显然是主观上不想继续履行合同，但是主观故意并非等同于恶意违约。恶意违约本质上是意欲从违约行为中"非法获利"、侵害守约方利益，或者是恶意逃避违约责任，这种恶意将严重危害交易安全、破坏交易秩序。本案黄某某根据运营报表的数据，结合双方关于第一季度完成80万元销售额的约定，考虑到不能实现合同目的的可能性非常大，所获盈余也不足以填补代运营费用，单纯地想要以解除合同的方式及时止损，不属于恶意违约的情形。其次，黄某某关闭网店账号导致子陌公司不能代运营，而子陌公司不愿意解除合同，双方形成合同僵局。在合同僵局情形下，如果强制要求违约方继续履行合同，确实可以为守约方带来一定的利益，但此种利益与违约方的损失相比，可能会明显不对等，尤其是当违约方能够基于守约方损失赔偿以弥补损失时，双方之间的利益失衡将更加明显。鉴于黄某某对代运营策略仅有建议权，并无决策权，继续履行合同可能会任由收支不平衡的状况越来越严重，对于理性的商业人黄某某而言，显然不太公平。最后，合同关系显著的特征是双方地位平等，一方当事人应当尊重对方当事人的合理利益期待。在形成合同僵局的情形下，如果违约方能够对守约方作出利益补偿，守约方却坚持继续履行合同，可以认为守约方有滥用己方权利之嫌或者已经违反了诚信原则。本案中，子陌公司拒绝解除合同，在黄某某起诉主张解除合同时，又拒绝出庭应诉，即对于合同僵局处于消极应对的状态，既不主张合同权利也不寻求解决之道，某种程度上构成了权利滥用，有违合同交易的诚信原则。综合上述考虑，法院认为应当支持违约方黄某某主张解除合同的诉请。如果子陌公司扣除部分合同款作为利益损失的弥补，再将其人力资源投入新的项目，既能保障其合理利益，又可以使黄某某提前摆脱亏损困境，对双方都较为公平，也更加符合电子商务合同快速交易、资源快速流通的特征。

当然，违约方请求解除合同，本就存在违约行为，合同解除并不影响其承担违约责任。一般情况下，法院审查认为符合合同解除条件的，应向守约方释明可以直接要求损害赔偿，也可另行起诉主张权利赔偿，尊重守约方的选择权。本案中，子陌公司未到庭应诉，法院未能释明相关事宜。在子陌公司未明确放弃在本案直接要求损害赔偿权利的情况下，法院判决子陌公司退回全部服务款，再由子陌公司另行主张权利赔偿，显然将增加当事人的诉累。据此，法院结合案件实际情况，预扣一定赔偿款项后，判决子陌公司退回黄某某部分服务费。

（三）违约方起诉解除合同的法律依据

《九民会纪要》第48条规定了在特定条件下违约方可以起诉解除合同的情形，该规定允许违约方通过司法解除的方式打破合同僵局，是对合同严守原则的重大突破，体现了司法更加注重提高交易效率、促进经济发展、实现实质正义的精神。《民法典》虽然没有关于违约方可以解除合同的直接性条款，但第五百八十条规定：“当事人一方不履行非金钱债务或者履行非金钱债务不符合约定的，对方可以请求履行，但是有下列情形之一的除外：（一）法律上或者事实上不能履行；（二）债务的标的不适于强制履行或者履行费用过高；（三）债权人在合理期限内未请求履行。有前款规定的除外情形之一，致使不能实现合同目的的，人民法院或者仲裁机构可以根据当事人的请求终止合同权利义务关系，但是不影响违约责任的承担。”该条规定与《合同法》相比，增加了当事人可以向法院或者仲裁机构请求终止合同权利义务关系，但不影响违约责任的承担的内容，这表明在合同目的不能实现时，违约方作为当事人之一，也有权提出终止合同权利义务的请求。而且，《民法典》对于违约方主张终止合同权利义务的限制性条件较于《九民会纪要》没有那么严苛。最新的立法、司法理念表明，我们对合同的保护不再机械地强调严格遵守，而是更加侧重于保护履行利益、商事效率与公平公正。本案中，引导双方践行鼓励交易、实现实质正义的理念，更加契合当前快速发展的社会环境，更有利于促进市场经济的发展。

三、案例启示

（一）防止违约方制造虚假僵局滥用诉权

虽然《民法典》《九民会纪要》的相关规定以及立法趋势为支持违约方解除合同提供了依据。但司法机关在审理此类案件时，仍应兼顾社会效果，防止违约方滥用该项条款，引发负面的社会导向和社会评价。具体来说，一要严格判断是否已经形成合同僵局，合同因情势变更难以履行或者合同继续履行并不会造成违约方利益失衡等情形，不应构成合同僵局。二要严格认定是否有必要打破合同僵局，如果合同僵局仅是由于违约方不愿意担负合同风险，司法当然没有必须破坏合同的效力。三要严格审查是否符合申请司法解除的条件，要特别注意防止一方故意制造虚假履行障碍，借以逃避合同债务履行。只有在符合违约方解除合同的构成要件且违约方能够承担损害赔偿的情况下，才能予以解除。

（二）防止社会公众误读司法解除合同规定

一直以来，关于违约方能否解除合同都存在很大的争议。有人认为，赋予违约方合同解除权，相当于保护甚至鼓励违约方任意毁约，不利于维护稳定的交易秩序，也不符合诚信原则。但是，违约方解除合同的权利并不是形成权，而只是一项申请权，在合同僵局情况下可以发起请求法院或者仲裁机关进行司法解除的程序，最终能否解除有赖于司法机关的综合判断。从这个角度来说，司法机关在违约方解除合同规则的运用中扮演着极为重要的角色，确实会影响公众对于司法行使自由裁量权的担忧。因此，在适用这一规定时，司法机关必须秉持从严审查、理性谦抑的原则，审慎判令合同解除，消除社会公众的顾虑。具体来说，司法应充分尊重合同契约自由，不应干预轻微的僵局，只有在陷入严重僵局情况下，才予以司法解除。当然，对于司法解除的积极作用也不能一味否定。正是为了防止违约方不当使用合同解除权，才设置了由其向司法机关发起解除程序的条款，而且“诚信的本质是降低交易成本”，该规则的要旨也在于通过司法机关的审查与把控，将当事人从僵局中解脱出来，减少资源消耗，降低交易成本，贯彻更具有实质意义的诚信与公平。先前的实践基础也表明，很多法院或者仲裁机构支持违约方解除合同确实达到了破解合同僵局的目的，也起到了非常好的社会效果。

（三）充分发挥合同僵局下司法解除合同的积极作用

在当前互联网经济快速发展背景下，基于电子商务交易便捷、快速、高效等特点，各方在交易中更加注重效率以及资源的有效利用。特别是在类似本案继续性合同的履行过程中，如果交易一方因为形势变化、履约能力等原因无法继续履行合同，继而要求提前解除合同，而另一方拒绝解除合同，很容易出现合同僵局。在具有前述法律依据的前提下，允许违约方向法院提起诉讼，通过司法裁判解除合同关系，使当事人从合同僵局中脱身，不仅更有利于充分发挥合同标的物的价值，有效平衡当事人之间的利益，还能够盘活处于僵局中的互联网资源，加速人才、技术、产品等要素流动，创造更多的社会财富。反之，对于不能履行或者履行成本过高的合同，强行要求当事人继续履行，表面上维持了合同效力，但实际上无法使当事人的合同权益落到实处，将产生较大的效率损失、资源损失，不符合互联网经济鼓励高效流动、高效交易的发展态势。因此，在符合相关构成要件情况下，司法可以支持违约方起诉解除合同的诉请，促进资源的有效利用与合理分配，充分发挥司法主动参与经济管理、社会治理的职能作用；同时传递司法鼓励交易双方平衡利益、合作共赢的理念，以更易被接受的方式实现实质正义。

（**一审法院独任审判员** 冯立斌

编写人 广州互联网法院 冯立斌 李 佳

责任编辑 李 明

审稿人 范明志）

李某某等诉冯某某股权转让纠纷案

——股权转让合同解除权行使期限的司法认定

关键词：《民法典》　合同解除权　行使期限　法律漏洞　禁止权利滥用

【裁判要旨】

在合同纠纷案件审理过程中，法律没有规定或者当事人没有约定解除权行使期限，权利人虽未经对方催告，但在一定的合理期限内不行使的，人民法院可以从维护合同双方利益平衡、维护交易安全等角度出发，综合全案情况，认定其合同解除权消灭。其中，所涉及的“合理期限”，在性质上与诉讼时效期间、除斥期间均不相同，具有自己独立的地位和价值。

【相关法条】

《中华人民共和国民法总则》

第一百三十二条[①]　民事主体不得滥用民事权利损害国家利益、社会公共利益或者他人合法权益。

《中华人民共和国合同法》

第九十五条[②]　法律规定或者当事人约定解除权行使期限，期限届满当事人不行使的，该权利消灭。

---

① 参见《民法典》第一百三十二条之规定：“民事主体不得滥用民事权利损害国家利益、社会公共利益或者他人合法权益。”

② 参见《民法典》第五百六十四条之规定：“法律规定或者当事人约定解除权行使期限，期限届满当事人不行使的，该权利消灭。法律没有规定或者当事人没有约定解除权行使期限，自解除权人知道或者应当知道解除事由之日起一年内不行使，或者经对方催告后在合理期限内不行使的，该权利消灭。”

法律没有规定或者当事人没有约定解除权行使期限，经对方催告后在合理期限内不行使的，该权利消灭。

【案件索引】

一审：北京市密云区人民法院（2019）京0118民初287号（2019年3月12日）

二审：北京市第三中级人民法院（2019）京03民终6340号（2019年6月27日）

【基本案情】

原告（被上诉人）李某某等诉称：2010年1月29日，李某某（黄某某）与冯某某签订《转让协议》，约定李某某将其持有的山林公司全部权益转让给冯某某，冯某某给付李某某1300万元转让金。支付期限为：于2010年3月10日交付500万元、2010年9月底支付500万元，剩余部分于2011年7月31日支付完毕。协议签订后，李某某依约履行全部义务，但冯某某经多次索要尚未支付任何转让金。由此提出诉讼请求：（1）请求解除李某某与冯某某于2009年11月17日签订的《股权转让协议》；（2）请求解除李某某（黄某某）与冯某某于2010年1月29日签订的《转让协议》；（3）请求山林公司、冯某某协助将冯某某名下股权变更登记至李某某（950万元）、黄某某（50万元）名下；（4）请求冯某某返还李某某交付的全部文件（以交接单为准）。

被告（上诉人）冯某某辩称：不同意李某某、黄某某的诉讼请求。事实和理由如下：第一，存在未付转让金的事实，但李某某、黄某某主张其权利已超过诉讼时效。李某某因违约在先，故始终未向冯某某主张股权出让款。本案的诉讼时效应当自股权转让合同约定的给付股权出让款时间开始起算，至今已超过法定的诉讼时效。第二，李某某与冯某某签订的《转让协议》，是双方真实的意思表示，内容未违反国家法律、行政法规的强制性规定，该合同有效。未经双方协商一致，一方不得擅自变更和解除。第三，李某某未交付公司开发资质全部备案手续致使山林公司开发资质被注销，且未向冯某某交付公司印章及公司账目，始终未按照《转让协议》第四条的约定将佛山花园项目的全部资料及档案移交给冯某某。李某某存在违约行为。

法院经审理查明：2001 年 8 月 16 日，山林公司成立，注册资本 1000 万元。2009 年 6 月 2 日，山林公司股东变更为李某某和黄某某，其中李某某股权 950 万元，黄某某股权 50 万元。山林公司主要开发了位于北京市密云区太师屯镇政府驻地附近的佛山花园项目，项目尚未完全竣工。

2009 年 11 月 17 日，李某某（转让方）与冯某某（受让方）签订《股权转让协议》，约定李某某同意将所持北京山林世纪房地产开发有限公司股权 950 万元全部转让给冯某某。冯某某同意受让，并以其出资额为限对公司承担责任。

2009 年 11 月 18 日，山林公司的股东由李某某、黄某某变更为冯某某，法定代表人亦由李某某变更为冯某某。

2010 年 1 月 29 日，李某某（甲方，同时代表黄某某）与冯某某（乙方）签订《转让协议》，协议约定甲方将山林公司全部权益转让给乙方。山林公司尚有债权、收益权益归乙方所有。佛山花园小区未售房屋，乙方享有完全处置权。甲方有义务将佛山花园项目全部工程资料及档案完整移交乙方等。1300 万元股权转让款分三期支付，2010 年 3 月 10 日交付 500 万元，2010 年 9 月底交付 500 万元，剩余部分于 2011 年 7 月 31 日交付。冯某某认可未支付上述款项，但表示李某某、黄某某从未向其主张过支付股权转让款，冯某某也并未表示拒绝支付股权转让款，相反冯某某曾主动与李某某联系，但未联系成功。本案审理期间，李某某、黄某某并未提交任何证据证明其曾向冯某某主张支付股权转让款。

2010 年 5 月 18 日至 19 日，李某某向冯某某交付山林公司材料并形成交接单，交接人为黄某某，接收人为孙某某，监督人为冯某某。冯某某接收公司及资产后，未继续建设佛山花园项目，亦未向李某某、黄某某支付股权转让款。

另查明，转让协议签订时，山林公司开发资质并未注销，随后因超期未年检被注销开发资质，但可通过补交备案手续等资料进行续签。

【裁判结果】

北京市密云区人民法院于 2019 年 3 月 12 日作出（2019）京 0118 民初 287 号民事判决：一、解除李某某与冯某某于 2009 年 11 月 17 日签订的《股权转让协议》；二、解除李某某（含黄某某）与冯某某于 2010 年 1 月 29 日签订的《转让协议》；三、北京山林世纪房地产开发有限公司协助将冯某某持有的北京山林世纪房地产开发有限公司 950 万元股权变更工商登记至李某某名下，50

万元股权变更工商登记至黄某某名下；四、冯某某于本判决生效之日起7日内返还李某某北京山林世纪房地产开发有限公司相关材料（详见移交清单）。宣判后，冯某某不服一审判决，提起上诉。北京市第三中级人民法院于2019年6月27日作出（2019）京03民终6340号民事判决：一、撤销北京市密云区人民法院（2019）京0118民初287号民事判决；二、驳回李某某、黄某某的全部诉讼请求。

【裁判理由】

法院生效裁判认为：若无对方催告是否可以无限期行使合同解除权，应结合禁止权利滥用原则予以阐释，以发挥弥补法律漏洞的作用。根据《民法总则》第一百三十二条的规定，禁止权利滥用原则是对民事主体行使民事权利的一定限制，以此达到民事权利与国家利益、社会公共利益、他人合法权益的平衡。权利失效规则，作为禁止权利滥用原则的衍生规则，在合同解除权行使上起到限制解除权行使期限的作用。合同解除权是形成权，依一方当事人的意思表示就可以直接使民事法律关系产生、消灭或变更。合同解除权的行使会引起合同关系重大变化，若权利人较长时间不行使解除权，则会导致合同关系一直处于极不确定的状态，严重影响交易双方权利义务，因此，从利益平衡、维护交易安全的角度需要对解除权的行使期间进行限制。

有限责任公司的股权交易涉及诸多方面，在股东变更登记已经完成且公司已经经营多年的情况下，动辄解除股权转让合同对于公司内部经营管理及外部交易行为的稳定均会产生不利影响，因此，股权转让合同的解除权行使应更为严格，对解除权的行使期限进行限制亦尤为必要，故即使未经催告，合同解除权亦应当在合理期限内行使。此处的合理期限，就是法律上所称的除斥期间。该除斥期间如何确定，应根据合同的具体情况来判断，结合合同性质、交易目的和交易习惯来确定。在本案中，该合理期限应当认定不得超过股权转让对价付款期限届满后两年。若除斥期间超过股权转让对价到期后两年，将导致已过诉讼时效的债权又允许当事人通过无限期行使合同解除权的方式寻求法律恢复对相应利益的保护，造成诉讼时效制度作用虚化，亦违背解除权除斥期间的规范要旨。因此，鉴于李某某自2017年9月13日起才开始以多种诉求及理由向冯某某主张权利，距离2011年7月31日股权转让款支付最后期限已达6年多，远远超过解除权行使的合理期限，故李某某、黄某某无权解除《股权转让协议》及《转让协议》。

【案例注解】

由于合同解除权的行使会引起合同关系重大变化，权利人较长时间不行使解除权，会导致合同关系一直处于极不确定的状态，严重影响交易双方权利义务，从利益平衡、维护交易安全的角度需要对解除权的行使期间进行限制。因此，本案法官必须立足现有法律体系，运用更加复杂的方法实现依法裁判，并努力实现实质上的公平正义。在本案的判决书中，法院援引了《民法总则》第一百三十二条、《合同法》第九十五条第二款等法律条文作为裁判的依据，通过援引"禁止权利滥用"这一法律原则条款，一定程度上地拓展了《合同法》第九十五条第二款的内涵，从法条原文所规定的"法律没有规定或者当事人没有约定解除权行使期限，经对方催告后在合理期限内不行使的，该权利消灭"，变更为本案中的法律规则："法律没有规定或者当事人没有约定解除权行使期限，虽未经对方催告，但在一定的合理期限内不行使的，该权利消灭。"从表层内容来看，本案裁判的论证有两个重点：一是本案情形下形成权的行使是否构成权利滥用；二是本案情形下解除合同的合理期限是否应当不超过两年。但从更深层的内容来看，本案揭示的是法律漏洞情形下适用法律原则裁判的真实样态和路径。

一、本案裁判困境的解决：法律漏洞填补

一切法律体系中均有漏洞存在，法官可能因为漏洞而陷入窘境。[①] 法律漏洞一般是指"法律针对其能够调整而且必须或应该调整的社会生活或社会关系不应具有的不完整或不圆满的状态。"[②] 法律漏洞有多种类型和分类方法。例如，规范本身不圆满导致法律规范根本无法适用时，可称为"规范漏洞"（又称为"真正的漏洞"）；法律对应当规制的问题欠缺适当地规制时，则可称为"规整漏洞"（又称为"不真正的漏洞"）。[③] 法律漏洞还可以分为"公开的漏洞"与"隐藏的漏洞"，[④] 如果考虑时间因素，还可以分为"自始的漏洞"

---

① 参见［德］卡尔・恩吉施：《法律思维导论》，郑永流译，法律出版社2014年版，第168页。

② 舒国滢等：《法学方法论》，中国政法大学出版社2018年版，第389页。

③ 参见［德］卡尔・拉伦茨：《法学方法论》，陈爱娥译，商务印书馆2018年版，第250～251页。

④ 前者指根据立法计划，法律应当规定而没有规定的情况；后者指根据立法计划，法律应当对某种事项消极作出限制规定而未能作出限制。参见王利明：《法律解释学》，中国人民大学出版社2016年版，第336页。

和“嗣后的漏洞”,[①] 此外，还有“全部漏洞”与“部分漏洞”“碰撞漏洞”与“非碰撞漏洞”等分类方法，在此不再赘述。

就漏洞填补方法而言，一般有类比法律推理、当然法律推理、反面法律推理、目的限缩和目的扩张、适用法律原则等。[②] 有学者认为，漏洞填补方法可以分两类：一类可称为法律体系内的填补，指借助现有法律体系内的规则填补相关漏洞，如类推、目的性限缩、目的性扩张等方法均以现有的法律规则为依据。另一类则可称为法律体系外的填补，指在现有法律体系中的规制之外寻求填补漏洞的依据，比如法官脱离本国的法律体系，基于比较法、习惯法等其他规则对相关漏洞进行填补。[③] 还有学者将其分为有据式法律漏洞填补与无据式法律漏洞填补，前者能够以实证法上的已具构成要件形式的法律规范为依据；后者没有类似可以借用的法律规定，不能找到实证法上已具构成要件形式的规范，以供攀附援引，故又称为“创制性补充”。[④]

本案中，即出现了所谓的“不真正的漏洞”。由于我国《合同法》有关合同解除权的条文中并未规定，在法律没有规定或者当事人没有约定解除权行使期限，权利人亦未经对方催告时，撤销权的行使是否具有合理期限，因此，当权利人长期不行使解除权，乃至于再行使会造成较为明显的不公正情形时，法律缺乏对此种行为的适当规制。此时，法官有两种选择：一是以法律未对此种情况下的解除权进行期间限制为由，认定权利人可以行使解除权；二是将其作为一种法律应当规制而未规制的法律漏洞进行处理，寻找恰当的漏洞填补方法，通过创造性地补充现有法律条款，引入新的裁判规则，实现案件裁判的实质公正。本案终审法官显然采取了第二种做法。

二、本案漏洞填补的路径：适用法律原则裁判

基于法律原则的漏洞填补是一个兜底性寻法工具。[⑤] 法律原则衡量和平衡的方法一般用来填补法律规范冲突漏洞，即通过相互冲突或竞争的原则各自在特定案件中受侵害或重要性程度、它们各自在法体系中的重要性以及它们各自

---

① 前者又可以分为立法者明知的漏洞和立法者没有认识到的漏洞，后者又可以分为“公开的”以及“隐藏的”漏洞。

② 参见舒国滢等：《法学方法论》，中国政法大学出版社 2018 年版，第 402 页。

③ 参见王利明：《法律解释学》，中国人民大学出版社 2016 年版，第 341 页。

④ 参见黄茂荣：《法学方法与现代民法》，法律出版社 2007 年版，第 503 页。

⑤ 参见王利明：《法律解释学》，中国人民大学出版社 2016 年版，第 422 页。

在具体情形下的经验性前提的可信赖度，决定个案中适用的具体法律规则。①

本案是适用法律原则裁判的典型判例，其裁判路径如下：一是识别本案中存在的法律漏洞，即将“若无对方催告是否可以无限期行使合同解除权”作为需要法律规制的内容；二是确定一项可以填补该法律漏洞的法律原则，即认为“此种情况应结合禁止权利滥用原则予以阐释，以发挥弥补法律漏洞的作用”；三是对该法律原则的适用规则进行具体化，即一方面认为，从利益平衡、维护交易安全的角度，需要对解除权的行使期间进行限制，并且股权转让合同的解除权行使较之其他民事合同的解除应更为严格；另一方面认为，此处所谓合理期限就是法律上所称的除斥期间，除斥期间的确定应根据合同的具体情况，结合合同性质、交易目的和交易习惯来确定。因此，本案结合禁止权利滥用原则，将股权转让合同的解除权的合理期限认定为不得超过股权转让对价付款期限届满后两年。

综上可知，为了解决合同解除权的行使期限问题，本案法官运用《民法总则》第一百三十二条中的禁止权利滥用原则对原有的《合同法》相关规定进行了补充。经过较为复杂的论证，法官坚持了禁止权利滥用原则的基本价值，创造出一条可以妥善解决本案裁判困境的新裁判规则。

三、法律漏洞下的文书说理：一项新“裁判规则”的产生

（一）“规范出发型”的裁判思维

“法官不得拒绝裁判”，在面临法律漏洞时法官需要运用漏洞填补方法寻找恰当的大前提作出裁判。成文法国家的法官在对其裁决进行论证时，其思维一定是“规范出发型”的。一方面，这种现象源自大陆法系国家司法与立法者之间的职权界限，司法的目的在于保障法律规范的实现，法官没有造法的权力，只能将立法者制定的法律适用于具体的案件和对象。因此，法官在裁判文书中必须要体现法治原则，严格依法办事，以事实为依据、以法律为准绳，将法律作为处理案件的唯一标尺。“以法律为准绳，意味着在整个司法活动中，法律是最高标准，这一原则是保证司法公正的根本。”② 另一方面，涵摄模式下的司法三段论是大陆法系裁判者适用法律的基本方法。涵摄的过程以一个相对抽象的法律规则为大前提，大前提的发现必须基于实体法条文或者实体法体系，通过法律解释等活动得出。从判决文书的结构来看，在“本院认为”的

---

① 参见舒国滢等：《法学方法论》，中国政法大学出版社2018年版，第430页。

② 舒国滢：《法理学导论》，北京大学出版社2017年第2版，第198页。

部分，一般先要就本案需要适用的“大前提”进行论述，之后才会带入本案具体事实进行涵摄，最终得出判决主文。因此，即使在法律漏洞的情形下，我国法官的裁判思维也一定是“规范出发型”的。

在此，还需要注意的是，我国法官对现有法律的援引义务。换言之，如果法官不援引法条就作出判决，将被视为不合法。我国《民事诉讼法》第七条、《法官法》第六条均将“以事实为根据，以法律为准绳”作为法官审判案件的基本原则。其中，“以法律为准绳”指的应是现行成文法。此外，《法官法》第八条也将“依法参加合议庭审判或者独任审判刑事、民事、行政诉讼以及国家赔偿等案件”作为法官的职责。《民事诉讼法》第一百五十二条将“判决适用法律和理由”作为判决书必须载明的内容。《最高人民法院关于裁判文书引用法律、法规等规范性法律文件的规定》第一条规定，法院的裁判文书应当依法引用相关法律、法规等规范性法律文件作为裁判依据；其第四条规定，民事裁判文书应当引用法律、法律解释或者司法解释。对于应当适用的行政法规、地方性法规或者自治条例和单行条例，可以直接引用。可见，我国司法实践中对法律漏洞的填补基本上都应属于“有据式的法律漏洞填补”的范畴，法官必须援引成文法作为其裁判的依据，这也反过来强化了“规范出发型”思维在我国司法实践中的运用。

综上，即使在法律漏洞的情况下，裁判的作出仍然遵循“规范出发型”的思路，只不过成文法上的规范通过漏洞填补方法转化为裁判大前提的过程较之一般案件更加复杂，需要更加依赖对大前提的认识来识别具体案件中的要件事实以及当事人主张的性质。本案中，终审法院在充分说理的基础上援引了《民法总则》第一百三十二条和《合同法》第九十五条第二款作为裁判的实体法依据，同样体现了这种“规范出发型”的论证逻辑。

（二）现有法律规范的锚定功能

基于不同的法律漏洞以及不同的漏洞填补方法，法律规范锚定功能存在程度上的差别。一般来说，运用类比法推理、当然法律推理、反向法律推理等与法律规范关联性更高、参考性更强，因此锚定功能的效用能得到更大的发挥。而在适用法律原则裁判的过程中，价值判断的比重更大，法律规范的参照作用相对较弱，因此其锚定功能也会相应减弱。同样，在援引习惯法、比较法等进行裁判时，锚定功能也相应有所削弱。但是，现有生效法律规范在法律漏洞填补过程中的作用却是任何其他规则无法替代的。

本案中，法官在构建上述合同解除权合理期限具体规则之时，除了将《民法总则》第一百三十二条和《合同法》第九十五条第二款作为依据之外，还锚定了诉讼时效规则。生效裁判认为，允许当事人无限期行使合同解除权将导致诉讼时效制度作用虚化，违背解除权除斥期间的规范要旨，因此将本案中合同解除权行使的合理期限确定为不得超过两年。

四、余论："合同解除权期间"的性质之辨

值得关注的是，《民法典》第五百六十四条第二款规定："法律没有规定或者当事人没有约定解除权行使期限，自解除权人知道或者应当知道解除事由之日起一年内不行使，或者经对方催告后在合理期限内不行使的，该权利消灭。"这一规定使有关合同解除权行使期限的问题在《民法典》中得到了进一步完善，也一定程度上印证了本案裁判结论的合理性以及法官在填补法律漏洞方面的积极作用。但仍需讨论的是，如何在《民法典》第五百六十四条第二款的立法逻辑下，重新审视合同解除期间的性质，乃至厘清本案判决中"言之未尽"的理论命题。

（一）除斥期间

当法律没有规定或者当事人没有约定解除权行使期限之时，《民法典》第五百六十四条第二款所安排的第一种时间规制是：自解除权人知道或者应当知道解除事由之日起一年内不行使，该权利消灭。该内容当属典型的有关形成权除斥期间的规定。"自知道或者应当知道解除事由之日"起计算除斥期限的方法也与《民法总则》第一百九十九条保持了一致。在效果上，除斥期间届满导致解除权本身消灭，因而与诉讼时效制度划清了界限。

（二）合理期间

当法律没有规定或者当事人没有约定解除权行使期限之时，第五百六十四条第二款所安排的第二种时间规制是：经对方催告后在合理期限内不行使的，该权利消灭。其中，所谓的"合理期限"究竟属于何种性质，常有争议。据统计，"合理期限"一词在《民法典》中共出现40余次，但实务界乃至学界对于"合理期限"的认识，仍然十分有限。从本文所要讨论的解除权行使合理期限来看，合理期限届满的法律后果与除斥期间届满相同，均导致权利消灭。但是，其又与除斥期间以及诉讼时效均有相当大的差别。其一，合理期限的确定可以由法院裁定，而诉讼时效期间为法定期间，除斥期间一般为法定期间，当法律未作强制性规定时，可以由当事人约定；其二，合理期限一般根据具体情势确定，而除斥期间、诉讼时效期间均有明确时限；其三，由于没有明确期间，合理期限不发生中止、中断等问题，并且可以根据具体情势缩短或延长，因此，其与诉讼时效期间以及作为不变期间的除斥期间均不相同。简言之，本条中所

谓的“合理期限”在性质上与诉讼时效期间、除斥期间均不相同，具有自己独立的地位和价值，笔者认为，可以暂且将其称为“失权期间”。①

（三）不同期间的关联问题

一是除斥期间与合理期间可能发生“叠加”的问题。也就是说，虽然解除权人已经知道或者应当知道解除事由，但其选择了其他的救济方式，比如要求对方当事人在合理期限内采取修理、重作等补救措施，而对方置之不理的，那么上述除斥期间应当从补救的合理期限届满时起算。②

二是合理期间与诉讼时效期间可能发生“参照”的问题。在有些案件中，法官对于何谓“合理期间”难以把握，因此借鉴诉讼时效制度的规定，确定具体的期限。例如，在本案中法官就进行了这样的“借鉴”，将合理期限明确为两年，将起算点明确为股权转让对价付款期限届满之日。

（四）对本案裁判观点的商榷

本案终审判决书认为，本案中“所谓合理期限就是法律上所称的除斥期间”，这一点是值得商榷的。如前所述，笔者认为，本案中的合理期限应当是一种“失权期间”，只不过在法律没有明确规定的情形下，司法者通过法律漏洞填补的方式，将这种失权期间的适用扩大到了未经对方催告的场合，从而实现了与除斥期间相类似的法律效果。

（**一审法院独任审判员** 张 蛟

二审法院合议庭成员 刘 茵 高 贵 李 淼

编写人 北京市高级人民法院 阚道祥

责任编辑 李 明

审稿人 范明志）

---

① 《民法典》立法者在讨论“保证期间”性质的问题时，也产生过类似的争议。基于保证期间的特殊性，以及其具有消灭债权本体的效力，因此有学者称之为“失权期间”。相关内容参见黄薇主编：《中华人民共和国民法典合同编释义》，法律出版社2020年版，第500~501页。

② 参见黄薇主编：《中华人民共和国民法典合同编释义》，法律出版社2020年版，第235页。

王某某等诉中国人民财产保险股份有限公司北京市分公司人身保险合同纠纷案

——保险合同中免责条款的理解和适用

关键词：《民法典》　格式条款　致人损害　免责条款　过错责任

【裁判要旨】

车辆在被牵引状态中，因被保险人仅可对行驶方向进行微调以及刹车减缓车速，不宜认定被保险人当时正在驾驶，并因此排除无证驾驶免责条款的适用，而判决保险公司向死者家属赔偿意外险保险金。

【相关法条】

《中华人民共和国保险法》

第十七条　订立保险合同，采用保险人提供的格式条款的，保险人向投保人提供的投保单应当附格式条款，保险人应当向投保人说明合同的内容。

对保险合同中免除保险人责任的条款，保险人在订立合同时应当在投保单、保险单或者其他保险凭证上作出足以引起投保人注意的提示，并对该条款的内容以书面或者口头形式向投保人作出明确说明；未作提示或者明确说明的，该条款不产生效力。

《最高人民法院关于适用〈中华人民共和国保险法〉若干问题的解释（二）》①

第十条　保险人将法律、行政法规中的禁止性规定情形作为保险合同免责条款的免责事由，保险人对该条款作出提示后，投保人、被保险人或者受益人以保险人未履行明确说明义务为由主张该条款不生效的，人民法院不予支持。

① 本司法解释已于2020年12月29日修正。

【案件索引】

一审：北京市东城区人民法院（2019）京 0101 民初 1035 号（2019 年 4 月 5 日）

二审：北京市第二中级人民法院（2019）京 02 民终 6042 号（2019 年 6 月 26 日）

【基本案情】

2018 年 5 月 30 日，邱某某在被告处投保了综合意外险，保险单载明意外身故、残疾给付的保险金额为 10 万元，适用中国人民财产保险股份有限公司意外伤害保险条款（以下简称意外伤害保险条款）。意外伤害保险条款中的责任免除部分约定：被保险人在下列期间遭受意外伤害导致身故或残疾的，保险人不承担给付保险金责任：……（7）被保险人酒后驾驶、无有效驾驶证驾驶或驾驶无有效行驶证的机动交通工具期间。意外伤害，指以外来的、突发的、非本意的、非疾病的客观事件为直接且单独的原因致使身体受到的伤害。无有效驾驶证，包括无驾驶证或驾驶证有效期已届满等情形。无有效行驶证，指发生保险事故时被保险人驾驶的机动车无公安机关交通管理部门、农机部门等政府管理部门核发的行驶证或号牌，或行驶证不在有效期内，或该机动车未按规定检验或检验不合格。

2018 年 7 月 29 日，梁某某驾驶夏利小型轿车牵引由邱某某驾驶 R16 × × 号福田牌正三轮车，当行驶至临漫线 200 米处下坡路时，邱某某驾驶正三轮摩托车向左侧发生侧翻，致邱某某受伤，经抢救无效于当日死亡。事故形成原因为邱某某未取得机动车驾驶证驾驶安全设施不全正三轮摩托车被其他车辆牵引，机动车载物超过核定的载质量，未佩戴安全头盔，驾驶正三轮摩托车发生道路交通事故，其过错行为是导致此事故发生的一方面原因；梁某某未取得机动车驾驶证驾驶机动车牵引制动失效机动车时，未使用硬核连接牵引装置牵引，发生道路交通事故，其过错行为是导致事故发生的另一方面原因。

2019 年 9 月 18 日，被告出具了拒赔通知书，根据意外伤害保险条款中的（7）被保险人酒后驾驶、无有效驾驶证驾驶或驾驶无有效行驶证的机动交通工具期间这一规定，拒绝赔偿。

另查，邱某某未取得机动车驾驶证，不具有机动车驾驶资格；其驾驶的

R16××号福田牌正三轮摩托车状态为注销，不具有合法行驶资格。

五原告系邱某某的继承人。庭审中，五原告主要强调以下几点：第一，邱某某当时出于被牵引状态，不是驾驶状态。关于受牵引的原因，五原告解释称，因邱某某驾驶正三轮摩托车上路行驶坏在途中，提供动力的半轴已经拆下，导致正三轮摩托车失去动力和发动阻力，故请求梁某某帮忙牵引。事故发生时，邱某某在正三轮摩托车的驾驶位，虽然能踩刹车，但是不能控制速度，只能简单控制方向，但主要取决于前方的牵引车。原告认为，邱某某不能完全控制正三轮摩托车，只是坐在摩托车驾驶位，协助牵引车辆对被牵引的摩托车转向，因而不是驾驶。第二，此次事故的发生原因是梁某某在牵引事故车辆时未使用硬核牵引装置，致使被牵引车辆在下坡时冲到牵引车之前，导致意外发生，事故发生与邱某某是否有驾驶证以及车辆是否有行驶证并无因果关系。第三，被告对免责条款的解释和说明义务履行存在重大瑕疵。被告只是在电子平台上提供了电子版保险条款，未提供纸质版保险条款。虽然被告在保险条款中将免责条款进行加黑处理，但限于手机屏幕太小，加粗加黑的文字无法像纸质版文件上经加粗加黑文字一样，能够与其他部分的文字形成鲜明的对比，且保险条款中每个条款的标题也全部加粗加黑，免责条款难以引起一般人的特别注意。对于帮助投保人理解免责条款至关重要的免责条款释义部分在保险条款的末尾，没有加粗加黑，更难引起投保人的注意，且被告并未对免责条款进行说明。综上，原告不同意被告依据免责条款进行拒赔。

被告对原告意见不予认同，认为：第一，邱某某当时处于驾驶状态。道路交通事故认定书中已经认定邱某某驾驶正三轮摩托车发生事故。且根据《道路交通安全法实施条例》第六十一条第一款第一项的规定，被牵引的机动车除驾驶人外不得载人。路上驾驶三轮车，不得牵引、攀扶车辆或者被其他车辆牵引。上述条款说明即使在被牵引情形下，驾驶员依然处于驾驶状态。此外，由于未使用硬核牵引装置，邱某某仍然需要继续操作正三轮摩托车的方向盘以控制方向、操作刹车以控制速度，负责转弯和刹车，说明正三轮摩托车一直处于邱某某的操作之下。第二，被告履行了免责条款的提示和说明义务。根据双方提交的保险条款，均显示责任免除条款已经用加粗字体特别标示，且释义部分对无有效驾驶证和无有效行驶证进行了释义，属于通过网络以书面形式进行解释说明。此外，涉及的免责条款涉及交通法律法规中的禁止性规定，被告仅需尽到提示义务即可。第三，被告依据的免责条款为期间除外，与原因除外不同。只要满足在这一期间，即可免除保险责任，而不论免责事由与损害后果之间是否存在因果关系。

【裁判结果】

北京市东城区人民法院于2019年4月5日作出（2019）京0101民初1035号民事判决：被告向五原告赔偿保险金10万元。宣判后，被告不服原审判决，提起上诉。北京市第二中级人民法院于2019年6月26日作出（2019）京02民终6042号民事判决：驳回上诉，维持原判。

【裁判理由】

法院的生效判决认为：本案的争议焦点有二：一是无有效驾驶证驾驶或驾驶无有效行驶证的机动交通工具期间发生事故免于赔偿的免责条款在本案中是否可以适用；二是事故发生时邱某某是否处于驾驶状态。

一、关于免责条款可否适用的问题

根据法律规定，通过网络、电话等方式订立的保险合同，保险人以网页、音频、视频等形式对免除保险人责任条款予以提示和明确说明的，人民法院可以认定其履行了提示和明确说明义务。保险人将法律、行政法规中的禁止性规定情形作为保险合同免责条款的事由，保险人对该条款作出提示后，投保人、被保险人或者受益人以未履行明确说明义务为由主张该条款不生效的，人民法院不予支持。本案中，邱某某通过网络在被告处购买保险，被告通过网络向邱某某送达了电子版的保险条款，并对其中的“期间除外，被保险人在下列期间遭受意外伤害导致身故或残疾的，保险人不承担给付保险金责任：……（7）被保险人酒后驾驶、无有效驾驶证驾驶或驾驶无有效行驶证的机动交通工具期间”免除责任内容以黑体字的方式进行了提示，且在释义部分对本案所涉无有效驾驶证驾驶或驾驶无有效行驶证的含义进行了解释，其行为已经完成了免责条款的提示和解释说明义务，故该免责条款具有法律效力。至于原告所称事故发生与邱某某无有效驾驶证驾驶、无有效行驶证不具有因果关系，故该条款不应适用于本案的主张。法院认为，保险条款中已经明确约定无有效驾驶证驾驶或驾驶无有效行驶证的机动交通工具属于期间除外，而不是保险条款中约定的原因除外，即无论事故原因为何，只要发生在无有效驾驶证驾驶或驾驶无有效行驶证的机动交通工具期间，保险人即可免除赔偿责任。综上，被告所依据的无有效驾驶证驾驶或驾驶无有效行驶证的机动交通工具期间免予赔偿的免责条款，在本案当中可以适用。

二、关于邱某某是否处于驾驶状态的问题

本案中，邱某某驾驶已被注销的正三轮摩托车上路行驶，在行驶途中车辆发生故障，失去动力和制动效果。在由牵引车牵引过程中，发生意外，导致邱某某死亡。法院认为“驾驶”其含义为操纵车辆、船舶、飞机等使其行驶。本案中，事故发生时，邱某某虽然坐在正三轮摩托车上，但是仅能调整方向和踩刹车，故障车辆已经不能正常行驶，其方向和速度主要由牵引车控制，故法院认为，邱某某当时对事故车辆的控制行为不能构成驾驶。保险条款中虽然约定无有效驾驶证驾驶或驾驶无有效行驶证的机动交通工具期间免予赔偿，但邱某某当时并非处于驾驶状态，其发生翻车致死属于意外事故，被告不能依据上述免责条款免予赔偿，故判决被告赔偿保险金10万元。被告上诉，二审法院认为一审对驾驶的判断正确，故驳回上诉。

【案例注解】

《民法典》第四百九十六条对格式条款的定义与《合同法》第三十九条对格式条款的定义一致。格式条款应同时具备三个特征：一是事先拟好；二是反复使用；三是未经协商。根据该定义，保险合同的免责条款显然属于格式条款。通常情形下，投保人只能表示接受或不接受，并无协商余地。保险事故发生后，保险合同中的免责条款的效力及解释往往成为诉辩双方的争议焦点。

为了矫正保险人与投保人之间的实质不平等，应从格式条款的订入规则、公平原则、解释上不利解释规则对保险条款进行规制。本文将从保险合同缔结开始对免责条款的效力、适用、解释进行逐层分析。

一、保险合同中免责条款的效力认定

（一）免责条款订入应作出明确地提示与说明

根据《保险法》第十七条规定，缔约过程中保险人对免责条款应尽到提示及明确说明义务，否则该免责条款不能订入合同，应属无效。鉴于投保人应当遵守法律、行政法规的禁止性规定，《最高人民法院关于适用〈中华人民共和国保险法〉若干问题的解释（二）》第十条进一步明确，保险人将法律、行政法规中的禁止性规定情形作为保险合同免责条款的免责事由，可以适当减轻保险人的明确说明义务及其对履行明确说明义务的举证责任。只要保险人对该

免责条款进行提示，并对违反该禁止性规定将导致保险人免责的法律后果进行明确说明，即应认定其履行了法定的提示和明确说明义务。

对于提示、说明的方式，相关司法解释规定：保险合同订立时，保险人在投保单或者保险单等其他保险凭证上，对保险合同中免除保险人责任的条款，以足以引起投保人注意的文字、字体、符号或者其他明显标志作出提示的，人民法院应当认定其履行了提示义务。保险人对保险合同中有关免除保险人责任条款的概念、内容及其法律后果以书面或者口头形式向投保人作出常人能够理解的解释说明的，人民法院应当认定保险人履行了明确说明义务。在传统纸质保险合同中，加黑加粗条款往往比较显眼。但电子保单中，因为显示屏较小，很多格式条款的特别提示就容易让投保人忽视。本案中，五原告就主张电子保险合同中的免责条款加黑不明显，免责条款未提示，故无效。根据法律规定，通过网络、电话等方式订立的保险合同，保险人以网页、音频、视频等形式对免除保险人责任条款予以提示和明确说明的，人民法院可以认定其履行了提示和明确说明义务。法官在审理时应通过电子屏幕查看保险合同的免责条款是否足够醒目，以形成内心确信，若免责条款通过音频和视频等更为直观的提示方式进行提示，则应认定保险公司尽到了提示和说明义务。

（二）免责条款内容不能显失公平

对符合订入规则、成为保险合同组成部分的免责条款，应依据《保险法》第十九条进行效力评价。如存在免除保险人依法应承担的义务或者加重投保人、被保险人责任或排除投保人、被保险人或者受益人依法享有的权利的，应认定该免责条款无效。《民法典》第四百九十七条规定提供格式条款一方不合理地免除或者减轻其责任、加重对方责任、限制对方主要权利的格式条款无效。免责条款即属于免除或者减轻自身责任、加重对方责任、限制对方主要权利的格式条款。但要确定其效力，还应对其合理性进行判断。机动车无证驾驶本就属于法律、行政法规中的禁止性规定情形，将其作为保险合同免责条款的免责事由应属合理合法，故该免责条款有效。

合同效力属于法院依职权审查的范畴，不以当事人提出主张或抗辩为必要。其中，免责条款系将行政法规中的禁止性规定纳入保险合同的免责事由，不属于显失公平的情形，应认定该免责条款有效。

二、保险合同中免责条款的适用问题

（一）免责条款的适用——“原因免责”与“期间免责”之争

大量保险纠纷中，免责条款中的免责事由与保险事故是否具有因果关系对免责条款的适用与否存在较大争议。通常免责条款的表述也会存在不同，若保险公司对免责条款表述为“因下列……原因导致保险事故发生，不承担给付保险金的责任”时，属于明显的“原因除外”条款，此时在免责事由与保险事故的因果关系认定是免责条款是否适用的关键所在。但若保险公司对免责条款的表述为“在……期间发生保险事故，不予赔付”的期间表述，因果关系与免责条款的适用是否相关便存在分歧。

在传统观念和审判实践中，无论是机动车保险还是意外伤害保险，无有效驾驶证驾驶或驾驶无有效行驶证的机动交通工具发生交通事故导致人身伤害，都属于免责条款约定的范围，在履行了免责条款的送达和解释说明义务的情况下，保险公司一般都可依据该条款免除赔偿责任，本案判决也遵循这一思路。但是，本案保险公司答辩意见中提到了“期间”免责和“原因”免责这一用语，将保险合同中的免责条款分为“在此期间发生事故全部免责”和“因此发生事故可以免责”两种类型，无有效驾驶证驾驶或驾驶无有效行驶证发生交通事故即属于期间免责条款，在此期间发生事故，无论原因为何，保险公司都可免责。

（二）“期间免责”——从意思自治原则出发

期间免责也可理解为情形免责。主张“期间免责”的一方认为：从一般保险合同中免责条款的内容可以看出，免责条款的设置与过错责任密切相关。通常情况下，当事人过错越大，免责的可能性就越小。实践中许多投保人常常把免责条款能否适用于当事人过错行为与事故发生之间有无因果关系相挂钩。但这属于错误混淆了侵权责任关系与合同关系。保险公司与投保人之间的权利义务属于合同关系，所以免责条款的适用不能套用侵权行为的认定标准。应当指出，免责条款产生的基础是合同风险，过错与免责的关联性只是拟定免责条款时对合同风险预判的一种外在表象，不能本末倒置地认为只有免责条款中的过错与事故具有因果关系才能适用免责条款。尤其在保险合同中，免责条款集中体现了保险公司与投保人对风险负担的分配，是一种双方达成合意的预先的约定。故免责条款能否适用，应该立足于条款内容本身。根据合同自由原则，保险人和投保人可在不违反法律规定的前提下，自由约定包括免责条款在内的合同条款。此类免责条款经认定为有效的，不应再审查该免责事由与交通事故是否存在因果关系、是否增加了车辆运行危险程度和事故发生概率。本案一审判决就采用了此观点，认为虽然原告主张事故发生与邱某某无有效驾驶证驾驶、无有效行驶证不具有因果关系，故该条款不应适用于本案。但是保险合同中约定“期间除外，被保险人在下列期间遭受意外伤害导致身故或残疾的，保险人不承担给付保险金责任：……（7）被保险人酒后驾驶、无有效驾驶证驾驶或驾驶无有效行驶证的机动交通工具期间”，明确此免责条款适用的范围是期间，而不是原因，所以原告的主张不具有合同依据。

（三）“原因免责”——以公平原则为考量

本文主张责任免除事由与事故之间是否具有因果关系应当纳入免责条款是否适用的考虑因素之内。理由如下：《保险法》中的近因原则要求损失应当与约定保险事故之间具有因果关系。若被保险人所受损害并非因保险事故而发生，则被保险人无法取得保险赔偿。近因原则在适用中往往是对保险人有利。出于对被保险人权益保护的公平，因果关系原则在免责条款的适用时也应当纳入考虑范畴。以无有效驾驶证驾驶或驾驶无有效行驶证为例，虽然这一免责条款的内容与行政法规的要求相一致，但是，其与大多数保险事故的发生，甚至与保险事故本身其实并无实质关联，将与保险事故无关联的因素作为保险公司免予赔偿的条件，缺乏法理基础。将这类条款也列为免责条款，更多的只是起到为保险公司控制风险的作用。被保险人与保险公司作为保险合同的相对方，在合同履行当中应当具有平等的法律地位，法律地位的平等不仅体现在合同双方因合同所付对价平等，也应当体现在合同履行中相关因素对双方的拘束程度对等。若因果关系只作为理赔因素加以考虑，而在对免责因素的考量方面不产生任何拘束力，则对广大被保险人显失公平。基于以上考虑，保险合同中的免责条款可以被重新审视，那些被保险公司称为“原因免责”的条款，在保险事故发生时可以适用；而包括无有效驾驶证驾驶或驾驶无有效行驶证在内的所谓“期间条款”，因与保险事故并无直接关联，不应起到免除保险责任的作用。

三、保险合同中免责条款的解释问题

按照《民法典》第四百九十八条的规定，对格式条款的理解发生争议的，应当按照通常理解予以解释。对格式条款有两种以上解释的，应当作出不利于提供格式条款一方的解释。也就是说在格式条款的理解上，应注意先适用通常解释，后适用不利解释。本案就涉及对“正三轮摩托车”与“驾驶”的定义。

（一）正三轮摩托车是否属于机动车的问题

正三轮摩托车发生交通事故引发的纠纷数量较多，在这类案件中，正三轮摩托车是否属于机动车往往成为案件的争议焦点和审理难点。《机动车类型术语和定义》中对机动车的概念进行了非常详细而复杂的规定，在属于机动车的摩托车条目项下，规定摩托车不包括：“a）整车整备质量超过400kg的不带驾驶室的三轮车辆；b）整车整备质量超过600kg的带驾驶室的三轮车辆。”根据这一规定，整车整备质量超过400kg的不带驾驶室的三轮车辆以及整车整备质量超过600kg的带驾驶室的三轮车辆不属于机动车的范畴。普通人群对机动车的这一标准很难判断，司法实践中，即使是交管部门，也需要委托专门的司法鉴定机构开展司法鉴定之后才能判断涉案正三轮摩托车是否属于机动车。故而审判中，经常会出现两种审判思路。一种思路是，若经鉴定涉案正三轮摩托车属于机动车，则相关免责条款生效，保险公司免于赔偿。另一种思路则是，即使涉案正三轮摩托车属于机动车，但是由于是否属于机动车属于具有一定专业性的问题，不属于显而易见的生活常识，被保险人无证驾驶不具有主观过错，因而不免除保险公司的赔偿责任。在正三轮摩托车发生事故造成较大人身伤亡的纠纷中，往往采用第二种审判思路。

产生争议的原因是被保险人与保险公司之间对如何理解机动车的含义发生分歧，究其根本在于保险条款与法律法规中对机动车的定义不相同。保险条款中约定的机动车仅为由动力系统驱动的轮式车辆，而法律法规中的机动车范围比保险条款中的约定要窄。保险条款中对机动车的定义并不符合法律规定，且该定义不利于被保险人。在此情况下，不加分辨地采用保险条款中对机动车的定义，显然并不合适。

《保险法》第三十条规定：“采用保险人提供的格式条款订立的保险合同，保险人与投保人、被保险人或者受益人对合同条款有争议的，应当按照通常理解予以解释。对合同条款有两种以上解释的，人民法院或者仲裁机构应当作出有利于被保险人和受益人的解释。”被保险人主要从日常生活角度，将机动车理解为普通意义上的汽车，认为正三轮摩托车不属于机动车。被保险公司则从专业术语角度，认为经鉴定正三轮摩托车属于机动车，要求适用免责条款。双方在不同语境下使用机动车这一术语，因而得出不同的含义。如果在订立保险合同时，保险人在保险合同之中约定合同中所指机动车是指《道路交通安全法》中规定的机动车，则被保险人驾驶的正三轮摩托车属于机动车，被告可以依据免责条款免于赔偿当无异议。但是在未对使用语境事先说明的情况下，对合同条款有两种解释的，应当作出对被保险人和受益人有利的解释，即可以认为被保险人驾驶的正三轮摩托车不属于机动车范畴，被告不能依据免责条款免责。

从公平原则的角度来说，实践中交管部门对正三轮摩托车是不予办理机动车登记的，普通消费者购买正三轮摩托车时，也不需要经过任何资质上的审查或审批，购买一辆正三轮摩托车与购买一辆机动车的程序也有明显的区别。被保险人未对正三轮摩托车进行登记，无证驾驶，虽然违反了相关法律法规，但是，其主观上并不具有过错，或者说不具有重大主观过错，在客观上更是无法取得相关证照。如果认可了无证驾驶免责条款的效力，将使广大正三轮摩托车的车主失去保险合同的保障，显失公平。如果确实要适用此规则，那么保险公司应当在订立保险合同时就在合同中明确，驾驶正三轮摩托车无驾驶证、行驶证发生事故不赔。

（二）被牵引正三轮摩托车是否处于驾驶状态的问题

何为驾驶，通常情况下不是问题，但在车辆发生故障被牵引过程中，判断被牵引车辆是否属于驾驶状态，则是判断保险公司应否赔偿的重要问题。《现代汉语词典》中对“驾驶”的解释是：“操纵（车、船、飞机、拖拉机等）使行驶。”驾驶，重在操控和使行驶，意在机动车可以行驶，且其行驶是由驾驶员的操控而为。如此，在判断被牵引车辆是否处于驾驶状态时，即可从操控和使行驶两个方面入手。本案中，一方面，事故发生时，邱某某当时虽然坐在驾驶位上，但其对正三轮摩托车的控制非常有限，仅可以踩动刹车使车辆减速以及对车辆方向进行左右微调，其行为不属于通常意义上的操控。另一方面，发生事故的正三轮摩托车由于动力装置故障无法正常行驶，故而需要由其他车辆进行牵引，该车显然不符合使行驶这一条件。基于上述两个理由，本案判决认定被牵引正三轮摩托车不属于驾驶状态，最终判决保险公司向死者家属赔付保险金。

（**一审法院独任审判员** 金 薇
二审法院合议庭成员 邢 军 种仁辉 韩耀斌
编写人 北京市东城区人民法院 金 薇 刘宇佳
责任编辑 李 明
审稿人 范明志）

长沙市雨花区市容环境卫生管理局诉湖南恩瑞置业有限公司商品房销售合同纠纷案

——房屋限购政策不属于情势变更原则适用条件

关键词：《民法典》　商品房预售　房屋限购　情势变更

【裁判要旨】

房屋限购政策是直接针对购房人，而非针对开发商。如果没有充分正当理由，不得认定房屋限购政策的出台对于开发商履行《商品房买卖合同》义务构成情势变更。开发商如果按期履行《商品房买卖合同》约定义务，本来不会受到房屋限购政策的负面影响；因其自身原因迟延履行，已经构成违约后受到新出台的房屋限购政策影响的，不属于情势变更原则所指"继续履行合同"对于一方当事人明显不公平或者不能实现合同目的的特定情形。开发商应因自己迟延履行合同的过错，自行承担由房屋限购政策产生的法律政策风险。

【相关法条】

《最高人民法院关于适用〈中华人民共和国合同法〉若干问题的解释（二）》①

第二十六条　合同成立以后客观情况发生了当事人在订立合同时无法预见的、非不可抗力造成的不属于商业风险的重大变化，继续履行合同对于一方当事人明显不公平或者不能实现合同目的，当事人请求人民法院变更或者解除合

① 根据2020年12月29日公布的《最高人民法院关于废止部分司法解释及相关规范性文件的决定》，本司法解释已废止。

同的，人民法院应当根据公平原则，并结合案件的实际情况确定是否变更或者解除。①

【案件索引】

一审：湖南省长沙市中级人民法院（2017）湘01民初16号（2018年1月29日）

二审：湖南省高级人民法院（2018）湘民终196号（2018年6月29日）

【基本案情】

为解决环卫局职工住房问题，2014年5月13日，长沙市雨花区市容环境卫生管理局（以下简称雨花区环卫局）与湖南恩瑞置业有限公司（以下简称恩瑞公司）签订《协议书》，其中约定：恩瑞公司取得“雨环苑”项目宗地土地使用权，负责该项目开发建设，开发建设完成的所有物业均由雨花区环卫局组织职工按双方的商定价格购买。住房平均价格为4500元/m^2，门面100m^2以上9800元/m^2，100m^2以下10200元/m^2，地下车位价格为10万元/个。上述物业价格已包含所有的开发建设成本。项目建设过程中无论市场价格发生任何变化，雨花区环卫局均按上述价格向恩瑞公司支付购房款。自该项目工程开工后18个月内（即2015年6月30日前），恩瑞公司必须完成该项目的全部施工过程，达到竣工验收条件，并办理好竣工验收合格证；开工后20个月内（即2015年8月31日前），恩瑞公司必须达到交房条件，并配合雨花区环卫局完成房屋交接给购房户。

双方在合同“权利义务”部分特别约定：双方共同协调，争取土地出让金减免，减免费用全部为恩瑞公司所得，如减免费用低于1000万元减免不成功，则雨花区环卫局配合恩瑞公司向湖南恩瑞物流集团追缴原恩瑞公司（股权转让前）所欠雨花区环卫局的406万元给恩瑞公司作为财务成本的补偿，若追缴原恩瑞公司所欠雨花区环卫局的406万元不成功，雨花区环卫局也不作

① 参见《民法典》第五百三十三条之规定：“合同成立后，合同的基础条件发生了当事人在订立合同时无法预见的、不属于商业风险的重大变化，继续履行合同对于当事人一方明显不公平的，受不利影响的当事人可以与对方重新协商；在合理期限内协商不成的，当事人可以请求人民法院或者仲裁机构变更或者解除合同。人民法院或者仲裁机构应当结合案件的实际情况，根据公平原则变更或者解除合同。”

任何补偿等。

双方在《协议书》中，对各自可能承担的违约责任，作出了全面、明确约定。《协议书》签订后，雨花区环卫局组织192套住房的购房人员和4个门面的购房人员，按协议书约定的30%付款比例，分两次向恩瑞公司指定的账户交纳购房款共计27873000元。恩瑞公司在完成“雨环苑”部分工程建设后，因资金不足等原因导致该项目停工至今。湖南省长沙市人民政府2017年9月22日作出长住建发（2017）151号限购政策文件，并于次日生效。

雨花区环卫局2017年7月1日以恩瑞公司已构成根本违约为由，诉请：（1）解除《协议书》；（2）恩瑞公司返还购房款27873000元；（3）恩瑞公司支付逾期交房违约金5000万元（违约金计算至2017年8月21日）；（4）恩瑞公司支付解除合同违约金9291万元。

恩瑞公司辩称：（1）同意解除《协议书》；（2）赔偿逾期交房违约金无依据；（3）赔偿解除合同违约金没有依据。长沙市政府对土地出让金不予减免，且《协议书》履行受到长沙市房屋限购政策严重影响，本公司不应该承担解除合同违约金责任。本案解除合同违约金对方申请过高，请求法院予以核减。

【裁判结果】

湖南省长沙市中级人民法院于2018年1月29日作出（2017）湘01民初16号民事判决：一、解除本案《协议书》；二、恩瑞公司向雨花区环卫局返还购房款27873000元；三、恩瑞公司向雨花区环卫局支付违约金9291万元；四、驳回雨花区环卫局的其他诉讼请求。宣判后，恩瑞公司不服该判决，上诉请求撤销一审判决第三项。湖南省高级人民法院于2018年6月29日作出（2018）湘民终196号民事判决：驳回上诉，维持原判。

【裁判理由】

法院生效裁判认为：长沙市雨花区环卫局多次向雨花区政府和长沙市政府申请土地出让金减免，区政府也报请市政府审批，但市政府未批准减免。双方争议的实质是市政府未批准土地出让金减免的后果应由谁承担。从《协议书》第七部分“双方的权利义务”中特别约定可知，土地出让金减免不成功的后果应由恩瑞公司承担，而非由雨花区环卫局承担；雨花区环卫局需要承担的义务是配合恩瑞公司向湖南恩瑞集团追缴原恩瑞公司（股权转让前）所欠雨花区环卫局的406万元，而诉讼中恩瑞公司并没有主张、更没有提供证据证明雨花区环卫局违反了该项义务。因此，恩瑞公司主张雨花区环卫局未按合同约定成功减免土地出让金在先，其不按合同约定交付房屋不构成违约，不应承担违约责任的理由不能成立。长沙市房屋限购政策文件系2017年9月22日作出，次日生效，而《协议书》签订于2014年，约定交房期限为2015年8月31日。如《协议书》按期履行，上述限购政策文件对《协议书》没有任何影响。恩瑞公司因自身原因迟延履行，导致《协议书》的履行受到房屋限购政策影响，应自行承担由此产生的法律政策风险。因此，恩瑞公司以限购政策为由主张其不构成违约也不能成立。恩瑞公司在《协议书》明确约定土地出让金减免不成功后果由其承担的情况下，仍然以此为由停止案涉商品房项目的开发，拒绝按期交付房屋，显然属于恶意违约。土地出让金不能减免成功的风险在《协议书》签订时就已预见到，商品房开发成本上涨系正常的市场风险，不构成法律上的情势变更。恩瑞公司主张其非恶意违约，系情势变更导致合同无法履行的理由不能成立。恩瑞公司不能如期交房构成根本违约。雨花区环卫局依法可以行使合同解除权。恩瑞公司应按照《协议书》明确约定承担违约责任。

【案例注解】

一、情势变更原则在我国法律及司法层面上的体现及变化

（一）情势变更原则

所谓情势变更原则，是指合同有效成立后，因当事人不可预见的事情的发生（或不可归责于双方当事人的原因发生情势变更），导致合同的基础动摇或者丧失，若继续维持合同原有效力有悖于诚实信用原则（显失公平）时，则应允许变更合同内容或者解除合同的法理。究其实质，情势变更原则是诚信原则的具体应用，目的在于消除合同因情势变更所产生的不公平后果。[①] 情势变更虽然被人们习惯地称为“原则”，但相对于合同严守原则，它并非真正的“原则”，而具有例外性和补充性。[②]

情势变更原则的意义，在于通过司法权力介入，强行改变合同已经确定的

---

① 梁慧星：《中国民法经济法诸问题》，中国法制出版社1999年版，第170页。

② 韩世远：《合同法总论》，法律出版社2018年版，第489页。所以，叫作情势变更制度更合适。情势变更，也叫情事变更。本案例从习惯叫法，统一称为情势变更原则。

条款或撤销合同，在合同双方当事人订约意志之外，重新分配交易双方在交易中应当获得的利益和风险，其追求的价值目标是公平和公正。

（二）我国法律上的情势变更原则

我国正式在法律上明确规定情势变更原则，是在 2020 年 5 月通过的《民法典》第五百三十三条。但在此之前，最高人民法院 1993 年先是通过个案批复（《关于武汉市煤气公司诉重庆市检测仪表厂煤气表装配线技术转让合同购销煤气表散件合同纠纷一案适用法律问题的函》）和发布《全国经济审判工作座谈会纪要》，肯定了可以有条件地适用情势变更原则，后在 2009 年 5 月通过颁布《最高人民法院关于适用〈中华人民共和国合同法〉若干问题的解释（二）》［以下简称《合同法司法解释（二）》］，在该司法解释第二十六条正式确定了人民法院在符合法定条件时可以适用情势变更原则来变更或者解除合同，后又通过颁发《最高人民法院关于正确适用〈中华人民共和国合同法〉若干问题的解释（二）服务党和国家工作大局的通知》（法〔2009〕165 号）和《最高人民法院关于当前形势下审理民商事合同纠纷案件若干问题的指导意见》（法发〔2009〕40 号，以下简称《指导意见》），通过司法文件进一步明确适用情势变更原则的条件及应该注意事项。

二、情势变更原则之基本适用规则

情势变更原则是诚信原则及公平原则的细化，是为了解决不可抗力规则无法适用时而导致明显不公平的情况才创设并予以补充适用的，是对合同严守原则的有条件的否定，自应当慎重从严把握。

通说认为，适用情势变更原则必须同时具备以下条件：①

1. 须有情势变更之事实。所谓“情势”系指作为合同法律行为基础的一切客观事实。所谓“变更”是指“情势”在客观上发生了异常变动。该客观事实是否构成情势变更，应以是否导致合同赖以成立的基础丧失，是否导致当事人目的不能实现，以及是否造成对价关系障碍为判断标准。

2. 情势变更须发生在合同成立并生效以后，履行终止之前，即发生在合同正常履行期间。但是，若情势的变更发生在合同履行期间，又在履行过程中归于消灭，一般不得适用情势变更原则，因为履行合同的基础已恢复至原状。

3. 情势变更须是当事人所不可预见的，且有不可预见之性质。情势变更

① 参见王利明：《违约责任论（修订版）》，中国政法大学出版社 2003 年版，第 417 ~ 420 页；韩世远：《合同法总论》，法律出版社 2018 年版，第 504 ~ 507 页。

是否属于不可预见，应根据当时的客观实际情况及商业习惯等作判断标准。当事人事实上虽然没有预见，但法律规定应当预见或者客观上应当预见，则不能适用情势变更，因为当事人对自己的主观过错应当承担责任；如仅有一方当事人不可预见，则仅该当事人可主张情势变更。如果当事人在订约时对于某种情势已有预见，则表明当事人考虑到这种因素并自愿承担该情势发生的风险，自不应适用情势变更原则。但对于发生机率很低的某种情况，如飞机失事等，尽管当事人在订约时会预见这些情况可能发生，但仍应依情势变更原则处理。

4. 情势变更的发生不可归责于当事人。双方当事人对合同赖以存在的客观情况发生异常变化均无过错，特别是情势的变更不为当事人尤其是受不利影响的当事人所能控制。如情势变更的发生可以归责于当事人，则该当事人应当承担相应的责任，不适用情势变更原则。若发生的情势变更是可以归责于第三人时，则应当由第三人承担责任，同样不能适用情势变更原则。

5. 因情势变更而使原合同的履行显失公平。其判断标准主要是：（1）显失公平的事实须存在于合同双方当事人或其中一方，后果须由合同当事人承担；（2）显失公平的结果，使双方利益关系发生重大变动，危害交易安全；（3）主张适用的一方因不适用而遭受的损失，一般要远大于适用时对方所遭受的损失；（4）判断是否显失公平应该以债务人履行债务的时间为准；（5）情势变更与显失公平结果的发生须有相当因果关系。

根据最高人民法院针对《合同法司法解释（二）》第二十六条表述的基本观点，[①] 结合本案当事人争议，适用情势变更原则，还须强调两点：

1. 债务人迟延履行债务，在迟延期间发生情势变更，不得适用情势变更原则。债务人此时已经构成违约，应该自行承担不利的法律后果。“如果债务人按规定的时间履行合同，则根本不会使其面临情势变更情况。如果允许债务人对迟延期间发生的情事主张适用情势变更原则，必然在很大程度上鼓励债务人违约。”[②]

2. 合同赖以存在的客观情况发生异常变化之“发生”，应该且只能理解为

---

① 沈德咏主编：《最高人民法院关于合同法司法解释（二）理解与适用》，人民法院出版社 2009 年版，第 191～193 页。

② 王利明：《违约责任论（修订版）》，中国政法大学出版社 2003 年版，第 418 页。我国虽然有学者主张此时可以适用情势变更原则（不因此免除但可减轻违约责任），但大多数学者还是主张迟延履行风险由违约方承担，其无权主张情势变更，这属于该原则适用的例外。日本通说及判例否定了此种场合适用该原则。我国台湾地区学者通说与之相同。参见韩世远：《合同法总论》，法律出版社 2018 年版，第 506 页。

合同当事人"遭遇"并非合同当事人所"造成"的客观情况异常变化。易言之，合同当事人是"遭遇"而非"造成"情势发生重大变化。

三、地方政府的土地出让金不予减免行为根本不符合情势变更原则适用条件

各级政府必须依法行政，对土地出让金是否减免必须依照法定标准并经过法定程序审批。因此，对当事人提交的减免土地出让金申请是否批准，具有较大不确定性，任何理性的成年人都应该对此有所预见。是否减免土地出让金，直接关系到房地产开发商的现金流和盈利水平，可视为《协议书》的重要考量因素，但不能视为《协议书》赖以成立的基础或环境的重要部分。

根据《协议书》第七部分"双方的权利义务"中特别约定，应该认为，对于地方政府对土地出让金不予减免的可能结果，双方当事人在订立《协议书》时即已经明确认识到，因而才对其可能后果的承担者作出明确约定。地方政府对土地出让金不予减免行为，明显不符合情势变更原则的适用条件。恩瑞公司主张因雨花区环卫局未按合同约定成功减免土地出让金在先，应适用情势变更原则，免于承担不按合同约定交付房屋行为的违约责任，理由根本不能成立。

四、开发商以地方政府房屋限购政策为由适用情势变更的条件

房屋限购政策一般来说对开发商和购房人都有影响，但影响程度不同，大多数情况下对购房人影响更大甚至直接导致购房者无法继续履行合同。① 该政策出台是否构成情势变更以及对哪一方构成情势变更，须根据情势变更原则适用条件结合具体案件情况来定，不可一概而论。地方政府的房屋限购政策对于开发商是否构成情势变更，应着重从以下方面来审查：

1. 合同基础。适用情势变更原则的前提是案涉合同赖以成立的基础或环境发生重大变化。如没有理由认为开发商将地方政府不出台房屋限购政策作为订立合同的基础，则不存在适用该原则的前提。

2. 可预见性。自2010年"国五条实施细则""新国十条"等房地产调控政策出台以后，各地政府特别是经济发展的热点城市相继推出商品房限购令。

---

① 在可查询的部分案件中，如上海市松江区人民法院（2011）松民三（民）初字第1526号，广东省深圳市中级人民法院（2011）深中法民五终字第781号，法院即以此为由，引用《合同法》第九十四条第五项，支持购房人解除合同的诉求。实际上，这些案件中，有的是完全符合情势变更原则适用条件的。

房地产开发商对于调控政策的发展方向是可以作出大致判断的。长沙市作为湖南省会，又是公认的准一线或者新一线热门城市，当地政府出台房屋限购政策具有相当大概率。在自媒体发达的当今，各种媒体上讨论的不是长沙市政府是否出台房屋限购政策，而是什么时候出台以及出台什么样的房屋限购政策。恩瑞公司作为专业的房地产开发商，在2014年签订《协议书》时，是完全有可能预见到地方政府今后会出台房屋限购政策。

3. “遭遇”时间。地方政府出台房屋限购政策是在开发商已经违约两年多之后，已经停止所涉项目开发，当时已经进入诉讼程序。此时，首要问题已经是开发商如何承担违约责任问题，而不是变更合同或者解除合同问题。换言之，“情势”并非发生在《协议书》正常履行过程中。

4. 实质影响。开发商所开发项目在本案是定向开发，集体团购。因房屋限购政策而受到实质影响的是部分购房人而非开发商。开发商不存在因为原部分购房人不再具有购房资格而不能继续卖房的情况。相反，开发商可能因为该部分购房人不再具有购房资格而可以将原来预售的部分房屋高价卖出，从而享受其利益。

综上，房屋限购政策不是房屋限售政策，在大多数情形下对于开发商不构成情势变更，但对部分已缴纳部分购房款的自然人可构成情势变更。

还应该看到：在地方政府出台房屋限购政策之前，恩瑞公司就已经构成违约，且是根本违约、恶意违约。对于在违约后“遭遇”房屋限购政策，恩瑞公司自己有过错，且是重大过错。有过错者是没有资格主张适用情势变更原则来免于承担违约责任的。

五、《民法典》实施后情势变更原则之适用

对于情势变更原则的适用条件及后果，《民法典》第五百三十三条规定与《合同法司法解释（二）》第二十六条规定，在形式上有四处不同，[①] 但实质上一致，主要区别在程序方面。应该认为，最高人民法院在《指导意见》第一部分表述的要慎重适用情势变更原则，合理调整双方利益关系的基本态度和从四个方面提出的具体意见，对于我们正确理解和适用情势变更原则至今仍具有指导意义。《民法典》第五百三十三条规定仍然很具有原则性。在具体适用

---

① 参见最高人民法院民法典贯彻实施工作领导小组主编：《中华人民共和国民法典合同编理解与适用（一）》，人民法院出版社2020年版，第478页。

该法条时，法官还是应该参照适用《指导意见》第一部分，[1] 除非有充分理由认为参照适用必将与《民法典》第五百三十三条规定明显抵触。

六、启示

1. 慎重适用情势变更原则。该原则是对合同严守原则的否定，只应于例外场合才能予以适用，不能让情势变更泛化。[2] 必须严格审查对于主张适用情势变更原则的当事人是否完全符合该原则的全部适用条件。在不能完全达到内心确信时，法官不得适用该原则。

2. 是否构成情势变更因人而异。同样的重大变化，可能对于各方当事人均构成情势变更，也可能只对一方当事人构成情势变更。在大多数情况下，重大变化只对一方当事人构成情势变更。

3. 正确处理不可抗力与情势变更的关系。《合同法》与《合同法司法解释（二）》以及《民法典》，实行的都是不可抗力与情势变更“二元规范模式”。但是，两者功能互补，存在交叉，都构成履行障碍，只是程度不同。在法律上，重大变化（履行障碍）导致完全的、永久的不能履行时，应适用不可抗力制度，可直接发生合同解除权，且不排斥风险负担制度发挥作用，但不适用情势变更原则；重大变化（履行障碍）导致合同履行十分困难，如强行要求继续履行将显失公平的，应适用情势变更原则，可以通过协商变更方式调整双方的合同关系，在协商不成时，法院可以通过判决方式变更合同。这样处理，更加符合《民法典》第五百三十三条不再将不可抗力与情势变更简单割裂、对立的特点，又保持了不可抗力与情势变更的各自独立属性和不同法律后果，在司法实践中也更加便于掌握。

（**一审法院合议庭成员** 周　坤　熊　伟　冷子剑
二审法院合议庭成员 谭智崇　肖　芳　陈梦群
编写人 湖南省湘西土家族苗族自治州中级人民法院　胡基厚
湖南省高级人民法院　谭智崇
责任编辑 李　明
审稿人 范明志）

---

① 该部分关于如何区分商业风险和情势变更，仍然是经典表述。

② 《合同法》没有规定情势变更原则的理由之一便是立法者认为“情势变更原则属于一般条款，担心在实践中被滥用，影响法律的安定性”。梁慧星：《民法学说判例与立法研究（二）》，国家行政学院出版社 1999 年版，第 191 页。应该认为，立法者的这种担心，现在及今后都并非多余。

伍某某诉金明仕饮料机械设备（北京）有限公司买卖合同纠纷案

——未按约定付款的违约方行使合同解除权的认定

关键词：《民法典》　买卖合同　未按约定付款　违约方　解除合同

【裁判要旨】

买方明确表示不再支付货款，也不需要货物，且不存在恶意，守约方拒绝解除合同，但继续履行合同对买方显失公平，则应当支持违约方解除合同的请求。解除合同不影响守约方主张违约责任。

【相关法条】

《中华人民共和国合同法》

第九十四条第四项[①] 有下列情形之一的，当事人可以解除合同：

（四）当事人一方迟延履行债务或者有其他违约行为致使不能实现合同目的；

第九十六条第一款[②] 当事人一方依照本法第九十三条第二款、第九十四条的规定主张解除合同的，应当通知对方。合同自通知到达对方时解除。对方有异议的，可以请求人民法院或者仲裁机构确认解除合同的效力。

---

① 参见《民法典》第五百六十三条之规定："有下列情形之一的，当事人可以解除合同：……（四）当事人一方迟延履行债务或者有其他违约行为致使不能实现合同目的……"

② 参见《民法典》第五百六十五条第一款之规定："当事人一方依法主张解除合同的，应当通知对方。合同自通知到达对方时解除；通知载明债务人在一定期限内不履行债务则合同自动解除，债务人在该期限内未履行债务的，合同自通知载明的期限届满时解除。对方对解除合同有异议的，任何一方当事人均可以请求人民法院或者仲裁机构确认解除行为的效力。"

第九十七条[①] 合同解除后，尚未履行的，终止履行；已经履行的，根据履行情况和合同性质，当事人可以要求恢复原状、采取其他补救措施，并有权要求赔偿损失。

【案件索引】

一审：北京市西城区人民法院（2017）京0102民初33337号（2018年3月8日）

【基本案情】

原告伍某某诉称：2016年，伍某某准备在自己家里开一个矿泉水厂，因此让朋友帮忙在网上查询饮料设备销售商，后来找到金明仕饮料机械设备（北京）有限公司金明仕公司（以下简称金明仕公司）。伍某某一直联系的是金明仕公司的秦令强。2016年5月，伍某某到金明仕公司找秦令强谈购买设备的事情。2016年5月20日，双方签订了《设备购销合同书》，但是合同是金明仕公司提供的格式合同，秦令强只是让伍某某在合同最后一页签了一个名字。当时秦令强跟伍某某说这个合同只是参考，并不是正式的合同，并且口头承诺如果伍某某家里不能安装购买的设备，就把钱退给伍某某。因此，伍某某先交了1000元，回家之后又向金明仕公司转账49000元。签订合同之后，5月27日、28日左右，秦令强去伍某某家实地考察。当时武穴市质监局的人也去伍某某家里看了，说家里只能作为住所，不能开矿泉水厂。伍某某想买其他的地方开厂，但是政府规定一次要买几十亩地，伍某某没有这么多钱，所以也没有办法在其他地方办厂。之后，伍某某就没有再付钱，也没有与金明仕公司签订正式的合同，金明仕公司也没有提供设备。现伍某某无法开办矿泉水厂，双方之间的合同已经无法继续履行，伍某某不同意继续支付货款，因此诉至法院，请求：（1）判令解除双方签订的《设备购销合同书》；（2）判令被告金明仕公司向原告伍某某返还设备购买金5万元；（3）本案诉讼费由被告金明仕公司承担。

被告金明仕公司辩称：不同意伍某某的诉讼请求。理由如下：双方确实签

① 参见《民法典》第五百六十六条之规定："合同解除后，尚未履行的，终止履行；已经履行的，根据履行情况和合同性质，当事人可以请求恢复原状或者采取其他补救措施，并有权请求赔偿损失。合同因违约解除的，解除权人可以请求违约方承担违约责任，但是当事人另有约定的除外。主合同解除后，担保人对债务人应当承担的民事责任仍应当承担担保责任，但是担保合同另有约定的除外。"

订了设备购销合同书，伍某某也确实分两次向金明仕公司支付了5万元定金。秦令强确实在合同签订之后去伍某某家里看过，目的是现场勘验具体的面积、户型，便于设备到厂后安装、调试、布线。伍某某提供的厂房是否符合办厂要求需要政府部门决定。即使伍某某的住所地无法作为厂房，伍某某也可以选择其他的地点办厂。金明仕公司签合同时并不知道伍某某将设备安装在什么地方。伍某某要求解除合同的理由不成立。合同约定由伍某某先交10万元定金，然后金明仕公司专门定作设备。但是，伍某某实际只支付了5万元定金，所以金明仕公司没有生产设备。现金明仕公司坚持认为双方应当继续履行合同。

法院经审理查明：2016年5月20日，金明仕公司（甲方、销售方）与伍某某（乙方，购买方）签订《设备购销合同书》，由伍某某向金明仕公司购买桶装水设备。合同第一条约定了设备明细及金额，货款共计38万元；第三条约定，甲方代办托运，乙方负责运输费用及卸货和卸货费；第四条约定，签订合同后乙方需在3个工作日内付设备定金10万元，设备生产好后，乙方到甲方验货，验收无误后再付给甲方26万元设备款，乙方方可提货，设备余款2万元在设备符合乙方要求后3个工作日内无条件付清，乙方未及时支付设备定金及设备款，应承担违约责任，甲方有权终止合同和服务并追究乙方的违约责任；第九条约定，如一方违约，违约方应向守约方支付合同总额30%的违约金，如违约金不够弥补守约方的经济损失时，守约方有权向违约方追缴相应的经济补偿，守约方可依法变更或解除本合同。2016年5月17日，伍某某向金明仕公司支付1000元。2016年5月23日，伍某某向金明仕公司支付49000元。之后，伍某某未再向金明仕公司付款，金明仕公司亦未生产合同约定的设备。

【裁判结果】

北京市西城区人民法院于2018年3月8日作出（2017）京0102民初33337号民事判决：一、确认原告伍某某与被告金明仕公司于2016年5月20日签订的《设备购销合同书》自2017年10月12日解除；二、被告金明仕公司于本判决生效之日起7日内向原告伍某某返还5万元。宣判后，双方均未提出上诉，判决已发生法律效力。

【裁判理由】

法院生效裁判认为：双方之间签订的《设备购销合同书》系双方当事人

的真实意思表示，并未违反法律、行政法规的强制性规定，应属有效合同，双方均应依法履行。根据《合同法》第九十四条第四项的规定，当事人一方迟延履行债务或者有其他违约行为致使不能实现合同目的，当事人可以解除合同。根据《合同法》第九十六条第一款的规定，当事人一方依照本法第九十四条的规定主张解除合同的，应当通知对方。合同自通知到达对方时解除。本案中，伍某某未按合同约定的时间支付相应的款项，并且明确表示不再付款，致使不能实现合同目的，加之金明仕公司尚未生产合同约定的设备，因此现伍某某要求解除合同，法院予以支持。本案起诉状送达金明仕公司之日视为伍某某解除合同的通知到达之日，故自 2017 年 10 月 12 日起，双方之间的《设备购销合同书》解除。根据《合同法》第九十七条的规定，合同解除后，尚未履行的，终止履行；已经履行的，根据履行情况和合同性质，当事人可以要求恢复原状、采取其他补救措施，并有权要求赔偿损失。本案中，伍某某已经支付了 5 万元，现其要求金明仕公司予以返还，于法有据，法院予以支持。

【案例注解】

一、适用现行法律存在争议

本案中，双方在合同第四条约定付款时间时对第一笔款使用了“定金”二字，但后面紧接着约定未及时支付设备定金及设备款，应承担违约责任，然后在第九条约定违约责任为支付违约金。结合合同的全部内容，足以认定第一笔款的性质实际为预付款，并非担保债务履行的定金。伍某某只支付了 5 万元的预付款，已经构成违约。此外，其明确表示因无法找到合适的经营场地不再交纳剩余的预付款，也不需要设备了，但金明仕公司既未生产设备，亦不同意解除合同，坚持要求继续履行合同，由伍某某先交齐预付款。双方的合同陷入僵局，因此伍某某主动诉至法院，要求解除合同。

关于合同解除问题，《合同法》第九十三条规定了协议解除和约定解除权的解除，对本案不适用。《最高人民法院关于适用〈中华人民共和国合同法〉若干问题的解释（二）》第二十六条规定了情势变更原则下的申请解除，但前提条件是合同成立以后客观情况发生了当事人在订立合同时无法预见的、非不可抗力造成的不属于商业风险的重大变化，强调的是客观因素，但本案中伍某某无法找到合适的经营场地显然不能认定为情势变更，从而也无法适用。因此，要从《合同法》第九十四条法定解除权的规定中寻找法律适用的空间。《合同法》第九十四条规定，有下列情形之一的，当事人可以解除合同。在列举具体情形时亦使用了当事人的表述。因此，该规定从文字上并没有区分违约方和守约方，更没有明确违约方是否可以享有法定解除权，从而引发了理论和实务中的争议。

一种观点认为，享有法定解除权的只能是守约方。理由是：基于消灭债权人对待给付义务的目的，享有法定解除权的当事人只能是违约方的相对人；从《合同法》的体系上看，违约方欲摆脱给付义务的拘束，有其他途径可循，如依据《合同法》第一百一十条免除给付义务，依据情势变更原则主张解除合同从而免除给付义务；从立法史的角度看，原《涉外经济合同法》（已失效）第二十九条第一、二项①所采行文结构较《合同法》更明确地肯认了唯有违约方之相对人才享有法定解除权；② 如果确认违约方的法定解除权，则可能产生鼓励当事人违约的效果，合同解除制度所应有的保障合同严守的功能将难以实现，将引发相关的道德风险，这也违反了任何人不能从其不法行为中获利的原则。③ 司法裁判中，有观点明确支持法定解除权只应由非违约方享有，其理由为："法定解除权赋予了权利主体以单方意思表示干预法律关系的权利，从保护相对人免受不公平结果损害，以及维护交易安全和稳定，鼓励交易的角度出发，法定解除权通常应赋予守约方而非违约方。"④

另一种观点认为，享有合同解除权的是"当事人"，不应局限于守约方，违约方在特定条件下可以享有解除权。⑤ 理由是：若让违约方可以不实际履行却不能行使法定解除权，会陷入交易僵局，造成严重的社会效率损失。在以效率为根据的诚信原则下应进行"法外续法"，在满足关联性商事经营、违约方无过错、守约方得到充分赔偿、不解除会造成不成比例的效率损失等条件时例外地允许违约方享有法定解除权。⑥

从上述争议可以看出，如果不支持违约方解除合同，可以维护交易安全和

---

① 《涉外经济合同法》（已废止）第二十九条规定："有下列情形之一的，当事人方有权通知另一方解除合同：一、另一方违反合同，以致严重影响订立合同所期望的经济利益；二、另一方在合同约定的期限内没有履行合同，在被允许推迟履行的合理期限内仍未履行；三、发生不可抗力事件，致使合同的全部义务不能履行；四、合同约定的解除合同的条件已经出现。"

② 赵文杰：《〈合同法〉第94条（法定解除）评注》，载《法学家》2019年第4期。

③ 王利明：《合同编解除制度的完善》，载《法学杂志》2018年第3期。

④ 最高人民法院（2017）最高法民申51号民事裁定书。

⑤ 雷裕春：《合同解除权行使的若干问题研究》，载《学术论坛》2007年第5期；马春元：《违约方解除权的法理分析和现状评述》，载《南都学坛（人文社会科学学报）》2011年第5期。

⑥ 参见孙良国：《违约方的合同解除权及其界限》，载《当代法学》2016年第5期；孙良国：《违约方合同解除的理论争议、司法实践与路径设计》，载《法学》2019年第7期。

诚信原则，但可能会损害交易效率和公平原则；如果支持违约方解除合同，则相反。因此，争议的根本还是如何维持平衡。

二、参照类似案例存在困难

关于合同陷入僵局后，违约方能否请求解除合同问题，在江苏省南京新宇房产开发有限公司诉冯玉梅商铺买卖合同纠纷案［南京市中级人民法院（2004）宁民四终字第470号］中，司法实践已经有所突破。在该案中，新宇公司依据情势变更原则要求解除与冯玉梅的商铺买卖合同，冯玉梅坚持要求履行合同。最终法院判决解除合同，理由如下：《合同法》第一百零七条规定："当事人一方不履行合同义务或者履行合同义务不符合约定的，应当承担继续履行、采取补救措施或者赔偿损失等违约责任。"从这条规定看，当违约情况发生时，继续履行是令违约方承担责任的首选方式。法律之所以这样规定，是由于继续履行比采取补救措施、赔偿损失或者支付违约金，更有利于实现合同目的。但是，当继续履行也不能实现合同目的时，就不应再将其作为判令违约方承担责任的方式。《合同法》第一百一十条规定："当事人一方不履行非金钱债务或者履行非金钱债务不符合约定的，对方可以要求履行，但有下列情形之一的除外：（一）法律上或者事实上不能履行；（二）债务的标的不适于强制履行或者履行费用过高；（三）债权人在合理期限内未要求履行。"此条规定了不适用继续履行的几种情形，其中第二项规定的"履行费用过高"，可以根据履约成本是否超过各方所获利益来进行判断。当违约方继续履约所需的财力、物力超过合同双方基于合同履行所能获得的利益时，应该允许违约方解除合同，用赔偿损失来代替继续履行。①

《合同法》第一百一十条是法律赋予违约方在守约方要求其履行合同时的抗辩权，具有被动性，因此通常认为违约方只能在守约方要求其履行合同时作为抗辩依据提出，而不能据此主动提出解除合同。但是在守约方不行使解除权或者主张继续履行合同得不到支持的情况下仍然不行使解除权的情况下，无法避免违约方损失的扩大，无法破解合同僵局。因此，上述案例实际突破了对法条的通常理解，允许违约方以承担违约责任为代价换取对合同履行义务的免除。这样既避免了违约方不必要的损失，也保障了守约方的利益，较好地平衡了双方的利益。因此在司法实践中不断被参照适用。本案中，违约方违反的是金钱债务，与上述案例情况不同，因此无法参照适用。

---

① 新宇公司诉冯玉梅商铺买卖合同纠纷案，载《最高人民法院公报》2006年第6期。

三、判决解除合同维护公平

本案中，伍某某并不存在违约的恶意，金明仕公司实际并未生产设备，又不行使法定解除权，也不退款。如果任由合同僵局继续，对伍某某是不公平的，因为其违约行为对金明仕公司造成的损失远低于其已经支付的预付款，而且其实际并未取得任何货物，这样会造成双方利益明显失衡。如果驳回伍某某的诉讼请求，金明仕公司再主动起诉要求伍某某继续履行合同，支付剩余的预付款，那就只能判决支持。按照合同约定的支付首付款、生产设备、查验设备、支付第二笔款、送货、支付尾款的流程，即使能够强制执行剩余的预付款，还是存在设备生产出来之后两笔货款的支付问题。届时，伍某某付出了部分货款，又无法经营，金明仕公司生产了设备，又无法获取全部货款，这样会导致双方的损失扩大。本案审理过程中，法官曾经主持调解，伍某某愿意赔偿1万元的损失，换取解除合同和退还5万元货款，但金明仕公司坚持认为应当继续履行合同，不同意在赔偿违约损失的前提下解除合同。在没有其他更好的法律适用可以选择的情况下，法官最终选择适用《合同法》第九十四条第四项的规定，采纳了享有法定解除权的主体不局限于守约方的观点，判决解除合同、返还货款。当然，这并不影响金明仕公司另行主张违约责任。

四、建议以司法解释统一裁判尺度

从本案的审理可以看出，现行法律对于合同解除事由的规定是有漏洞的，但法院不能拒绝裁判，只能在现行法律的框架之下寻求最佳裁判方式。但最好的出路还是增加法律规则的供给，将违约方可以请求解除合同的具体条件进行明确规定，破解合同僵局，提高交易效率，维护交易公平。

本案于2018年作出判决。可喜的是近年来理论界和实务界越来越多的人关注到此问题。借助《民法典》起草的机会，很多学者撰写论文，为立法建言献策。有的认为在特定情况下应当赋予违约方解除权，首先应由违约方催告守约方，守约方于宽限期满仍不行使解除权，也不与违约方协议解除合同的，应当允许违约方解除合同。[①] 有的认为违约法定解除权应当由守约方享有，但建议借鉴比较法上的司法解除制度（如《法国民法典》第1184条），即在出现履行困难等情形时，合同当事人可以向法院提出解除合同的请求，由法院最

---

① 崔建远：《完善合同解除制度的立法建议》，载《武汉大学学报（哲学社会科学版）》2018年第2期。

终判断合同能否解除，区别于法定解除下的单方通知解除。[①]

《〈民法典〉合同编（草案二次审议稿）》吸纳了学者们的建议，在第三百五十三条第三款规定："合同不能履行致使不能实现合同目的，有解除权的当事人不行使解除权，构成滥用权利对对方显失公平的，人民法院或者仲裁机构可以根据对方的请求解除合同，但是不影响违约责任的承担。"

2019 年 11 月 8 日，最高人民法院印发《全国法院民商事审判工作会议纪要》（以下简称《九民会纪要》）。《九民会纪要》第 48 条为"违约方起诉解除"，规定："违约方不享有单方解除合同的权利。但是，在一些长期性合同如房屋租赁合同履行过程中，双方形成合同僵局，一概不允许违约方通过起诉的方式解除合同，有时对双方都不利。在此前提下，符合下列条件，违约方起诉请求解除合同的，人民法院依法予以支持：（1）违约方不存在恶意违约的情形；（2）违约方继续履行合同，对其显失公平；（3）守约方拒绝解除合同，违反诚实信用原则。人民法院判决解除合同的，违约方本应当承担的违约责任不能因解除合同而减少或者免除。"

《九民会纪要》的上述规定与《〈民法典〉合同编（草案二次审议稿）》的思路是一致的，搁置了违约方是否有法定解除权的理论争议，规定在特定情形下违约方可以向法院申请解除合同，具有较强的实践意义。但因争议较大，2019 年 12 月 26 日《民法典草案（征求意见稿）》公布时删除了上述第三百五十三条第三款的规定。全国人大常委会在《关于〈民法典各分编（草案）〉修改情况和〈中华人民共和国民法典（草案）〉编纂情况的汇报》中也专门对此作出如下说明："有的专家学者提出，这一规定的出发点在于解决实践中存在的由于合同不能履行而导致的僵局问题，但规定违约方可以申请解除合同，与严守合同的要求不符，建议删去。对个别合同僵局问题，可以考虑通过适用情势变更规则或者其他途径解决。宪法和法律委员会经研究，建议采纳这一意见，删去该款规定。"[②] 作为删除上述规定的妥协之策，《民法典（草案）征求意见稿》第五百八十条[③]增加了第二款，即有前款规定的除外情形之一，致使不能实现合同

① 王利明：《合同编解除制度的完善》，载《法学杂志》2018 年第 3 期。

② 刘承韪：《论违约方解除合同规则写入民法典之必要与可行》，载《中国政法大学学报》2020 年第 3 期。

③ 《民法典（草案）征求意见稿》第五百八十条第一款规定："当事人一方不履行非金钱债务或者履行非金钱债务不符合约定的，对方可以请求履行，但是有下列情形之一的除外：（一）法律上或者事实上不能履行；（二）债务的标的不适于强制履行或者履行费用过高；（三）债权人在合理期限内未请求履行。"

目的的，人民法院或者仲裁机构可以根据当事人的请求终止合同权利义务关系，但是不影响违约责任的承担。但这仅仅是借鉴《法国民法典》《德国民法典》等比较法经验的基础上，在原有的《合同法》第一百一十条之后打了个“补丁”而已，[①] 解决了类似于上述江苏省南京新宇房产开发有限公司诉冯玉梅商铺买卖合同纠纷案的法律适用问题，但并不能解决本案中涉及的金钱债务违约方能否解除合同的问题。

2020 年 5 月 28 日，《民法典》已经通过审议并予以公布，第五百八十条的规定与《民法典（草案）征求意见稿》第五百八十条的内容一致，但由此引发的关注和争议却并未停止。违反金钱债务的违约方是否可以解除合同的法律规则供给问题并没有得到妥善解决，而且短期内也不可能通过修订《民法典》的形式来改进。《九民会纪要》并不是司法解释，不能作为裁判依据进行援引。因此，建议最高人民法院采取制定司法解释的形式，将《九民会纪要》第 48 条的规定予以固定，从而为司法裁判提供依据，也有利于统一裁判尺度。

五、结语

本案标的额虽然较小，但对于研究违反金钱债务的违约方能否解除合同具有典型意义。实践中还会存在各种类似的情况，可能标的额更大，可能标的内容不同，可能违约造成的后果不同等，但最根本的裁判思路还是维护公平原则。因此，对于此类案件的裁判应该确认违约方是否存在恶意，以及继续履行合同对违约方是否会显失公平。支持解除合同需要同时满足违约方不存在恶意且继续履行合同对其会显失公平这两个前提条件。如果违约方存在恶意，显然不能支持其解除合同的请求，不能让恶意的一方获利。如果本案中，金明仕公司已将设备生产完毕，那么继续履行合同对伍某某并不会显失公平，这样的情况下也不能支持解除合同。

（**一审法院独任审判员** 陆俊芳
编写人 北京市西城区人民法院 陆俊芳
责任编辑 杨 奕
审稿人 范明志）

---

① 石佳友：《履行不能情形下的合同终止——兼议民法典草案第 580 条第 2 款的有关争议》，载中国民商法律网，https://www.civillaw.com.cn/zt/t/?id=36879，最后访问时间：2020 年 6 月 25 日。

二、案例精析

【编者按】 各级人民法院坚持“反映审判全貌，总结审判经验，服务审判工作”的编辑方针，突出“真实、全面、及时、说理”的编辑特色，报送了一批具有典型性、新类型、重大疑难复杂案例，对指导审判业务、宣传国家法制、预防和化解社会矛盾纠纷，促进法学教育与理论研究作出了积极努力。《人民法院案例选》将继续坚持这一优良传统，并通过中国应用法学研究所责任编辑撰写编后补评等方式，对判决和评析中虽未提及但比较重要的或评析不充分的问题，进行补充评析，以期达到总结经验教训、指导审判业务、促进理论研究的目的。

刑　事

孙某交通肇事案

——驾驶特种设备车辆道路肇事行为的刑法定性

关键词：刑事　特种设备车辆　交通肇事罪　过失致人死亡罪

【裁判要旨】

依据相关法律规定，叉车、非公路用观光车、推顶车等均系特种设备中的场（厂）内专用机动车辆，不得上道路行驶，若此类特种设备车辆在交通道路上行驶或履行运输职能，即具有机动车的车辆属性，属于受《道路交通安全法》所规制的机动车，因违反交通运输管理法规发生重大交通事故的，应当在分清事故责任的基础上依法追究刑事责任。

【相关法条】

《中华人民共和国刑法》

第一百三十三条　违反交通运输管理法规，因而发生重大事故，致人重伤、死亡或者使公私财产遭受重大损失的，处三年以下有期徒刑或者拘役；交通运输肇事后逃逸或者有其他特别恶劣情节的，处三年以上七年以下有期徒刑；因逃逸致人死亡的，处七年以上有期徒刑。

【案件索引】

一审：上海市闵行区人民法院（2017）沪0112刑初1847号（2018年4月12日）

【基本案情】

2017 年 7 月 28 日 23 时 12 分许，被告人孙某驾驶一辆无牌号的内燃平衡重式叉车沿本市闵行区昆阳路由南向北行驶至陪昆路路口，在南向西信号灯为红色时向西左转，与驾驶电动自行车沿昆阳路西侧由北向南正常直行的被害人陈某相撞，致陈倒地后被叉车碾压，造成颅脑损伤合并创伤性休克，经抢救无效死亡，构成事故。经上海市公安局闵行分局交通警察支队认定，被告人孙某在事故中承担全部责任。事故发生后被告人孙某即拨打 110 报警，并在现场等候民警处理，如实供述了上述事实。案发后被告人孙某的亲属代为向被害人陈某的家属赔偿经济损失共计人民币 53 万元，并取得被害人家属的谅解。

上海市闵行区人民检察院指控被告人孙某犯过失致人死亡罪，向上海市闵行区人民法院提起公诉。被告人孙某对公诉机关指控的事实和罪名没有异议。辩护人提出，对公诉机关指控的事实无异议，但本案应当定性为交通肇事罪。

【裁判结果】

上海市闵行区人民法院于 2018 年 4 月 12 日作出（2017）沪 0112 刑初 1847 号刑事判决：被告人孙某犯交通肇事罪，判处有期徒刑一年，缓刑一年。宣判后，被告人未提出上诉，检察机关亦未抗诉，判决已发生法律效力。

【裁判理由】

法院生效裁判认为：被告人孙某违反交通运输管理法规，因而发生重大事故，致一人死亡，且承担事故全部责任，其行为构成交通肇事罪。关于公诉机关依据《中华人民共和国公共安全行业标准》（GA802－2014）及《机动车运行安全技术条件》（GB7258－2012），认定叉车属特种设备，不属于《道路交通安全法》调整的车辆，故本案所涉事件不属于道路交通事故，不能以交通肇事罪定罪处罚的意见。经查，上述文件之所以将叉车排除在外，是基于叉车的单一使用目的和封闭作业区域，为之设置了特定的技术参数及行业标准，以便在质检标准、登记管理权限等方面与其他准予在公共道路行驶的机动车相区别。但是，叉车本身的内在操控性（动力驱动、机械转向装置、刹车制动等）及外观特征（驾驶室、方向盘、车轮等）等，与广义的机动车并无二致，特别是在被告人孙某将其作为交通工具违规驶入公共道路、参与到交通活动之中时，使之兼具了交通运输的功能性，其违法上路行驶本身以及由此导致的相关事故均应当《道路交通安全法》所规制。被告人孙某在违法实施的道路交通活动中过失致人死亡，既侵犯了他人的生命权，也损害了道路交通管理秩序，应当依法以交通肇事罪论处。被告人孙某具有自首情节，依法可以从轻处罚。被告人孙某的亲属已代为赔偿被害人家属经济损失并取得谅解，可酌情从轻处罚。辩护人以被告人孙某系初犯、具有自首情节等，请求对被告人孙某从宽处罚的辩护意见，予以采纳。

【案例注解】

近年来，因叉车等特种设备车辆违法上道路行驶而引发的事故屡见不鲜。司法实践中，对此类案件定性为过失致人死亡罪还是交通肇事罪存在争议，两罪在量刑上相差甚远，故对定性问题应谨慎把握。定罪应综合考虑车辆类型、运行区域、车辆肇事时履行的职能及侵害的法益等因素。本案对类案处理有一定的借鉴意义。

本案的争议焦点是：（1）涉案叉车是否属于《道路交通安全法》所规制的机动车；（2）本案应定性为过失致人死亡罪还是交通肇事罪。

一、涉案叉车属于《道路交通安全法》所规制的机动车

（一）符合《道路交通安全法》对于“机动车”的界定

《道路交通安全法》第一百一十九条第三项规定，机动车是指以动力装置驱动或者牵引，上道路行驶的供人员乘用或者用于运送物品以及进行工程专项作业的轮式车辆。依据国家质检总局《特种设备目录》的规定，叉车、非公路用观光车、推顶车等均属于特种设备中的场（厂）内专用机动车辆。场（厂）内专用机动车辆是指除道路交通、农用车辆以外仅在工厂厂区、旅游景区、游乐场所等特定区域使用的专用机动车辆。通过上述概念的比较，可发现叉车、非公路用观光车、推顶车等场（厂）内专用机动车虽属特种设备，但在动力驱动和外观特征等方面上与《道路交通安全法》中的“机动车”并无二致，两者区别在于《道路交通安全法》中所述机动车系“上道路行驶”的车辆，而特种设备车辆仅限于特定区域使用，不具有上道路行驶的资格。因此，判断违法上道路行驶的特种设备车辆是否属于《道路交通安全法》所规制的机动车，关键在于如何解释《道路交通安全法》第一百一十九条第三项

规定中的“上道路行驶”。如将此处的“上道路行驶”解释为具有上道路行驶的资格，那势必将报废车、拼装车及非法改装车排除于《道路交通安全法》所规制的机动车之外，而《道路交通安全法》中第十四条、第十六条、第一百条等多个法条均明确将报废车、拼装车及非法改装车作为机动车予以规制。如此解释显然破坏了《道路交通安全法》条文之间的协调统一，并不足取。此处的“上道路行驶”应理解为车辆的实然状态，而非应然状态，是指客观上已进入交通道路上按照道路交通法规进行行驶或履行运输职能。因此，当本案被告人孙某将涉案叉车驶入交通道路按照道路交通法规进行行驶时，此叉车即具有机动车的车辆属性，应当被评价为《道路交通安全法》中的机动车，其违法上路行驶本身以及由此导致的相关事故均应当为《道路交通安全法》所规制。

（二）予以排除的法律依据不足

公诉机关依据《机动车类型　术语与定义》（GA802－2014）及《机动车运行安全技术条件》（GB7258－2012），认定涉案叉车不属于《道路交通安全法》调整的车辆的意见不能成立。适用于我国机动车运行安全管理的《机动车运行安全技术条件》（GB 7258－2012）以及适用于我国道路交通管理的《机动车类型　术语与定义》（GA802－2014）之所以将叉车等特种设备车辆排除在外，是基于特种设备车辆的单一使用目的和封闭作业区域，为之设置了特定的技术参数和行业标准，以便在质检标准、登记管理权限等方面与其他准予在公共道路行驶的机动车相区别，而并非对特种设备车辆的机动车属性予以否定。我国现行有效的《道路交通安全法》经2011年修正后于2011年5月1日施行，其中对于拼装车和非法改装车进行了规制，而同时期的《机动车运行安全技术条件》（GB7258－2004）以及《机动车类型　术语与定义》（GA802－2008）中均未有涉及拼装车及非法改装车的术语与定义。直至2014年9月1日施行的《机动车类型　术语与定义》（GA802－2014）才增加了拼装车与非法改装车的术语与定义。由此可见，上述文件对于机动车进行分类与定义，是为国家行政管理部门进行机动车运行安全管理及道路交通管理提供技术依据，而并非对《道路交通安全法》所规制的机动车类型进行罗列。因此，并不能依据上述文件将涉案叉车排除在《道路交通安全法》所规制的机动车之外。

（三）符合一般人对于法条用语的理解

对于车辆及其类型的确定，一般人往往会从外观特征、动力驱动、操控性以及功能性等方面进行判断。叉车等特种设备车辆在外观特征（驾驶室、方向盘、车轮等）、动力驱动、操控性（机械转向装置、刹车制动等）及功能性

（载人运货）等方面均符合一般人对于机动车的认知。将特种设备车辆界定为机动车是普通民众根据一般的语言习惯和生活常识都可以预料到的结论。反之，将在道路上行驶的特种设备车辆排除在机动车范围之外，却极有可能超出国民的预测可能性，与法律解释原理相悖。

（四）符合道路交通管理的实际需要

根据国家法律规定，叉车等特种设备车辆仅限于在特定区域内使用，不得上道路行驶。而现实状况却是此类车辆驶入公共道路的情况时有发生。在道路交通管理方面，虽驾驶特种设备车辆上道路行驶的行为本身不具有合法性，但若将特种设备车辆绝对排除在《道路交通安全法》规制的机动车范围之外，一则会使其道路行为愈加不受《道路交通安全法》约束，进一步损害道路交通的安全与秩序。二则会导致此类车辆发生的道路事故不按交通事故处理，交管部门也不出具交通事故认定书，极有可能造成监管上的漏洞，甚至是行政管理上的推诿。三则在事故纠纷后续处理上，在事故责任的划分以及赔偿数额的确定上，也均会遇到一定的障碍。因此，将违法上道路行驶的特种设备车辆纳入《道路交通安全法》所规制的机动车范围符合道路交通管理的实际需要。

二、关于本案的定性

（一）须明确本案所涉事故的性质

涉案事故系由被告人孙某驾驶叉车在道路行驶过程中不按交通信号规定通行所引发。涉案事故发生于被告人将叉车作为交通工具在交通道路上进行行驶时，如上文所述，涉案叉车属于《道路交通安全法》所规制的机动车，因此，当违反交通运输法规在道路上发生事故并由交管部门出具相应事故责任认定书，该事故符合《道路交通安全法》关于交通事故的界定，应认定为交通事故。

（二）本案更符合交通肇事罪的构成要件

从犯罪构成上看，被告人孙某作为道路交通活动的参与者，主观上对于被害人死亡结果的发生持有过失心态，但对其违法上道路行驶及不按交通信号规定通行系违反道路交通管理法规行为却是明知故犯，客观上也因其不按交通信号规定通行的行为直接导致了被害人死亡这一重大事故的发生，承担事故的全部责任。被告人的肇事行为发生在实行公共交通管理范围之内，不仅侵犯了他人的生命权，更是危害到了公共道路交通秩序和安全。因此，从行为主体、主观心态，客观表现及侵犯客体上看，相较于过失致人死亡罪，被告人孙某的行为更符合交通肇事罪的构成要件，应以交通肇事罪论处。

（三）本案定性为交通肇事罪符合罪责刑相适应的刑法基本原则

驾驶叉车道路肇事行为相较于驾驶一般机动车道路肇事行为，两者均是违反道路交通法规的行为，主观心态上都是过失，同样是造成重大事故的后果。两行为的主观恶性及社会危害性大致相当，所受刑罚也应大致相当，若以量刑幅度相差悬殊的两种罪名区别适用，则极可能导致罪刑失衡，不利于保护当事人的合法权益以及实现刑法的公正性。

（**一审法院合议庭成员**　黄　擘　黄娄莹　叶菊花
编写人　上海市闵行区人民法院　黄　擘　黄娄莹　劳玉华
责任编辑　周维明
审稿人　李玉萍）

杨某交通肇事案

——禁止重复评价原则在交通肇事逃逸中的适用

关键词：刑事　交通肇事　逃逸　量刑情节　重复评价

【裁判要旨】

交通肇事案件中，已作为入罪要件的逃逸行为，不能再作为对被告人加重处罚的量刑情节而予以重复评价。

【相关法条】

《中华人民共和国刑法》

第一百三十三条　违反交通运输管理法规，因而发生重大事故，致人重伤、死亡或者使公私财产遭受重大损失的，处三年以下有期徒刑或者拘役；交通运输肇事后逃逸或者有其他特别恶劣情节的，处三年以上七年以下有期徒刑；因逃逸致人死亡的，处七年以上有期徒刑。

【案件索引】

一审：福建省厦门市翔安区人民法院（2018）闽0213刑初504号（2018年9月30日）

【基本案情】

福建省厦门市翔安区人民检察院指控：被告人杨某违反交通安全管理法

规，无证驾驶机动车交通肇事致一人重伤二级，且负事故的主要责任，并在肇事后逃逸，其行为应以交通肇事罪追究刑事责任，应在有期徒刑三年以上七年以下的幅度内量刑。被告人犯罪以后能自动投案，并如实供述自己的罪行，具有自首情节，依法可以从轻或者减轻处罚。

被告人杨某对无证驾驶机动车发生事故及事后逃逸的事实供认不讳。

辩护人对公诉机关指控被告人杨某构成交通肇事罪没有异议，但提出司法解释规定交通肇事致一人重伤需同时具备负事故全部或主要责任，才考察行为人是否具备其他法定情节并入刑，本案中交警部门根据"杨某无证驾驶机动车行驶至事故路口占道停车发生交通事故，事故发生后驾车逃逸"认定其承担事故主要责任，其逃逸行为是其构成交通肇事罪的入罪条件，不应再作为加重处罚的量刑情节重复评价，对被告人杨某应在有期徒刑三年以下量刑的辩护意见。

法院经审理查明：2017 年 12 月 28 日凌晨 1 时 06 分许，被告人杨某无证驾驶闽 D66×××号小型越野车沿厦门市翔安区舫山南路由北往南方向行驶至翔海路交叉路口临时停车下客。被害人郑某某超速驾驶闽 DBX×××号二轮摩托车行经该处时，追尾碰撞闽 D66×××号小型越野车，造成被害人郑某某受伤及两车不同程度损坏的损害后果。事故发生后，被告人杨某驾车逃离现场。经事故认定，被告人杨某无证驾车行驶至事故路口占道停车发生交通事故，事故发生后驾车逃逸，承担本起事故主要责任；被害人郑某某驾车超速行驶至事故路口时，遇情况采取措施不力，致发生碰撞，承担本起事故次要责任。经法医评定，被害人郑某某因交通事故致空肠破裂穿孔等损伤，经医院行剖腹探查术+空肠破裂修补术等治疗，损伤程度评定为重伤二级。2018 年 1 月 3 日，被告人杨某主动到公安机关投案，归案后对上述犯罪行为供认不讳。

另查明，闽 D66×××号小型越野车的登记车主为吴益平，实际保管人为曾文清，案发时未投保交强险及商业险。

【裁判结果】

福建省厦门市翔安区人民法院于 2018 年 9 月 30 日作出（2018）闽 0213 刑初 504 号刑事判决：被告人杨某犯交通肇事罪，判处有期徒刑一年。宣判后，被告人在法定期限内未提出上诉，公诉机关未提出抗诉，判决已发生法律效力。

【裁判理由】

法院生效裁判认为：被告人杨某违反交通安全管理法规，无证驾驶机动车交通肇事致一人重伤并在肇事后逃逸，承担事故主要责任，其行为已构成交通肇事罪。公诉机关指控的罪名成立。被告人案发后自动投案，归案后能如实供述罪行，具有自首情节，依法可以从轻处罚。

【案例注解】

本案系一起无证驾驶机动车发生事故致人重伤后逃逸的案件，被告人杨某对交警部门认定其事故后逃逸、承担事故主要责任及无证驾驶等情节均无异议。争议的焦点在于其逃逸行为是属于其构成交通肇事罪的入罪条件，应对其在三年以下有期徒刑或拘役的幅度内处刑，还是属于交通肇事后逃逸的加重处罚情节，应对其在有期徒刑三年以上七年以下的幅度内处刑。

一、《刑法》语境下“逃逸”：仅限于为逃避法律追究而逃跑的行为

通常认为，行为人在事故发生后离开案发现场就应认定为“逃逸”，但在实践中，离开现场的原因和目的是多种多样的，或为逃避法律追究，或因害怕遭被害人亲属殴打报复而临时躲避，或正在去投案的路上，或正在抢救伤者的途中等。这些情形虽然在客观上都表现为离开现场，但是在本质上是有区别的。《最高人民法院关于审理交通肇事刑事案件具体应用法律若干问题的解释》（以下简称《解释》）第三条规定，只有在交通肇事后为逃避法律追究而逃跑的行为才能认定为逃逸。本案被告人杨某到案后供述，事故发生后因惧于无证驾驶机动车被追究而驾车逃离现场，该行为便属于《刑法》上的“逃逸”。

二、“逃逸”的刑法后果：既可作为定罪情节，也可作为量刑情节

交通肇事罪是一种过失犯罪，人身危险性相对较小，其社会危害性的大小也因行为人过错程度的大小、行为所造成的危害后果的大小以及是否具有逃逸情节而不同。根据《刑法》第一百三十三条规定，构成交通肇事罪的处三年以下有期徒刑或拘役，具有肇事后逃逸或其他特别恶劣情节的，处三年以上七年以下有期徒刑。再结合《解释》的规定，逃逸行为既可单独适用，成为定罪情节，也可与其他情节结合适用，成为加重处罚情节：

（一）逃逸行为作为定罪情节

1. 直接作为定罪情节。即根据《解释》第二条第二款第六项的规定，当行为人交通肇事致一人以上重伤，负事故全部责任或者主要责任的情况下，为逃避法律追究逃离事故现场的，在没有《解释》第二条第二款规定的酒驾、毒驾、无证驾驶、严重超载等其他情节的情况下，此时的逃逸行为属于定罪情节。

2. 间接作为定罪情节。即根据视频监控等客观证据足以查实完整的事故发生过程，足以证实行为人本不应承担事故主要以上的责任，系因事故后逃逸而被认定承担事故主要或全部责任，即该逃逸行为已经在行政法上对事故进行责任认定时被评价过，同时行为人又具有根据《解释》第二条第二款规定的酒驾、毒驾、无证驾驶、严重超载等情节，进而认定构成交通肇事罪。

（二）逃逸行为作为加重处罚情节

当行为人在摒除逃逸情节的情况下，根据法律和司法解释规定已经构成交通肇事罪，又具有逃逸行为的，此时逃逸行为应作为加重处罚情节，在三年以上七年以下有期徒刑的量刑幅度内处刑。

三、本案事故责任的认定："逃逸"情节已在认定承担事故主要责任时被评价

本案案发地点为十字路口，监控视频和交通事故车辆勘查笔录可以相互印证本起事故系被告人杨某无证驾驶小型越野车在路口违章停车下客时，被害人郑某某超速驾驶二轮摩托车遇情况采取措施不力"追尾"碰撞越野车而发生，事后被告人杨某驾车逃逸。因事故路段无交通标线，从监控视频中无法分辨被告人杨某进入监控路段减速停车期间有无变更车道。为进一步查清案件事实，侦查人员到庭说明情况，证实因监控设备为球型监控，有一定弧度，会造成视觉偏差，故无法从监控视频分辨杨某在停车前是否有变更行驶车道；同时证实杨某的逃逸行为导致现场遭破坏，造成无法查清杨某当时是否酒驾、停车前行驶轨迹是否变化等事实，郑某某因在事故中存在超速行驶及遇情况采取措施不力致发生碰撞等过错，故依据《道路交通安全法实施条例》第九十二条第一款"发生交通事故后当事人逃逸的，逃逸的当事人承担全部责任。但是，有证据证明对方当事人也有过错的，可以减轻责任。"的规定，认定杨某承担事故主要责任，郑某某承担事故次要责任。根据其个人经验，结合本案事故发生的具体经过，若摒除逃逸情节，仅凭杨某的无证驾驶、违章停车、未打转向灯等违章情节，杨某承担的事故责任在同等责任以下。

四、禁止重复评价原则

综合案发过程和侦查人员出庭作证的证言，可知本案系被告人杨某为下客而临时违章停车时，被害人郑某某驾车追尾碰撞而发生的，正常情况下应由追尾一方承担事故全部责任。但在本案中，由于被告人杨某在事故后逃逸，交警部门根据《道路交通安全法实施条例》的规定结合被害人过错程度，认定其承担事故主要责任。此时，逃逸情节已在认定事故责任时被评价。根据《解释》第二条第二款第二项的规定，行为人交通肇事致一人重伤，负事故主要或全部责任，且无证驾驶机动车的，构成交通肇事罪。具体到本案中，被告人杨某交通肇事致一人重伤，因事故后逃逸而承担事故主要责任，且具有无证驾驶的情节，故依法已构成交通肇事罪，但不属于《刑法》第一百三十三条规定的“交通运输肇事后逃逸”的加重情形，对其应在“三年以下有期徒刑或者拘役”法定刑幅度内量刑，即已作为入罪条件的逃逸情节不得作为加重情节重复评价。

五、“逃逸”情节不能当然的作为入罪情节考量

实践中，由于行为人在事故后逃逸致使事故事实无法查清的情况下，交警部门通常会依据《道路交通安全法实施条例》第九十二条第一款的规定直接推定逃逸人承担事故全部责任，再根据被害人的事故中的过错程度最终对事故责任作出认定。但这并不意味着交警部门依据此条款作出事故责任认定的，逃逸情节当然地作为交通肇事罪的入罪情节评价，前提是在案有监控视频等客观证据可以查明事故事实、厘清事故责任。基于不能让行为人从违法行为中获益的原则，倘若行为人的逃逸行为直接导致交警部门无法查清事故事实和认定责任，行为人根据《道路交通安全法实施条例》等行政法规规定本应承担事故全部责任，此时不能认为逃逸情节已在认定事故责任时被评价过，否则会变成变相鼓励逃逸。

此外，如果行为人具有《解释》第二条第二款一至五项规定的两个以上的情形，即在摒除逃逸情节的情况下，行为人仍然构成交通肇事罪的，则此时逃逸情节仍应作为加重处罚情节，对行为人在“三年以上七年以下有期徒刑”法定刑幅度内量刑。

（**一审法院合议庭成员**　林良生　吴南回　李江河
编写人　福建省厦门市翔安区人民法院　吴南回
责任编辑　周维明
审稿人　李玉萍）

伊通满族自治县盛宇房地产开发公司、牛某某、曹某某非法吸收公众存款案

——对小额贷集资性质、挂名法定代表人责任的认定

关键词：刑事　非法占有目的　对小额贷集资　挂名法定代表人的责任

【裁判要旨】

1. 企业经营过程中的集资行为不应以案发时借款得不到偿还作为非法占有目的的根据，而应以资金的具体用途和去向评价非法占有目的。

2. 小额贷公司的性质系放贷，故对其放贷的相对人亦应不构成非法吸收公众存款罪。如果构成该罪，根据对合原理，等于间接认为小额贷放贷的行为违法，故针对小额贷借款部分不作为非法吸收公众存款罪评价。

3. 法定代表人无论挂名与否，对自己的行为，或者说以自己名义实施的行为本身负有审核的义务，尤其是房地产企业经营过程中的融资行为因具普遍性而应该具有预知性。疏于审核本身就是一种放任。且挂名法定代表人在借款合同上签字对合同的履行起到了批准和决定作用，因此应当承担相应的法律责任。

【相关法条】

《中华人民共和国刑法》

第一百七十六条　非法吸收公众存款或者变相吸收公众存款，扰乱金融秩序的，处三年以下有期徒刑或者拘役，并处或者单处二万元以上二十万元以下罚金；数额巨大或者有其他严重情节的，处三年以上十年以下有期徒刑，并处五万元以上五十万元以下罚金。

单位犯前款罪的，对单位判处罚金，并对其直接负责的主管人员和其他直

接责任人员，依照前款的规定处罚。

《最高人民法院关于审理非法集资刑事案件具体应用法律若干问题的解释》

第四条第二款 使用诈骗方法非法集资，具有下列情形之一的，可以认定为“以非法占有为目的”：

（一）集资后不用于生产经营或者用于生产经营活动与筹集资金规模明显不成比例，致使集资款不能返还的；

（二）肆意挥霍集资款，致使集资款不能返还的；

（三）携带集资款逃匿的；

……

【案件索引】

一审：吉林省四平市人民法院（2018）吉03刑初54号（2019年11月26日）

二审：吉林省高级人民法院（2020）吉刑终53号（2020年6月24日）

【基本案情】

吉林省四平市人民检察院指控：

1. 合同诈骗罪。2009年7月30日，被告单位伊通满族自治县盛宇房地产开发有限公司（以下简称盛宇公司）经伊通满族自治县计划委员会核准在伊通镇民族医院道南开发棚户区改造项目，承建伊通满族自治县盛宇豪庭小区。在开发建设过程中，盛宇公司采取用包含已经签订回签协议或已经出售的房屋、车库作抵押与他人签订借款合同或名为买卖合同实为抵押借款合同的方法，骗取长春鼎升小额贷款有限公司、长春市民通小额贷款有限公司、张某等单位和个人共计人民币92899921元（附集资参与人名单及金额）。其中，被告人曹某某经手骗取人民币31560421元，被告人牛某某经手骗取人民币60359500元，被告人李某某参与骗取27213441元。案发后，被告单位盛宇公司返还部分骗取款项，并与大部分集资参与人达成还款协议。

2. 毁坏财物罪、妨害作证罪、包庇罪。被告人牛某某在盛宇公司未与住户宋某某家达成房屋拆迁协议的情况下，指使他人于2014年9月的一天用钩机将宋某某家的四个车库推倒。同年10月的一天，将宋某某家的房屋推倒。在推倒房屋、车库的过程中，致宋某某家红豆杉等物品损毁。

在公安机关侦查宋某某家房屋、车库被毁案时，被告人牛某某为逃避法律责任，于2016年8月通过他人找到丁某某，让丁某某到公安机关投案称是其找人推倒的宋某某家房屋、车库。并承诺事后给予酬谢。后丁某某到公安机关投案，称是其找人推倒的宋某某家的房屋和车库。

2014年6月，被告人曹某某在被告单位盛宇公司未与刘某某家达成房屋拆迁协议的情况下，告知高某某，已与刘某某家达成拆迁协议，让高某某找人拆除，后高某某雇佣他人将刘某某家房屋用钩机损毁，同年7月，被告人曹某某指使他人将刘某某家在被推倒房子废墟上临时搭建的简易窝棚推倒。

盛宇公司辩护人的辩护意见是：盛宇公司借款行为没有非法占有目的，借款时更没有虚构事实和隐瞒事实，仅是开发速度与还款数额和期限不匹配，造成严重违约，属于正常的经济合同纠纷，因此，盛宇公司不构成合同诈骗罪。

牛某某的辩解及辩护人的辩护意见是：牛某某对全部借款没有非法占有目的，不构成合同诈骗罪。指控牛某某故意毁财罪证据不足。

曹某某的辩解及辩护人的辩护意见是：曹某某对全部借款没有非法占有目的，不构成合同诈骗罪。指控牛某某故意毁财罪证据不足。

法院经审理查明：（1）2009年7月30日，被告单位伊通盛宇公司经伊通满族自治县计划委员会核准在伊通镇民族医院道南开发棚户区改造项目，承建伊通满族自治县盛宇豪庭小区。未经批准，向社会公众非法吸收公众存款4331.318万元，其中牛某某吸收1540万元。曹某某吸收2791万元。（2）故意毁坏财物罪、妨害作证罪、包庇罪认定的事实与指控事实一致。

【裁判结果】

吉林省四平市中级人民法院于2019年11月26日作出（2018）吉03刑初54号刑事判决：一、伊通满族自治县盛宇房地产开发公司公司犯非法吸收公众存款罪，判处罚金人民币50万元；二、被告人牛某某犯非法吸收公众存款罪判处有期徒刑四年，并处罚金人民币20万元，犯故意毁坏财物罪判处有期徒刑四年，犯妨害作证罪判处有期徒刑两年一个月，数罪并罚，决定执行有期徒刑九年，并处罚金人民币20万元；三、被告人曹某某犯非法吸收公众存款罪判处有期徒刑五年，并处罚金人民币25万元，犯故意毁坏财物罪判处有期徒刑三年，数罪并罚，决定执行有期徒刑七年，并处罚金人民币25万元；四、被告人李某某犯非法吸收公众存款罪判处有期徒刑三年，缓刑四年，并处罚金人民币10万元；五、被告人丁某某犯包庇罪判处有期徒刑两年一个月，缓刑三年；六、公安机关查封的房屋按协议约定抵偿借款给集资参与人，继续追缴盛宇公司违法所得，返还集资参与人，不足部分由盛宇公司合法财产继续退赔。宣判后，伊通盛宇房地产开发公司、牛某某、曹某某不服原审判决，提出上诉。吉林省高级人民法院于2020年6月24日作出（2020）吉刑终53号刑事判决：驳回上诉，维持原判。

【裁判理由】

法院生效判决认为：上诉单位盛宇公司在公司经营资金短缺的情况下，违反国家金融管理法规，由上诉人曹某某、牛某某和原审被告人李某某代表公司，以“给付高息”或“房屋回购”方式向社会公众大量借款，所借款项用于公司的工程建设，严重扰乱金融秩序，盛宇公司的行为已构成非法吸收公众存款罪。上诉人牛某某、曹某某、原审被告人李某某作为单位的主要负责人和直接责任人，代表公司实施非法吸收公众存款行为，三人的行为均构成非法吸收公众存款罪。上诉人牛某某、曹某某故意毁坏他人财物，数额巨大，二人的行为又构成故意毁坏财物罪。上诉人牛某某用贿买方式指使他人作伪证，其行为构成妨害作证罪。原审被告人丁某某故意作假证明，包庇他人犯罪行为，其行为已构成包庇罪。原审判决认定的非法吸收公众存款罪、故意毁坏财物罪、妨害作证罪、包庇罪的罪名准确。但一审判决认定向王浩地非法吸收存款100万元，向孙丹旭、路洋、孙卓、史策非法吸收存款139.05万元，向魏占秋非法吸收存款150万元数额错误，应予以纠正，正确的数额为向王浩地非法吸收存款64万元，向孙丹旭、路洋、孙卓、史策非法吸收存款138.55万元，向魏占秋非法吸收存款100万元。一审判决认定向徐殿新非法吸收存款30万元，但判决所列证据中，徐殿新的陈述没有借款30万元给盛宇公司的内容，借款30万元的收据无法证明与徐殿新有关，因此现有证据不足以证明此笔事实，故不予认定。

上诉单位盛宇公司、上诉人牛某某、曹某某、原审被告人李某某非法吸收公众存款数额巨大，应依法惩处。鉴于盛宇公司、牛某某、曹某某将所吸收存款均用于工程建设，案发前后已与集资参与人达成了协议，用在建房屋抵偿借款，牛某某、曹某某传唤到案后，对经手借款事实如实供述，属自首，对盛宇公司及牛某某、曹某某非法吸收公众存款罪依法可从轻处罚；牛某某、曹某某分别雇用或指使他人强行拆除尚未签订拆迁协议的宋某某、刘某某家房屋，毁坏他人财物数额巨大，应依法惩处，考虑到盛宇公司事后已与刘某某家已达成赔偿协议，对曹某某故意毁坏财物罪可以从轻处罚。牛某某指使他人作伪证，妨害司法秩序，应依法惩处。原审被告人丁某某明知他人犯罪而顶名包庇，应依法惩处，鉴于其在犯罪过程中及时坦白犯罪事实，依法可从轻处罚。鉴于原审被告人李某某、丁某某犯罪情节较轻，认罪悔罪，没有再犯罪的危险，符合适用缓刑条件，对二人可依法适用缓刑。

原审判决认定上诉单位盛宇公司，上诉人牛某某、曹某某，原审被告人李某某、丁某某犯非法吸收公众存款罪、故意毁坏财物罪、妨害作证罪、包庇罪定罪准确。认定非法吸收公众存款部分事实错误，予以纠正。对上诉单位、上诉人及原审被告人量刑适当，应予维持。

【案例注解】

非法集资犯罪一直是备受社会关注的涉众型经济犯罪，其在司法实践中存在非法占有目的认定难、小额贷公司作为集资参与人定位难、为了逃避责任设置的挂名法定代表人罪与非罪处理难的问题，这已经在一定程度上影响了打击犯罪和案件审理的成效。本着坚持罪刑法定、罪刑相适应原则，本文通过以上三个问题的分析研究，以期裨益于非法集资犯罪的科学有效治理。

一、企业生产经营过程中所产生的集资案件的非法占有目的认定，不应以案发时造成集资参与人损失为根据，而应以资金的具体去向和用途作为判断标准

1. 认定集资诈骗罪和合同诈骗罪非法占有目的要点，系查清涉案钱款真实用途，具体从以下几点考虑：（1）实际用途与签订、履行合同的事由、用途不一致是认定骗取财物的重要根据；相反，钱款用途与合同约定一致的，不能认定为骗取。（2）钱款用于挥霍、赌博、还旧债等非经营性活动导致没有能力归还的，表明行为人不打算归还，具有非法占有目的；相反，钱款用于经营活动但因经营风险导致不能还款的，表明行为人有为获得还款能力而努力，不能认定非法占有。（3）此外，行为人骗取财物之后，以转移逃匿财产或逃匿方式逃避还款的，也是认定非法占有的重要依据。

2. 结合本案具体分析：（1）从对取得财物的处置情况来看，本案涉案借款实际用途与签订、履行合同的事由、用途一致，用于房地产工程建设。钱款用于房地产建设工程，但因经营风险即工程不能及时完工和结算，导致借款不能及时偿还，表明行为人将取得财物用于生产经营，并非用于挥霍或者用于违法犯罪活动，也未据为己有。（2）从事后态度来看，盛宇公司取得对方财物

之后，没有以转移逃匿财产或逃匿方式逃避还款。现二期工程开始后，积极协调与各集资参与人之间的和解事宜，基本上与涉案集资参与人达成了和解协议，用在建房屋抵偿给各集资参与人。（3）从未履行合同的原因来看，因工程不能及时完工和结算，导致借款不能及时偿还。未履行合同的原因系经营风险导致，且并非不履行合同，只是履行合同迟缓。（4）从各被告人对涉案钱款的处分意思来看，涉案被告人对涉案款项只有利用意思，没有排除权利人占有意思。涉案被告人系利用各集资参与人财物去获取自己的利益，但其没有对集资参与人财物永久占有的意思，即没有工程完工后不想给各集资参与人结算工程款的意思，即没有排除意思。（5）据各被告人供述借款都用于工程建设。现没有证据证明各被告人将收取的款项用于挥霍及违法犯罪活动，或携款潜逃，现被告人盛宇公司亦有偿还能力，并已付诸实施，故根据现有证据认定被告人对集资参与人所交付钱款非法占有证据不足。

故盛宇公司对涉案钱款不具有非法占有目的。

二、小额贷款公司作为集资参与人，因小额贷本身的经营性质决定，对小额贷款公司吸收存款的数额不应作为非法吸收公众存款罪处理

小额贷款公司是由自然人、企业法人与其他社会组织投资设立，依法经营小额贷金融业务的有限责任公司或者股份有限公司（不吸收公众存款），其主要从事各项贷款、票据贴现、资产转让等经营业务。法律、法规对小额贷款公司的放贷对象并未加以限制，个人和企业都可以成为小额贷款公司的放贷对象。

具体到本案，本案的集资参与人除了个人外，还有几个小额贷款公司。因涉案的几家小额贷款公司的企业性质均系放贷性质，故对其放贷的相对人盛宇公司放贷系其正常的业务范围，对其正常业务范围的放贷，需有相对人参与借款，而法律并未限制房地产企业不能从小额贷款公司借款经营，故该借款行为相对于小额贷的业务范围系法律允许的行为，不应作为犯罪处理，即该行为不应构成非法吸收公众存款罪。如果构成该罪，根据对合原理，等于间接认为小额贷款公司放贷的行为违法，故本案盛宇公司针对小额贷款公司的借款数额应从非法吸收公众存款数额中予以扣除。

三、挂名法定代表人的责任应从其主客观表现加以认定

所谓挂名法定代表人，系部分投资者为规避自身的责任风险或者其他原因而借用或者冒用他人的身份登记为公司的法定代表人，但公司的实际经营仍由其具体负责。从而导致公司的名义代表人与实际负责人发生错位偏差的情况。

挂名法定代表人是公司名义上的法定代表人。

《刑法》第三十一条规定："单位犯罪的，对单位判处罚金，并对其直接负责的主管人员和其他直接责任人员判处刑罚。"《全国法院审理金融犯罪案件工作座谈会纪要》规定：直接负责的主管人员，是在单位实施的犯罪中起决定、批准、授意、纵容、指挥等作用的人员，一般是单位的主要负责人，包括法定代表人。从以上两个规定可以看出，单位犯罪中直接负责的主管人员应承担相应的刑事责任，而法定代表人（包括挂名法定代表人）是否追责要看其在单位犯罪中是否起到决定、批准、授意、纵容或者指挥作用。具体应从以下两个方面判断：（1）对于单位实施的犯罪行为主观上是否明知或者放任。（2）是否亲自参与实施了单位犯罪中的全部或者部分行为，其参与的行为是否起到决定、批准、授意、纵容、指挥等作用。

具体到本案，被告人李某某作为公司名义上的法定代表人，虽然其每月领取的报酬只有1000多元，且未参与公司生产经营，但其在相关人员的授意下在相关文件上签字，其在公司的地位相当于挂名的法定代表人。而法定代表人无论挂名与否，对自己的行为，或者说以自己名义实施的行为本身负有审核的义务，尤其是房地产企业经营过程中的融资行为因其普遍性而应该具有预知性，法定代表人疏于审核本身就是一种放任，故李某某主观上对单位的部分犯罪行为存在放任心理。客观上，单位主管人员的直接责任，系一种行为责任，行为人应对自己所实施的行为承担相应的责任，李某某作为挂名法定代表人在相关人员的授意下参与签署了多份借款合同，数额从几十万到几百万不等。其在借款合同上签字的行为起到了法定代表人的批准和决定作用，故客观上其亦应因参与的犯罪行为而承担相应的直接负责的主管人员责任。

因此，本案李某某作为挂名法定代表人结合其主客观表现，应当对其的行为承担相应的法律责任，但结合其主观恶性可对其从轻处罚。

（**一审法院合议庭成员** 董 莉 钱红英 李雪莲
二审法院合议庭成员 赵星天 吴科春 罗高鹏
编写人 吉林省四平市中级人民法院 钱红英
吉林省高级人民法院 赵星天
责任编辑 周维明
审稿人 李玉萍）

王某某运输毒品案

——毒品犯罪案件行为人主观明知的认定

关键词：刑事　运输毒品　主观明知　事实推定　证明责任

【裁判要旨】

毒品犯罪案件中，在被告人拒不认罪的情况下，对被告人“主观明知”的认定可运用事实推定的方式进行判断，但这种事实推定是可以通过被告人的反证被推翻的。当被告人对涉案毒品不明知的抗辩具有高度可能性，且公诉机关不能进一步举证证实被告人对毒品主观明知且达到事实清楚，证据确实、充分的标准时，不能认定被告人有罪。

【相关法条】

《中华人民共和国刑法》

第三百四十七条　走私、贩卖、运输、制造毒品，无论数量多少，都应当追究刑事责任，予以刑事处罚。

走私、贩卖、运输、制造毒品，有下列情形之一的，处十五年有期徒刑、无期徒刑或者死刑，并处没收财产：

（一）走私、贩卖、运输、制造鸦片一千克以上、海洛因或者甲基苯丙胺五十克以上或者其他毒品数量大的；

（二）走私、贩卖、运输、制造毒品集团的首要分子；

（三）武装掩护走私、贩卖、运输、制造毒品的；

（四）以暴力抗拒检查、拘留、逮捕，情节严重的；

（五）参与有组织的国际贩毒活动的。

《最高人民法院、最高人民检察院、公安部关于印发〈办理毒品犯罪案件适用法律若干问题的意见〉的通知》

二、关于毒品犯罪嫌疑人、被告人主观明知的认定问题

走私、贩卖、运输、非法持有毒品主观故意中的“明知”，是指行为人知道或者应当知道所实施的行为是走私、贩卖、运输、非法持有毒品行为。具有下列情形之一，并且犯罪嫌疑人、被告人不能做出合理解释的，可以认定其“应当知道”，但有证据证明确属被蒙骗的除外：

（一）执法人员在口岸、机场、车站、港口和其他检查站检查时，要求行为人申报为他人携带的物品和其他疑似毒品物，并告知其法律责任，而行为人未如实申报，在其所携带的物品内查获毒品的；

（二）以伪报、藏匿、伪装等蒙蔽手段逃避海关、边防等检查，在其携带、运输、邮寄的物品中查获毒品的；

（三）执法人员检查时，有逃跑、丢弃携带物品或逃避、抗拒检查等行为，在其携带或丢弃的物品中查获毒品的；

（四）体内藏匿毒品的；

（五）为获取不同寻常的高额或不等值的报酬而携带、运输毒品的；

（六）采用高度隐蔽的方式携带、运输毒品的；

（七）采用高度隐蔽的方式交接毒品，明显违背合法物品惯常交接方式的；

（八）其他有证据足以证明行为人应当知道的。

【案件索引】

一审：广东省广州市中级人民法院（2015）穗中法刑一初字第220号（2016年9月14日）

二审：广东省高级人民法院（2017）粤刑终26号（2017年7月24日）

重审一审：广东省广州市中级人民法院（2017）粤01刑初335号（2018年8月2日）

重审二审：广东省高级人民法院（2018）粤刑终1363号（2018年12月28日）

【基本案情】

广东省广州市人民检察院指控：2014年8月16日12时许，被告人王某某到广东省广州市白云区广州白云国际机场，拟乘坐CZ352航班前往沈阳再转机至境外。过安检通道时，安检员从被告人王某某随身携带的双肩背包夹层内查获甲基苯丙胺（冰毒）一包（经鉴定，净重1101克，检出甲基苯丙胺成分，含量为63.6%），遂将被告人王某某抓获。

公诉机关认为被告人王某某运输毒品甲基苯丙胺，数量大，其行为触犯了《刑法》第三百四十七条第二款第一项，应当以运输毒品罪追究其刑事责任。

被告人王某某辩称其不知道携带的背包里藏有毒品，该背包是一名黑人男子通过快递公司交给他的，其是遭到了陷害。

辩护人的辩护意见认为：公诉机关指控被告人王某某犯运输毒品罪的证据不足，不能排除合理怀疑，应当作出无罪判决。

广东省广州市中级人民法院经审理查明：2013年4月起，非洲电信诈骗人员通过手机短信及电子邮件与被告人王某某频繁联系，以任命王某某为联合国加纳难民大使、联合国已通过外国银行向其发放巨额款项以及款项发放、审批通关过程中出现阻碍需要支付手续费等各种名义，连续不断地诱骗王某某向境外汇款。王某某对上述骗局深信不疑，不仅按对方要求源源不断地向境外汇款，而且还为此不惜反复向亲友借钱，即使已被提醒过遭遇骗局也执迷不悟。

2014年8月，非洲诈骗人员预订了境外—广州—沈阳—境外的机票和酒店，以到广州接见外交官接收文件以及见投资人等名义，指使被告人王某某于8月14乘飞机抵达广州并入住广州市恒东商务酒店。王某某在酒店房间内久等及经多次短信催促后，都不见非洲诈骗人员所称的“外交官”出现，就发短信询问诈骗人员外交官是否可以给其发送文件以及给其去日本东京的费用。15日18时许，自称“外交官”的诈骗人员发短信向王某某索要了酒店地址和房间号，王某某也告知对方其第二天中午前往沈阳的行程并希望对方能在第二天10时前送文件并给其一些钱。随后，广州物流公司的工作人员与王某某取得联系，并答应第二天8~9时取到文件后就直接拿给王某某。

16日10时许，非洲诈骗人员发短信让被告人王某某一旦收到清关证书就立即通知他；提醒其他的清关证书将会在日本签发给王某某；还叮嘱王某某在收到文件后要放进那个袋子里面好好保管，未抵达日本之前不要拿出来，以免损坏。10时30分许，王某某在酒店内接收了快递员送来装有文件的双肩背包并当面打开查看，又用电话向快递公司的工作人员询问了快递物品里是否有钱。随后，王某某带上双肩背包及行李乘出租车赶往广州白云国际机场，拟乘坐 CZ352 航班前往沈阳。13 时许，在经过机场安检通道时，安检人员从王某某随身携带的双肩背包的夹层内查获了毒品甲基苯丙胺（俗称冰毒）一包（净重 1101 克，含量为 63. 6%），遂抓捕了王某某。

【裁判结果】

广东省广州市中级人民法院于 2016 年 9 月 14 日作出（2015）穗中法刑一初字第 220 号刑事判决：被告人王某某犯走私毒品罪，判处无期徒刑，剥夺政治权利终身，并处没收个人全部财产。广东省高级人民法院于 2017 年 7 月 24 日作出（2017）粤刑终 26 号刑事裁定：以原审判决事实不清、证据不足为由撤销广东省广州市中级人民法院（2015）穗中法刑一初字第 220 号刑事判决，将案件发回广东省广州市中级人民法院重新审判。广东省广州市中级人民法院于 2018 年 8 月 2 日作出（2017）粤 01 刑初 335 号刑事判决：被告人王某某无罪。宣判后，原公诉机关广东省广州市人民检察院以广东省广州市人民法院（2017）粤 01 刑初 335 号刑事判决认定事实和适用法律确有错误，应认定原审被告人王某某的行为构成运输毒品罪为由提出抗诉。在广东省高级人民法院审理过程中，广东省人民检察院认为广东省广州市人民检察院抗诉不当，决定撤回抗诉。广东省高级人民法院于 2018 年 12 月 28 日作出（2018）粤刑终 1363 号裁定：准许广东省人民检察院撤回抗诉。

【裁判理由】

法院生效裁判认为：现有证据不足以认定王某某主观上具有运输毒品的犯罪故意，理由如下：

一、现有证据证实被告人王某某是受骗来广州处理事务

1. 手机短信、机票订单以及被告人王某某背包内的文件证实，从 2013 年 4 月至案发前的一年多时间里，非洲诈骗团伙就一直通过手机短信以及电子邮件与被告人王某某密切联系，致使其相信自己已被任命为联合国加纳难民大使且联合国已通过国外银行向其发放巨额款项，再以汇款审批、发放过程中出现各种阻碍需要支付手续费等名义，连续不断地骗取其金钱。而王某某不仅对上

述电信诈骗的骗局一直深信不疑，不断按要求向境外汇款，而且自己亦以诈骗团伙所编的理由反复向亲友借钱用于支付被骗汇款，甚至不惜为此大量举债，期间，即使有朋友提醒王某某是遭遇国际诈骗甚至王某某自己也因伪造官方文件被判入狱且失信于亲友，王某某仍顽固不化、执迷不悟，继续上当受骗，而且还接受对方指令及安排前来广州办理“放款”手续等事宜，甚至还要被安排去日本东京。由此可见，从一年多前直至案发，王某某从境外到广州都处于被非洲团伙连续诈骗的过程当中，其本次前来广州办理“放款手续”的行程与其此前在境外被骗的情节环环相扣，自然连贯，不可能是王某某为了实施毒品犯罪而故意铺垫安排、制造假象。

2. 手机短信和查获的银行汇款单证实，被告人王某某相信境外对其过亿的放款骗局，其与诈骗团伙联系的内容也是围绕上述“巨额放款”，双方通讯记录中并未提及其他关于托运物品及报酬，而且，王某某在境外期间就长期有不断向国外诈骗人员汇款的行为，仅本案查获的汇款单就反映其案发前两个月就曾共计汇款1065美元。另外，王某某收到的200美金是其被骗到广州后，因诈骗团伙还要让其到日本办“放款手续”，其基于经济拮据才要求诈骗团伙给点途中花费，不能排除是诈骗团伙为了稳住王某某才给其200美元。更何况，高风险的毒品走私却仅获得200美元报酬也与常理不符。从上述倒贴汇款而非获取报酬的行为可见，王某某并不具有为获得巨大利益而帮非洲犯罪团伙运输毒品的主观故意。

3. 手机短信证实，被告人王某某来到广州后的两天内，联系的仍是之前就对其实施诈骗的“Alex”等非洲人员，所谈“银行放款”及索要证明文件等内容均与其在境外一直被骗的内容紧密相关，其中并无提及任何与毒品或托运物品有关的内容。且王某某是按要求在广州酒店等候却不见诈骗人员所称的“外交官”前来，并经多次催问未果的情况下才要求对方将涉“银行放款”文件快递给他，目的是自己以后（包括再前往日本东京）交涉办理“银行放款”事宜时能够出示有力证明。另外，证人马某山和曾某海的证言也证实涉案藏匿有毒品的双肩包确实是诈骗人员借上述理由用来装着文件快递送给王某某的。综上可见，王某某接收藏有毒品双肩包的过程与其受蒙骗而要求对方送文件的辩解自然吻合，其相信对方送给他的只是用背包装的文件而非其他非法物品或托带物品符合一般普通人的常规判断。

4. 被告人王某某入境广州时即在白云机场购买新手机卡，是旅客为避免拨打国际长途而节省手机话费的惯常行为，不足以证实是逃避犯罪侦查行为。另外，手机短信及通话清单证实王某某到广州后，虽曾通过电话联系一名沈阳人“薛某”，但通过短信记录能反映王某某与“薛某”联系是为了通知“薛某”其已到广州，告知对方自己所住酒店的具体房间以及具体行程，并让对方有空与其联系。从上述内容及表达方式可见，如果“薛某”也是受安排在沈阳接收毒品的同伙，则王某某告诉对方自己的具体行程就显得多此一举，相反，王某某辩解因本次行程要途经沈阳才联系之前来中国大陆时就相识的东北人“薛某”，则符合其一人前来大陆且经济上处于窘境、需要与认识的朋友联络并希望获得朋友帮助的现实境况，因而，短信中王某某才会客气地让对方“有空与其联系”。另外，在王某某被捕后，还有自称为“牛某某”的中国朋友发短信问王某某“还在广州嘛”，这也反映出王某某同样有将行程告诉过其他朋友。因此，王某某与“薛某”的联系并不足以推定就是为了交接毒品。

二、现有证据不能证明被告人王某某明知其包内有毒品

1. 现场检测报告书证实被告人王某某并不吸毒，在案证据不足以证实王某某能够认知毒品。

2. 证人曾某某的证言和被告人王某某的供述证实王某某收到黑人快递给他的背包后，还毫无顾忌地在公开的酒店大堂并当着快递人员的面打开过背包，上述行为与明知背包内藏有毒品所应有的谨慎和警惕行为并不相符。另外，涉案毒品被压得较为扁平并藏在背包有较硬背部隔板的夹层内，不知情的人不剪开夹层一般不能直接通过触摸而发现其中藏有毒品，因此，王某某没能发现他人送来背包内藏有的毒品合乎情理。

3. 虽然被告人王某某供认黑人给其装文件的背包中还有新衬衣和小黑包等物品，但在案证据证实王某某此行被骗来中国大陆除了机票和住宿由非洲犯罪团伙承担外，其还要向亲友借钱支付自己本次旅程的其他花销，甚至拮据到要发短信向非洲犯罪团伙要求“外交官”给点钱，因此，背包中的新衬衣和小黑包等物品不排除和给200美元一样，也是非洲犯罪团伙用以临时接济王某某的生活用品，目的是稳住王某某并让王某某继续听任其摆布。因而，上述情节并不足以据此推定王某某明知涉案背包及其中物品是他人让其托带的毒品。

4. 背包内的200美金是放在装文件的大信封中的小信封内，快递员送达时已经超过了与王某某约定的时间。王某某收件后由于要赶乘飞机时间仓促，并无充足时间对大信封内物品作仔细检查，况且，快递公司的证人马某山反映，王某某在收到快递后曾电话问过其货物内是否有钱的事，也证实王某某当时确实没有找到装在背包中大信封里小信封内的钱。因此，王某某供称事前不知信封内有钱与客观状况及证据相符，并不足以用作推定其是在故意隐瞒。

三、现有证据不能排除被告人王某某认为自己携带的是合法物品的可能性

1. 虽然证人王某（机场安检员）的证言反映其用工具打开背包夹层发现了一包物品后再问被告人王某某，王某某仍坚持说是文件。但是，由于背包是之前诈骗团伙用来装文件送给王某某的，王某某根据其过往经历而推断回答背包里面的东西同样也是别人给他的文件自然合理，况且，毒品的外包装与快递件极为相似，也容易造成误判。

2. 在案证据证明王某某接收背包是为了拿到属于自己的文件，不是帮助他人托带的不明物品。涉案背包在王某某看来只是装文件的工具，并非他人托带的物品，况且，涉案毒品被隐藏在背包的夹层内，王某某接收到背包后即使已尽到当着快递员的面翻看的注意义务，但因毒品藏匿巧妙而不可能被其通过常规方法发现。另外，快递员送达背包时已超过了约定时间，王某某接收到背包后必须立即赶往机场乘飞机，时间上并不容许其对文件、背包的事宜作过多的思考分析及处理。因此，王某某认为其没有携带违禁品及没有申报他人托带物品而选择走无申报通道属自然合理。

3. 证人李某某和王某的证言证实被告人王某某在机场被检查并发现毒品时，仍然神情镇定及配合检查的冷静行为表现，与明知背包内藏有毒品被发现及可能被审判而应有的慌张、逃跑表现截然相反，上述行为表现不仅不能证明王某某对毒品明知，相反，其不明知才会无知无畏，坦荡镇静。

4. 被告人王某某受过高等教育并多次乘机往返过国内与境外，有着丰富的社会阅历，因此，王某某对背包内藏匿毒品过机场安检会被发现以及从事毒品犯罪将会被判重刑等常识应当明知，但本案却并无证据证明其明知是危险而不惜以身犯险的合理理由。相反，现有证据足以证实非洲诈骗团伙向王某某编造巨额“银行放款”的骗局诱惑，才使王某某愿意盲目接受该团伙的安排。

综上，现有证据证实被告人王某某是受蒙骗而为他人运输毒品。公诉机关认定王某某明知毒品而运输的证据不足，指控罪名不能成立。

【案例注解】

在审理毒品犯罪过程中，坚持主客观相统一的基本原则是界定被告人罪与非罪及准确定性的前提。本案被告人王某某在机场安检时，在其随身携带的背包中查获毒品，对于其有实施运输毒品客观行为的基础事实可以基本确定，故

本案争议的焦点在于其对背包中的毒品是否主观明知，若王某某对涉案毒品并不主观明知则不能认定其有罪。在本案审理过程中形成了以下两种观点：第一种观点认为，被告人王某某无法对自己所称的荒诞行程作出合理解释，且其采用高度隐蔽的背包夹藏方式携带毒品从广州乘飞机前往沈阳，依法应推定其具有毒品犯罪的主观故意。第二种观点认为，被告人王某某是被诈骗人员安排前来办理“银行放款”手续等；公诉机关认定王某某明知毒品而运输的证据不足，指控罪名不能成立，应依法宣告其无罪。笔者同意第二种观点，理由是：

一、对毒品犯罪行为人的主观明知可适用事实推定

事实推定是指在刑事诉讼过程中，法庭依照法律规定的程序，根据经验法则或者法律规定，从已查明的事实推断另一个事实存在，并允许被告人举证反驳的证明方法。①

司法实践中，行为人对涉案毒品主观明知是毒品犯罪认定的构成要件之一，但因主观明知要素属行为人内心活动，且毒品犯罪场所和方式具有隐蔽性，犯罪结果发生具有滞后性等特点，导致在审理毒品犯罪案件中对于行为人对毒品是否主观明知很难精准把握，特别是在被告人拒不认罪且缺乏其他直接证据的情况下，往往陷入基于证据不足不起诉或宣判无罪的困境。因此，在审理毒品犯罪案件时，引入事实推定规则，在查明的基础事实与推定事实之间通过逻辑推理构建常态化、经验性的联系，一定程度上可替代司法证明，降低司法机关对行为人主观要素的证明难度，突破司法证明困境，为毒品犯罪的主观要素证明困难构建一条较为合理的出路。

《办理毒品犯罪案件适用法律若干问题的意见》（以下简称《意见》）作了专门的规定，即具有下列情形之一，并且犯罪嫌疑人、被告人不能作出合理解释的，可以认定其“应当知道”，但有证据证明确属被蒙骗的除外：（1）执法人员在口岸、机场、车站、港口和其他检查站检查时，要求行为人申报为他人携带的物品和其他疑似毒品物，并告知其法律责任，而行为人未如实申报，在其所携带的物品内查获毒品的；（2）以伪报、藏匿、伪装等蒙蔽手段逃避海关、边防等检查，在其携带、运输、邮寄的物品中查获毒品的；（3）执法人员检查时，有逃跑、丢弃携带物品或逃避、抗拒检查等行为，在其携带或丢弃的物品中查获毒品的；（4）体内藏匿毒品的；（5）为获取不同寻常的高额或不等值的报酬而携带、运输毒品的；（6）采用高度隐蔽的方式携带、运输毒品

① 南英、高憬宏主编：《刑事审判方法》（第二版），法律出版社2015年版，第297页。

的；（7）采用高度隐蔽的方式交接毒品，明显违背合法物品惯常交接方式的；（8）其他有证据足以证明行为人应当知道的。上述规定通过界定行为人在特定场所实施特定行为来判断其对毒品是否主观明知，体现了我国司法机关在办理毒品犯罪案件中的对行为人的“主观明知”要素的认定可适用事实推定规则。

二、推定事实是可以被推翻的

推定事实的成立是在基础事实上基于经验法则进行的逻辑推定，必然受到基础事实的真实性、推定依据的可靠性、推定方法合理性等因素影响，因此，对于明知因素的推定事实，是可被推翻的事实，在存在相反事实成立的情况下，推定事实就将被推翻，相反的事实也就得到证明。① 被告方可以通过主张或举证证明基础事实不真实、推定依据不可靠或者推定运用不合理，从而推翻推定的事实。②

2008 年最高人民法院印发的《全国部分法院审理毒品犯罪案件工作座谈会纪要》中明确，对于毒品犯罪中的“主观明知的认定问题”，要“判断被告人对涉案毒品是否明知，不能仅凭被告人供述，而应当依据被告人实施毒品犯罪行为的过程、方式、毒品被查获时的情形等证据，结合被告人的年龄、阅历、智力等情况，进行综合分析判断”。此外，《意见》中对于推定被告人的主观明知因素也作出了“但书”规定：“……被告人不能做出合理解释的，可以认定其‘应当知道’，但有证据证明确属被蒙骗的除外。”由此可见，审理毒品犯罪案件时，对于事实推定规则并不是硬性僵化适用，而是要求结合经验法则对行为人客观情况、实施行为、案发场所进行综合性分析，而推定事实也不能转化成为不可推翻的客观事实。

本案一审阶段仅对被告人王某某在机场被查获毒品的事实予以认定，但对于有手机短信证明王某某案发前已被诈骗以及如何取得涉案背包的过程并未进行进一步的查明认定，影响了对本案的综合分析和判断，从而忽略了“有证据证明确属被蒙骗的”这一合理怀疑，导致在一审阶段本案事实未能查清。重审一审阶段通过查明手机短信中的内容，补充查明被告人王某某从 2013 年 4 月至案发近一年被非洲犯罪团伙诈骗过程的事实并予以认定，并从王某某是否受骗、对涉案毒品是否能够知情及其对涉案毒品不明知的辩解是否合理或有

① 陈瑞华：《刑事证据法学》（第二版），北京大学出版社 2014 年版，第 336 页。

② 南英、高憬宏主编：《刑事审判方法》（第二版），法律出版社 2015 年版，第 302 页。

证据支持的三个角度进行分析评判，层层递进，是在查明的基础事实上，结合王某某的人生经历、社会经验、所处环境等，运用人性心理及经验法则来推导出王某某案发时的主观心态，从而推断被告人王某某提出自己无罪的辩解是具有高度可能性、合理性的，遂推翻了公诉机关对王某某对携带毒品主观明知的指控。

三、被告方、公诉方的举证证明标准应有所区别

公诉机关在刑事公诉案件中始终承担证明被告人犯其指控之罪的责任。根据我国《刑事诉讼法》的规定，法院对案件进行判决需要达到“案件事实清楚，证据确实、充分”，法院方可判决被告人有罪，因此，公诉人的举证标准也始终应该达到最高证明标准，使其指控的被害人罪行达到“事实清楚，证据确实、充分”的程度。虽然通过事实推定规则使公诉机关可以在一定程度上绕过司法证明，直接推定特定犯罪构成要件，使证明责任向被告人转移，但当被告人的辩解或提供证据可证明推定事实不成立时，证明责任会再次向公诉机关转移。故公诉机关需要对被告人提出的辩解及证据予以证伪来证明被告人的抗辩不能成立，或提出更有力的证据证明被告人有罪，从而支持其对被告人的有罪指控。

但需要注意的是，被告人举证的证明标准应低于公诉机关承担的证明责任的证明标准，被告人对推定事实的证伪或者对相反事实的证明，最多达到高度可能性的程度就可以了。[①] 这是因为被告人在诉讼过程中的诉讼地位与取证能力均相对弱势，不宜对其设定与公诉机关一样的证明标准。对于被告人举证的证明标准，只要达到高度可能性，即指被告方对于与推定事实相反的事实的真实性，只要证明到令法官产生高度的可信性即可，而法官对推定事实的可靠性产生合理的怀疑，就可以认定推定事实不成立。[②] 但公诉机关无论是对被告人提出有罪指控，还是对被告人提出的抗辩及证据的证伪，始终应达到“事实清楚，证据确实、充分”之标准。否则，因为案件无法排除合理怀疑，根据无罪推定原则，对于事实不清、证据不清的指控，法官只能作出有利于被告人的裁判。

回归本案，本案在案证据所证实的基础事实仅是王某某在案发当天携带毒品在机场进行安检并被当场查获的客观事实，且王某某主张其被诈骗集团利用

① 陈瑞华:《刑事证据法学》（第二版），北京大学出版社 2014 年版，第 349 页。
② 陈瑞华:《刑事证据法学》（第二版），北京大学出版社 2014 年版，第 340 页。

运输毒品，经综合审查全案证据，可判断其对涉案毒品并不主观明知的辩解具有高度可能性，使得根据《意见》对王某某对涉案毒品“应当知道”的事实推定不能成立。这时公诉机关就需要对王某某对毒品的主观明知进行进一步的证明，从而形成完整的证据链，实现主客观相统一，以排除本案的合理怀疑，使全案证据达到事实清楚，证据确实充分的程度。但因公诉机关在审理过程中未能提交证据充分证明王某某对涉案毒品主观明知，对于王某某的有罪指控缺乏主观要件的证据，因此，根据疑罪从无原则宣告王某某无罪符合法律规定。

综上，事实推定虽然不同于证据证明的事实认定方法，但始终贯穿于刑事证明过程中。在办理毒品犯罪案件中，应坚持主客观相统一的基本原则，正确适用事实推定法则，在已经查明的基础事实上对被告人的主观意志进行合法、合理及合乎逻辑和经验法则的推定，准确把握被告人的主观明知要素，使案件事实清楚、证据确实充分，从而更好地在司法实践中实现正义与公平。

（**重审一审合议庭成员** 黄 坚 文方道 黄 威
重审二审合议庭成员 王晓文 梁 美 黄玉良
编写人 广东省广州市中级人民法院 黄 坚 李晓虹
责任编辑 周维明
审稿人 李玉萍）

邓某某、陶某某非法收购珍贵、濒危野生动物制品案

——环资案件刑事附带民事公益诉讼新旧法冲突情形下损害金额的认定

关键词：刑事　刑事附带民事公益诉讼　损害金额　新旧法冲突

【裁判要旨】

在环资损害刑事附带民事公益诉讼案件中，行为时法律与审判时法律冲突又无明确法律适用指导原则时，损害金额应遵循同一案件同一事实的刑、民二元认定方法，即刑事部分按照从旧兼从轻、有利于被告人原则选择适用的法律依据，民事部分遵循民事自愿、公平原则选择适用的法律依据。

【相关法条】

《中华人民共和国刑法》

第三百四十一条　非法猎捕、杀害国家重点保护的珍贵、濒危野生动物的，或者非法收购、运输、出售国家重点保护的珍贵、濒危野生动物及其制品的，处五年以下有期徒刑或者拘役，并处罚金；情节严重的，处五年以上十年以下有期徒刑，并处罚金；情节特别严重的，处十年以上有期徒刑，并处罚金或者没收财产。

违反狩猎法规，在禁猎区、禁猎期或者使用禁用的工具、方法进行狩猎，破坏野生动物资源，情节严重的，处三年以下有期徒刑、拘役、管制或者罚金。

《中华人民共和国侵权责任法》

第八条[①] 二人以上共同实施侵权行为，造成他人损害的，应当承担连带责任。

第十五条[②] 承担侵权责任的方式主要有：

（一）停止侵害；

（二）排除妨害；

（三）消除危险；

（四）返还财产；

（五）恢复原状；

（六）赔偿损失；

（七）赔礼道歉；

（八）消除影响、恢复名誉。

以上承担侵权责任的方式，可以单独适用，也可以合并适用。

《最高人民法院、最高人民检察院关于检察公益诉讼适用法律若干问题的解释》[③]

第二十条 人民检察院对破坏生态环境和资源保护、食品药品安全领域侵害众多消费者合法权益等损害社会公共利益的犯罪行为提起刑事公诉时，可以向人民法院一并提起附带民事公益诉讼，由人民法院同一审判组织审理。

人民检察院提起的刑事附带民事公益诉讼案件由审理刑事案件的人民法院管辖。

【案件索引】

一审：四川省成都市金牛区人民法院（2019）川0106刑初402号（2019年6月12日）

① 本法已于2021年1月1日起失效，本条参照《民法典》第一千一百六十八条。

② 本条参照《民法典》第一百七十九条之规定：“承担民事责任的方式主要有：（一）停止侵害；（二）排除妨碍；（三）消除危险；（四）返还财产；（五）恢复原状；（六）修理、重作、更换；（七）继续履行；（八）赔偿损失；（九）支付违约金；（十）消除影响、恢复名誉；（十一）赔礼道歉。法律规定惩罚性赔偿的，依照其规定。本条规定的承担民事责任的方式，可以单独适用，也可以合并适用。”

③ 本司法解释已于2020年12月29日修正。

【基本案情】

四川省成都市金牛区人民检察院指控：2016 年底，被告人陶某某接受被告人邓某某的出资委托后，在成都市成华区建设南路枫林路菜市场附近，以 14000 元的价格从一陌生男子处购买黑熊熊掌两只并转交邓某某，邓某某将两只黑熊熊掌存放于其和陶某某共同经营的位于成都市金牛区二道桥街 72 号“莲品荟”会所厨房的冰柜里。2018 年 4 月 16 日，公安机关在“莲品荟”会所查获上述两只熊掌。经司法鉴定，查获的两只熊掌系食肉目熊科黑熊的足掌，黑熊为国家二级重点保护野生动物，涉及的黑熊数量至少为一只，价值 4 万元。被告人邓某某、陶某某在接公安机关电话通知后于 2018 年 4 月 16 日、17 日分别主动前往公安机关，如实供述了上述犯罪事实。公诉机关认为，被告人邓某某、陶某某的行为均已构成非法收购珍贵、濒危野生动物罪，系共同犯罪，二被告人均有自首情节，要求依照《刑法》第三百四十一条、第二十五条、第六十七条第一款之规定予以处罚。

在诉讼过程中，附带民事公益诉讼起诉人四川省成都市金牛区人民检察院以成金检民公（2019）51010600002 号刑事附带民事公益诉讼起诉书向法院提起附带民事公益诉讼。

附带民事公益诉讼起诉人诉称：被告邓某某、陶某某以食用为目的非法购买国家二级重点保护野生动物制品，其行为违反了《野生动物保护法》第三条“野生动物资源属于国家所有”第二十一条“禁止猎捕、杀害国家重点保护野生动物”第二十七条“禁止购买国家重点保护野生动物及其制品”之规定，破坏生物多样性、危害生态系统平衡，损害了社会公共利益，根据《民法总则》第一百七十九条、《侵权责任法》第八条、第十五条之规定，请求判令：（1）被告邓某某、陶某某在成都市级以上媒体公开赔礼道歉；（2）被告邓某某、陶某某连带支付赔偿金 4 万元。

被告人（刑事附带民事公益诉讼被告）邓某某及其辩护人（刑事附带民事公益诉讼代理人）辩称：（1）邓某某收购熊掌的时间为 2016 年年底，按照从旧兼从轻的原则，鉴定标准应当按照当时的规定即《关于印发〈野生动物及其产品（制品）的价格认定规则〉的通知》（发改价证办〔2014〕246 号）《林业部、财政部、国家物价局关于陆生野生动物资源保护管理费收费办法的通知》（林护字〔1992〕72 号）《关于在野生动物案件中如何确定国家重点保护野生动物及其产品价值标准的通知》（林策通字〔1996〕8 号）认定黑熊的价值为25050元；（2）邓某某具有自首情节，归案后自愿认罪认罚；（3）邓某某购买熊掌系尽孝，法制意识淡漠，其本人患有糖尿病、心脏病等多种疾病。请求对邓某某从轻处罚并适用缓刑。在刑事附带民事公益诉讼部分提出以下代理意见：（1）邓某某购买的熊掌是野生动物产品（制品），其价值不能超过黑熊动物个体的价值，附带民事公益诉讼起诉人要求邓某某按照黑熊动物个体的价值支付赔偿款于法无据；（2）根据法不溯及既往的原则，附带民事公益诉讼起诉人以并非购买行为发生的时间即2016年年底的相关鉴定方法而是以2017年12月15日才实施的《野生动物及其制品价值评估方法》认定黑熊的价值属适用法律不当；（3）邓某某收购熊掌的行为是财产买卖行为，发生在黑熊受伤害以后，邓某某没有伤害、杀害野生动物的意图和行为，不属于侵害野生动物身体的侵权行为，故不应当承担侵权的赔礼道歉责任。

被告人（刑事附带民事公益诉讼被告）陶某某及其辩护人（刑事附带民事公益诉讼代理人）所提黑熊价值认定、赔偿数额的辩护与代理意见与被告人邓某某的辩护人暨附带民事公益诉讼委托代理人所提意见一致。

经法院审理查明的事实与公诉机关暨刑事附带民事公益诉讼起诉人指控、起诉的事实一致。

【裁判结果】

四川省成都市金牛区人民法院于2019年6月12日作出（2019）川0106刑初402号刑事判决：一、被告人邓某某犯非法收购珍贵、濒危野生动物制品罪，判处有期徒刑一年六个月，缓刑二年，并处罚金一万元；二、被告人陶某某犯非法收购珍贵、濒危野生动物制品罪，判处有期徒刑一年，缓刑一年六个月，并处罚金8000元；三、责令被告邓某某、陶某某在本判决生效后十日内在成都市级媒体上公开赔礼道歉，并缴纳赔偿金4万元（已支付，此赔偿金专项用于生态环境的保护与修复）；四、扣押在案的黑熊熊掌两只予以没收。宣判后，被告人在法定期限内未提出上诉，公诉机关未提出抗诉，判决已发生法律效力。

【裁判理由】

法院生效裁判认为：被告人邓某某、陶某某违反野生动物保护管理法律法规，未经许可非法收购国家重点保护的珍贵、濒危野生动物制品黑熊熊掌两只，其行为均已构成非法收购珍贵、濒危野生动物制品罪，公诉机关指控成立，决定予以支持。

对被告人邓某某、陶某某应当承担刑事责任的认定。法院认为，首先，《最高人民法院关于审理破坏野生动物资源刑事案件具体应用法律若干问题的解释》第五条规定，非法收购、运输、出售珍贵、濒危野生动物制品价值在10万元以上、20万元以上分别属于情节严重、情节特别严重，由此可见，应以被告人邓某某、陶某某购买的野生动物制品的价值而非以野生动物整体的价值作为本案追究二被告人刑责的依据。其次，被告人邓某某、陶某某均供述购买黑熊熊掌的时间发生在2016年年底，存放黑熊熊掌场所的工作人员亦证实了在此期间黑熊熊掌的保存情况，故应当以二被告人购买野生动物制品的时间作为认定涉案黑熊熊掌价值的基准点。虽然2017年12月15日实施的《野生动物及其制品价值评估方法》对野生动物及制品的鉴定价值较高，但根据刑法从旧兼从轻的原则，应以此前适用的林策通字〔1996〕（8）号的价值确定方法计算两只黑熊熊掌的价值为宜。根据林策通字〔1996〕（8）号第二条的规定，“国家重点保护陆生野生动物具有特殊利用价值或者导致野生动物死亡的主要部分，其价值标准按照该种动物价值标准的80%予以折算”，根据《刑法》从旧兼从轻的原则，涉案黑熊熊掌的价值应认定为25050元的80%，即20040元。最后，根据《最高人民检察院、公安部关于公安机关管辖的刑事案件立案追诉标准的规定（一）》第六十五条规定的“非法收购、运输、出售国家重点保护的珍贵、濒危野生动物及其制品的，应予立案追诉”，本罪不以犯罪金额为入罪条件，被告人邓某某、陶某某购买珍贵、濒危野生动物制品的行为本身就应当受到刑事处罚。无论是以新旧价值鉴定方法，被告人邓某某、陶某某购买的黑熊熊掌价值都没有达到10万元情节严重的情节，控辩双方争议黑熊价值25050元或是4万元均不影响本案量刑区间，即便没有对涉案两只黑熊熊掌进行价值鉴定，亦对本案的量刑没有直接的影响。

对被告人邓某某、陶某某及各自辩护人所提二被告人是为尽孝才实施了收购黑熊熊掌的行为，请求从轻处罚的辩解、辩护意见，法院认为，被告人邓某某、陶某某不应采取违反法律法规、破坏社会公共利益的行为来实现个人目的，对老人尽孝道的行为亦应当遵守国家制定的各项法律法规。被告人邓某某、陶某某及各自辩护人所提以上请求从轻处罚的辩解、辩护意见不能成立，决定不予采纳。对被告人邓某某、陶某某购买黑熊熊掌的动机及并非为转卖而购买的事实作为量刑情节予以综合评判。

在共同犯罪中，被告人邓某某系犯意发起者，并出资非法收购珍贵、濒危野生动物制品，被告人陶某某接受邀约寻找珍贵、濒危野生动物制品的来源并予以收购，被告人邓某某、陶某某还共同保管购买的珍贵、濒危野生动物制品，二被告人均积极参与，本案不分主从犯，其中被告人邓某某的作用相对被告人陶某某更大，在量刑时予以综合评判。

被告人邓某某、陶某某在分别接公安机关通知后均主动到案并如实供述相关犯罪事实，系自首，依法予以从轻处罚。

对被告邓某某的代理人所提邓某某收购黑熊熊掌的行为是财产买卖行为，发生在黑熊受伤害以后，邓某某没有伤害、杀害野生动物的意图和行为，不属于造成野生动物身体被害的侵权行为，邓某某不应当承担侵权的赔礼道歉责任的代理意见。金牛区人民法院裁判认为，邓某某、陶某某违反野生动物保护管理法律法规，未经许可非法收购国家重点保护的珍贵、濒危野生动物制品黑熊熊掌两只，损害了社会公共利益，是破坏生态环境的行为，根据《最高人民法院关于审理环境民事公益诉讼案件适用法律若干问题的解释》第十八条"对污染环境、破坏生态，已经损害社会公共利益或者具有损害社会公共利益重大风险的行为，原告可以请求被告承担停止侵害、排除妨碍、消除危险、恢复原状、赔偿损失、赔礼道歉等民事责任"的规定，公益诉讼起诉人请求判令二被告人赔礼道歉于法有据，符合法律规定，邓某某的代理人提出的该项代理意见不能成立，决定不予采纳。

对被告邓某某、陶某某应当缴纳的公益诉讼赔偿金数额的认定。裁判认为，首先，公益诉讼起诉人要求二被告赔付的是因二被告收购珍贵、濒危野生动物制品造成的国家野生动物资源损失以及由此造成的对社会公共利益的损害，而非单纯赔付所收购动物制品的价值。其次，赔偿金数额的判定应当充分考虑以下几点：（1）赔偿金的构成除二被告非法收购的珍贵、濒危野生动物制品本身的价值外，还包括案涉珍贵、濒危野生保护动物的生态价值以及被破坏的生态环境、社会公共利益的修复费用；（2）自二被告实施非法收购行为起至今，均未采取积极、主动修复生态、弥补损失的行为，二被告实施非法收购行为对生态环境的影响持续进行，且不论生态环境自我修复或人工修复，都有一个时间过程，应当按照当下的实际情况确定生态修复成本，并酌情考虑期间损失；（3）公益诉讼兼具预防与补救功能，从预防角度看，环境公益诉讼的目的在于向社会公开宣传维护生态环境的理念、增强公众生态环境意识、推动生态环境保护，以 1996 年施行的标准计算涉案黑熊的价值不足以完全评价二被告于 2016 年年底实施的非法收购行为的社会危害性，不能充分发挥警示教育作用及社会引导作用。从补救角度看，判令二被告承担赔偿义务的目的除惩戒外还有修复被破坏的生态环境，随着社会经济的发展，以依据1996年颁布施行的标准计算涉案黑熊价值作为判赔二被告的根据难以抵销当前修复一只黑熊消失对生态造成破坏的成本。且在2017年12月已经根据新的社会经济环境颁布施行。将依据该方法进行鉴定得出的黑熊价值作为二被告的判赔依据更具合理性和公平性。综上所述，公益诉讼起诉人提出的请求二被告连带支付赔偿金4万元的诉讼请求于法有据，符合公平正义原则。对二名被告的代理人所提上述相关代理意见，决定不予采纳。

【案例注解】

一、环资案件损害金额认定的困境

我国现有关于环资损害金额认定的法律法规多为授权性、概括性规定，如《最高人民法院关于审理环境民事公益诉讼案件适用法律若干问题的解释》第二十三条规定："生态环境修复费用难以确定或者确定具体数额所需鉴定费用明显过高的，人民法院可以结合污染环境、破坏生态的范围和程度、生态环境的稀缺性、生态环境恢复的难易程度、防治污染设备的运行成本、被告因侵害行为所获得的利益以及过错程度等因素，并可以参考负有环境保护监督管理职责的部门的意见、专家意见等，予以合理确定。"《林业部关于在野生动物案件中如何确定国家重点保护野生动物及其产品价值标准的通知》（已失效）第二条规定："国家重点保护陆生野生动物具有特殊利用价值或者导致野生动物死亡的主要部分，其价值标准按照该种动物价值标准的80%予以折算；其他部分，其价值标准按照该种动物价值标准的20%予以折算。前款所称具有特殊利用价值或者导致野生动物死亡的主要部分，由省、自治区、直辖市陆生野生动物行政主管部门根据实际情况予以确定。"《野生动物及其制品价值评估方法》第五条规定，野生动物制品的价值，由核算其价值的执法机关或者评估机构根据实际情况予以核算，均未明确规定金额认定的标准。在新旧法冲突时亦未明确适用原则，尤其在刑事附带民事公益诉讼中，基于同一案件事实衍生出两个性质不同、原则有别的诉讼，在损害金额计算依据不一又无明确适用规定的情况下，当事双方对损害金额的认定往往争议颇大，司法实践中的处理也各有不同。

二、环资案件损害金额刑、民二元认定的现实依据

在环资领域，遑论实体法或程序法都有待完善，许多被诉行为皆非近年发生，行为实施时法律与庭审时法律不一致，如文章伊始所引之案例，在司法实践中尚有良多。对损害赔偿的鉴定依据，虽先后出台了《最高人民法院关于审理环境民事公益诉讼案件适用法律若干问题的解释》《最高人民法院、最高人民检察院关于检察公益诉讼案件适用法律若干问题的解释》，但没有确立新旧法冲突时的适用原则，亦没有对损害赔偿的具体计算标准作出规定，而是多为授权性、指导性规定，并无具体可执行的实施细则。

若全案适用行为时法律，刑事部分确无不当，遵循了刑事从旧兼从轻以及有利于被告人原则，然民事部分的损害若从旧法，则显然不能弥补既有之损害，也无法消弭修复被诉行为所造成损失的费用。若全案适用庭审时法律，民事部分也许更得受偿，然刑事部分势必有违刑法基本原则，加重对被告人的处罚，致使罪责刑不相适应。环资案件的损害金额，不仅仅包括被破坏实物本身之价值，还包括其生态价值以及从被损害到被修复的期间损失。环资案件公益诉讼司法解释多为授权性规定，关于生态价值及期间损失并无明确规定，在司法实践中，鉴定机构无法对该部分价值进行鉴定，鉴于此，在法无明文规定的情况下，至少可以援引距案发时社会经济环境较为匹配的规定计算损害金额，最大程度在法律允许范围内实现惩罚犯罪及修复生态双重目的。故在处理该类案件时，可以采用证据一元、事实一元、认定二元的方法，能最优的解决实践中存在的此类问题。

三、环资案件损害金额刑、民二元认定的法理依据

第一，刑、民诉讼目的不同。刑事诉讼的目的在于惩罚犯罪、保障人权，一方面，犯罪行为破坏的是国家保护的法益与秩序，必须要苛以刑罚，修复被破坏的社会关系；另一方面，刑罚又是剥夺、限制人身自由的最为严厉的惩处手段，对刑罚的适用要慎之又慎，在定罪量刑过程中也要充分保障被告人的合法权益。民事诉讼的目的在于解决民事主体之间的纠纷，一般是让侵权方不同程度地对自己侵权行为所造成的损失承担民事责任，这种损失区别于犯罪行为所造成的对社会秩序、法益所造成的抽象的损失，往往是可量化的、具体的损失。

第二，刑、民诉讼原则不同。刑事诉讼的基本原则为罪刑法定、罪责刑相适应以及适用平等原则，被告人的行为必须经庭审确立，符合犯罪构成，所课

处的刑罚亦不应超过行为时被告人的可预见范围。民事诉讼的基本原则为自愿原则、诚信原则、公平原则以及公序良俗原则，在民事案件的审理中，要遵循原被告双方的自由意志，更要兼顾公平，在本文所议之情形中，要弥补修复被告损害生态的行为所造成的影响，所付出的时间成本、精力成本、经济成本皆因按照修复时的时况而非破坏时的时况进行评估。

第三，刑、民裁判规则不同。基于刑、民诉讼目的、原则的差异，衍生出的庭审裁判规则也不同。刑事诉讼中，所有指控事实必须由符合法律规定的证据加以证实才能认可其成立，刑罚量的设置在精准化量刑的趋势下往往也是有据可循，更是明确了行为时法律与庭审时法律不一致时应遵循从旧兼从轻原则、有利于被告人原则以及比例原则，在前述裁判规则的指引下，刑事部分适用旧法无可指摘。然而，民事诉讼讲求自愿原则，在司法实践中，只要是不违背国家法律规定及社会公序良俗，只要原被告双方达成一致，法庭即认可其合意，在本文所议之情形中，若被告认可公益诉讼起诉人依据《野生动物及其制品价值评估方法》得出的损害金额，法庭不应干涉，若不认可，则要考虑公平原则与公益诉讼修复生态之目的，在法律准许范围内最大程度争取修复利益。

（**一审法院合议庭成员** 张志伟 王 燎 李 力 刘德斌 姜绍刚 许世蔓 刘贵林

编写人 四川省成都市金牛区人民法院 张志伟 叶 潇

责任编辑 周维明

审稿人 李玉萍）

民　事

王某甲、杨某某诉陈某名誉权纠纷案

——网络个人求助引发的名誉权侵权认定

关键词：民事　名誉权　网络个人求助　披露义务　微博“大V”

【裁判要旨】

1. 网络个人求助者在享有受捐助权利的同时，应基于权利义务相一致原则，以合理适当的方式，披露必要的善款使用信息，适时适度地回应捐赠者和社会公众对于捐款效用的关注。如未能适时适当披露，个人求助者应对公众和媒体出于舆论监督对其人格权益产生的不利影响在一定限度内予以容忍。

2. 微博“大V”作为具有一定网络影响力的自媒体，基于其在网络空间的特殊身份和影响，应当承担与其身份性质、影响范围相适应的较高注意义务，在介入热点事件并公开发表意见时，应遵循消息真实、评价恰当原则，其言论尺度超过个人求助者因未能适当披露捐款使用信息而负有的容忍限度的，构成名誉侵权。

【相关法条】

《中华人民共和国民法总则》①

第一百七十九条　承担民事责任的方式主要有：

① 参见《民法典》第一百七十九条之规定：“承担民事责任的方式主要有：（一）停止侵害；（二）排除妨碍；（三）消除危险；（四）返还财产；（五）恢复原状；（六）修理、重作、更换；（七）继续履行；（八）赔偿损失；（九）支付违约金；（十）消除影响、恢复名誉；（十一）赔礼道歉。法律规定惩罚性赔偿的，依照其规定。本条规定的承担民事责任的方式，可以单独适用，也可以合并适用。”

（一）停止侵害；

……

（八）赔偿损失；

（九）支付违约金；

（十）消除影响、恢复名誉；

（十一）赔礼道歉。

法律规定惩罚性赔偿的，依照其规定。

本条规定的承担民事责任的方式，可以单独适用，也可以合并适用。

《中华人民共和国侵权责任法》①

第六条第一款 行为人因过错侵害他人民事权益，应当承担侵权责任。

《最高人民法院关于审理利用信息网络侵害人身权益民事纠纷案件适用法律若干问题的规定》②

第十六条③ 人民法院判决侵权人承担赔礼道歉、消除影响或者恢复名誉等责任形式的，应当与侵权的具体方式和所造成的影响范围相当。侵权人拒不履行的，人民法院可以采取在网络上发布公告或者公布裁判文书等合理的方式执行，由此产生的费用由侵权人承担。

第十八条第一款 被侵权人为制止侵权行为所支付的合理开支，可以认定为侵权责任法第二十条规定的财产损失。合理开支包括被侵权人或者委托代理人对侵权行为进行调查、取证的合理费用。人民法院根据当事人的请求和具体案情，可以将符合国家有关部门规定的律师费用计算在赔偿范围内。

第三款 精神损害的赔偿数额，依据《最高人民法院关于确定民事侵权精神损害赔偿责任若干问题的解释》第十条的规定予以确定。

【案件索引】

一审：上海市闵行区人民法院（2018）沪0112民初27327号（2019年12月2日）

---

① 参见《民法典》第一千一百六十五条第一款之规定："行为人因过错侵害他人民事权益造成损害的，应当承担侵权责任。依照法律规定推定行为人有过错，其不能证明自己没有过错的，应当承担侵权责任。"

② 《最高人民法院关于审理利用信息网络侵害人身权益民事纠纷案件适用法律若干问题的规定》（2020年修正）已对本司法解释进行修改，并删除此两条。

③ 参见《民法典》第一千条之规定："行为人因侵害人格权承担消除影响、恢复名誉、赔礼道歉等民事责任的，应当与行为的具体方式和造成的影响范围相当。行为人拒不承担前款规定的民事责任的，人民法院可以采取在报刊、网络等媒体上发布公告或者公布生效裁判文书等方式执行，产生的费用由行为人负担。"

【基本案情】

原告王某甲、杨某某诉称：原告王某甲、原告杨某某分别为女童王某乙的祖父和母亲。被告陈某自称资深公益人士，其注册的新浪微博上拥有数十万的粉丝量。两原告在王某乙得病后，尽到监护责任，将王某乙辗转送到多家正规医院诊疗。期间，原告杨某某通过水滴筹、微信等网上救助平台筹得捐款38638元，其中绝大部分款项已用于王某乙的医疗、交通、住宿及生活用品等事项，剩余捐款也已在王某乙身故后捐给当地慈善组织。而被告陈某在未核实真相的情况下，通过其实名新浪微博以诅咒的语气陆续发表诸如指责王某乙遭受虐待致死、家属骗捐不给治疗、不给喂食喂水、王某乙死亡等不实言论，并以实名方式在微博上报假警，最终引起网民对王某乙家属的公愤，导致两原告承受了巨大的社会压力，并收到大量包含威胁及咒骂用语的短信，整个家庭生活也受到极大影响。原告杨某某经医院诊断患有重度抑郁症，两原告自种及承包他人的田地荒废，无心打工。故请求法院判令：（1）被告停止侵害两原告名誉权的行为；（2）被告在河南的《大河报》、上海的《新民晚报》《澎湃新闻》公开向两原告赔礼道歉、消除影响、恢复名誉；（3）被告在其实名新浪微博上公开置顶道歉，并且置顶不少于两个月；（4）被告赔偿原告杨某某精神损害抚慰金5万元、医疗费8365元、两季庄稼损失36360元、误工费损失8000元；（5）被告赔偿原告王某甲两季庄稼损失18180元、误工费损失17460元；（6）被告赔偿两原告律师费3万元。

被告陈某辩称：不同意原告的全部诉讼请求。首先，原告王某甲的诉讼主体不适格。被告在微博中评论的是王某乙的监护人在获得捐款后采取保守治疗的行为。由于使用、管理捐款的是王某乙的监护人，如果因此遭受网络攻击，也应当是王某乙的父母名誉受损。原告王某甲既不是监护人，也不是遭到谩骂的对象。其次，被告对社会动态及焦点问题享有自由发表言论的权利。被告博文系对涉案捐款是否按照筹款目的使用的合理的舆论监督。被告意图通过自己的公益影响力达到帮助、救治王某乙的目的，且讼争博文有视频、可信的志愿者及王某乙亲属亲口陈述等可靠来源，并无故意贬低原告人格或通过捏造事实误导社会大众的意图。恢复名誉、消除影响的范围，应与侵权所造成不良影响的范围相当，被告仅在微博上发表讼争言论，原告无权要求被告在其他媒体上承担赔礼道歉等民事责任。最后，原告主张的各项经济损失缺乏事实依据，不能成立。

法院经审理查明：原告王某甲、原告杨某某分别为王某乙的祖父和母亲。被告陈某系新浪微博加“V”实名认证用户，其“作家陈某”的新浪微博账户拥有数十万粉丝（俗称微博“大V”）。

2017年11月，2岁多的王某乙经医疗机构诊断患有双侧眼球内母细胞瘤。为给王某乙筹措相关医疗费用，原告杨某某通过微信、水滴筹等网络平台寻求社会救助，陆续获得众多社会热心人士的关注及爱心捐款。

2018年4月，被告陈某通过其上述实名认证微博，陆续发布涉及王某乙家属的言论，包括“骗捐不治疗”“愚昧狠毒的心”“虐待”“疑似被亲生父母虐待致死”“孩子没有得到任何有效治疗，从头到尾，一直在等死！”等内容，引发热议。网友纷纷指责王某乙家人涉嫌诈捐、所筹款项未用于治疗、善款资金流向不明等问题。原告杨某某的手机收到多条含有指责、诅咒等内容的匿名短信。然在此过程中，作为求助方的原告杨某某以及相关网络求助平台未能及时回应，以致双方矛盾和社会舆论的影响进一步扩大，演变为一场网络公共事件。

2018年5月，王某乙去世。媒体澄清王某乙父母为女儿治病费用的来源，当地警方表示“诈骗”“虐待女童”没有相关证据，也没有了解到家属涉嫌犯罪的证据。2018年6月，原告杨某某赴精神医院就诊，其抑郁自评量表载明“参考诊断：有（重度）抑郁症状”。

上述事实有王某乙诊断证明书、医疗费发票、捐款发票、太康县警方回应记者采访报道、被告发布部分博文的截图、原告杨某某收到的匿名短信截图、“有槽网”及“明白漫画”的发帖、抑郁自评量表等证据证明。

【裁判结果】

上海市闵行区人民法院于2019年12月2日作出（2018）沪0112民初27327号民事判决：一、被告陈某于本判决生效之日起10日内在其实名认证为“作家陈某”的新浪微博中持续置顶30日发表对原告杨某某的道歉声明（声明具体内容需经本院审核，如被告陈某逾期不履行，本院将依原告杨某某的申请采取公告、登报等方式，刊登判决书的主要内容，所需费用由被告陈某承担）；二、被告陈某于本判决生效之日起10日内赔偿原告杨某某精神损害抚慰金5000元；三、被告陈某于本判决生效之日起10日内赔偿原告杨某某律师费5000元；四、驳回原告杨某某的其他诉讼请求；五、驳回原告王某甲的全部诉讼请求。宣判后，双方当事人均未提起上诉，该判决现已生效。

【裁判理由】

上海市闵行区人民法院经审理认为：名誉是指公众对特定人的人格所给予

的社会评价。公民享有名誉权，公民的人格尊严受法律保护，禁止使用侮辱、诽谤等方式损害公民的名誉。利用互联网侵犯他人合法权益，构成民事侵权的，依法承担民事责任。

一、关于原、被告网络特殊身份相对应的权利、义务应如何界定

网络个人大病求助为人们的爱心行为建立了更加高效便捷的渠道，应当予以倡导。但同时网络个人求助鱼目混珠的现象也常有发生，透支了公众的爱心和信任，应该予以规范。个人求助者在获得捐助后，理应诚信、合理使用善款，以实现捐助人的捐助目的。同时基于权利义务相一致原则，亦应以合理适当的方式，披露必要的善款使用信息，适时适度地回应捐赠者和社会公众对于捐款效用的关注。如因个人求助者未能适时披露，由此导致公众和媒体出于舆论监督就此进行批评和指责，即便对其人格权益产生不利影响，个人求助者也应在一定限度内予以容忍。本案中，原告杨某某作为网络个人求助者，在享有受捐助权利的同时，也应当进行必要的信息披露，尤其是在已经引起社会热议和他人非议的情况下，更应及时通过原先获取捐赠的渠道或平台等途径，公布能够大致反映捐款用途的支出情况及相关凭证。但从本案查明事实来看，原告杨某某未及时主动进行相应的信息披露，而导致社会舆论的影响进一步扩大，其应承担适度的容忍义务。

被告作为微博“大V”，拥有众多粉丝、具有一定影响力的加“V”认证博主，通过公开账号发布的博文，与传统媒体或普通自媒体的言论相比，其表达更为便捷、受众更多，一定程度上可以影响社会舆论导向。微博“大V”，其享有的言论自由应建立在转载信息内容真实、发布言论客观公允、无损他人权利的基础之上，对其博文言论应当承担较高的注意义务。本案中，被告陈某作为一名微博“大V”，其对原告杨某某网络个人求助事件予以关注并发表自己的意见及评论，本系其依法享有的言论自由权利。但基于其在网络空间的特殊身份和较大影响，应当承担与其身份性质、影响范围相适应的较高注意义务，在介入热点事件并公开发表意见时，应遵循消息真实、评价恰当原则，避免不实或过激言论借助微博本身的影响力使他人权利遭受侵害。

二、关于被告陈某发布讼争博文的行为是否构成名誉侵权

对于被告是否侵犯原告杨某某的名誉权，法院认为，被告以原告杨某某的网络个人求助事件作为博文议题本身并无不妥，但其作为具有一定社会影响力的微博注册使用人，在发布相关信息前应就信息的真实性尽到合理的查证义务。被告发布的多数博文，援引了志愿者及网友的言论，有一定的来源和依

据，虽然其中确实存在部分信息失实的问题，但在获知真相后及时予以了更正。同时，鉴于源自他人的传来信息在客观上存在着不对称传递、碎片化传导、叠加他人情绪等诸多可能性，因此，在获取信息渠道相对有限、原告杨某某又无积极回应的情况下，被告在事实性描述中存在一定偏差也实难苛责。但法院同时注意到，在被告发布的博文中，还有“女儿得病，骗捐不治疗”“愚昧狠毒的心”“疑似被亲生父母虐待致死”“一句话，孩子没有得到任何有效治疗，从头到尾，一直在等死！这个是不是虐待?”等概括性事实描述及定性评价，带有强烈的主观色彩和道德指控，超出了合理的限度，超越了合法的边界，贬低了对方的人格尊严。这些言论通过网络途径传播之后，难免会引发社会公众对王某乙父母产生相当程度的负面印象，足以导致社会公众对原告杨某某的社会评价降低。且这些负面评价已然超出了原告杨某某因未披露相关信息而应承担的容忍范围，故应认定被告负有过错，其行为符合名誉侵权的构成要件，应对由此给原告杨某某造成的损害后果承担相应的民事责任。

对于被告是否侵犯原告王某甲的名誉权，法院认为，讼争博文中明确指责的对象是原告杨某某。纵观相关博文内容，文中所指家庭应当理解为王某乙及其父母，原告王某甲明显与该身份不符，难以认定原告王某甲的名誉因此受损，故对被告有关未侵犯原告王某甲名誉权的抗辩意见予以采纳，原告王某甲诉请的各项主张于法无据，不予支持。

三、关于侵权责任的承担

原告杨某某对其诉请停止侵权之主张，应当举证证明侵权行为仍在进行的要件事实。本案鉴于讼争博文在上述页面中已不再显示，亦无证据表明被告仍以其他方式持续实施讼争侵权行为，故适用停止侵权民事责任的事实基础已不存在，原告再行主张停止侵权的诉请并无必要。侵权人承担赔礼道歉、消除影响或者恢复名誉等责任形式的，应当与侵权的具体方式和所造成的影响范围相当，被告发表讼争博文的平台为新浪微博，基于新浪微博作为社交媒体对于社会的显著影响力，责令被告通过该平台在合理时间内以置顶方式向原告杨某某书面赔礼道歉已足以实现恢复名誉、消除影响的目的。本案被告名誉侵权足以导致原告杨某某的名誉显著降低，妨碍了其内心的安宁，确给原告杨某某造成了精神上的痛苦。综合前述被告的过错程度、行为方式、侵权后果等因素，以及相关信息未适时披露产生的影响，酌定被告支付原告杨某某精神损害抚慰金5000 元。原告杨某某有权要求被告对其为主张权利而聘请律师支付诉讼代理费用，酌定5000 元。对于原告杨某主张的医疗费、误工费和两季庄稼损失，依据不足，不予支持。

【案例注解】

该案缘起于“小凤雅”网络个人大病求助事件，系全国首例因网络个人求助引发的名誉权纠纷，也是上海法院首次适用七人合议庭审理社会影响重大的人格权侵权案件，受到了社会各界的广泛关注，中央电视台、《人民日报》、新华社等数十家媒体均对此案进行了报道，宣判当日微博话题阅读数达到2.5亿次，登上微博热搜第6位。该案之所以能够成为一个热点，主要是因为近年来网络个人求助作为慈善制度的一种创新和尝试，在使社会公众更加便捷地知悉相关信息和捐赠善款的同时，也带来了诸如信息披露不实、诈捐、骗捐、赠与资金用于其他用途等一系列问题，透支了公众的爱心和信任，给相关行业的健康发展带来诸多问题和隐患。我国在网络个人大病求助规制方面存在立法空白，未对网络个人大病求助这种新型法律关系的性质以及相关各方的权利义务作出界定，导致近年来由此引发的诸如2016年广东省“罗一笑事件”“小凤雅事件”等网络公共事件频发，极易引发舆论混战甚至侵权责任纠纷。网络个人求助的受赠与人有没有信息披露的义务？捐赠人和社会公众有没有舆论监督的权利？这样的权利义务的边界在哪里？都亟待明确。

一、合理核定当事人各自应负的民事义务作为衡平言论保护、社会公益和名誉权的基础

2016年9月1日起实施的《慈善法》主要规制组织化的公益慈善行为，将众筹式网络个人求助排除在其范围之外。而传统民法领域的合同法仅对附义务赠与进行了规定，在规制以互联网为基础而产生的新型法律关系上略显乏力。本案中，法官以对网络个人大病求助行为的法律性质的判断为基础，从确立司法裁判规则、引领社会价值导向的角度出发，在合理界定引起本案纠纷的网络个人大病求助的法律性质的基础上，确立了网络个人求助者的合理披露义务，厘定了微博“大V”的较高注意义务，为适用名誉侵权构成要件分析案件打下利益衡量的基础，对同类案件的审理起到了示范作用。

（一）引发本案纠纷的网络个人求助应定性为目的性赠与

网络个人大病求助多以众筹方式进行，是个人为了解决自己或家庭的困难，通过网络平台（例如“水滴筹”“轻松筹”等）发起个人求助项目向社会筹集善款并获得捐赠的行为。因其不以公益为目的而未被纳入《慈善法》规制。对网络个人大病求助的法律性质，主要有两种观点：一种观点认为其属

于附义务的赠与行为，所附义务为个人求助者（受赠人）接受赠与后应依约按照筹款目的使用善款的义务，不履行的，捐赠者（赠与人）有权要求受赠人履行义务或撤销赠与。一种观点认为其应定性为民法学上的目的性赠与。即捐赠人基于特定的目的而为的赠与，个人求助者应在所附赠与目的的范围内使用财物而不违背其特定用途。其与附义务赠与的区别在于，目的性赠与设定的目的或预期结果，并不具有法律的约束力，即捐赠人不得请求结果的实现；而附义务的赠与所设定的负担，则为具有法律约束力的债务，可以要求强制执行。

笔者认为，网络个人大病求助定性为以帮助个人解除困境为特定目的的目的性赠与更为恰当。因为在法律效力上，网络个人求助中捐赠人为给个人求助者或其家庭成员、近亲属治疗疾病等目的赠与善款。如果个人求助者违背求助目的而挪作他用，捐赠人无法强制实现救助的目的，但可以基于缔约目的无法实现，个人求助者人欠缺保有给付的正当性而要求其退还善款。此与目的性赠与的赠与人不得强制要求受赠人实现其救助的预期结果，而只能在结果不能实现时请求不当得利的返还相吻合。当个人求助者不按原定的筹款用途使用善款时，捐赠人并不能强制要求其履行该义务，与附义务赠与中的义务履行强制性相左，因此不应定性为附义务赠与。

（二）网络个人求助者负有合理披露义务，因未履行披露义务而导致侵权影响扩大的，其应在一定程度上予以容忍

基于上述网络个人大病求助的个人求助者与捐款人之间形成的这种目的性赠与关系，求助人享有救助款项的使用支配权的同时，应该按照赠与目的使用捐赠款项而不能挪作他用。由于捐赠人和个人求助者大多并不相识，如果个人求助者不主动地将善款的使用情况如实向筹款平台和捐赠人披露，将使赠与人无从得知善款是否被个人求助者按照赠与的目的用于治病救人等慈善目的，有违赠与行为的初衷。因此，个人求助者作为筹款人和善款的无偿使用方，应当履行最基本的诚实信用，按照筹款的目的使用善款，并接受公众对其非恶意的监督。个人求助者应该通过合理适当的方式，比如通过原先获取捐赠的渠道或平台等途径，履行必要的信息披露义务，适时适度回应公众对捐款用途的关注。个人求助者如果获得救助却未能对社会公众质疑的问题积极回应，可能引发他人仅从已知信息中推测出与实际情况不符或不完全相符的事实，并就此发表批评和指责的言论，在此情形下其对于公众和媒体基于公共利益及正当公正议题行使舆论监督等权利妨害其人格权益的行为，应在一定限度内予以容忍。

本案中，原告杨某某作为个人求助者在享有受捐助权利的同时，也应当履

行必要的信息披露义务，尤其是在已经引起社会热议和他人非议的情况下，更应及时通过一定方式公布能够大致反映捐款流向的支出情况及相关凭证。但从原告在案证据来看，其未及时主动履行相应的披露义务，而导致影响进一步扩大，其应对社会舆论在一定程度上给予容忍。

（三）微博“大V”在网络自媒体中发表公开言论应承担与其身份性质、影响范围相适应的较高注意义务

微博博文作为一种自媒体言论，尤其是具有一定影响力、拥有众多粉丝数的公开自媒体账号发布的博文，与传统意义上言论或者与普通自媒体言论相比，其借助网络表达的自由，有着传播速度更快、传播面更广、缺乏严格的审核程序、社会影响力不可估量的特点。根据微博博文发布者的类型、影响力甚至可以直接产生以点带面的传播效果，其既能唤起爱心，也能煽动愤怒，乃至影响社会的舆论风向。因此，具有网络影响力的微博博主，其享有的言论自由应该是建立在发布言论、转载信息恪守真实、无损他人权利基础上的自由，把握好自由表达的尺度，避免先入为主、有罪推定或凌空蹈虚，是其为维护良好网络秩序，构建天朗气清网络空间应尽的社会责任。

本案中，被告陈某的微博系具有一定网络影响力的自媒体，除普通网民可浏览外，还拥有数十万粉丝，其观点对于社会舆论的影响显而易见。被告陈某以原告杨某某的网络个人求助事件为博文议题，行使法律赋予的言论自由权利，通过网络发表自己的意见及评论，本身并无不妥。但基于其微博“大V”的特殊身份和较大影响，应苛以与其身份性质、影响范围相适应的较高注意义务，在介入热点事件并公开发表意见时，应遵循消息真实、评价恰当原则，避免不实或过激言论借助微博本身的影响力使他人权利遭受侵害。

二、网络个人求助引发的微博“大V”公开言论与名誉权侵权认定的审查要点

《最高人民法院关于审理名誉权案件若干问题的解答》第七条规定：“是否构成侵害名誉权的责任，应当根据受害人确有名誉被损害的事实、行为人行为违法、违法行为与损害后果之间有因果关系、行为人主观上有过错来认定。”就此四要件而言，损害事实与因果关系相对容易认定，而行为违法性和行为人主观过错由于实务中较难把握，往往成为言论保护和名誉权保护之间利益衡量的工具。在本案的审判中，法院除了吸纳此前这一成熟适用的一般名誉权侵权案件的审判原则外，又基于言论平台的特殊性（微博网络空间），原告身份的特殊性（网络个人求助者），被告身份的特殊性（微博“大V”）以及抗辩事由的特

殊性（被告言论系基于公共利益、舆论监督而对原告提出批评和质疑），对网络个人求助引发的名誉侵权纠纷中言论尺度的把握提供了新的审判思路。

（一）事实层面：行为人是否尽到了相应的合理查证义务及其考察因素

依据《最高人民法院关于审理名誉权案件若干问题的解答》第八条的规定，对于事实陈述，如果基本内容失实便构成侵权。也就是说，这种真实性标准并不要求完全真实。尤其是对于像本案中的这种涉及公益的言论，因对事关公益的事件的报道可以满足人民的知情权的需要，应该在事实层面允许其出现一定的错误，要求其及时查证事实真实性的程度自应有所减弱。[①] 反之，如果要求达到完全真实的标准，将会有碍个人言论表达的自由和舆论监督功能的发挥。对于微博这种自媒体而言，也无法绝对保障其传播内容完全符合真实情况，所以不应该要求行为人保证所发布的信息绝对真实。但是，基于微博“大 V”博文的影响力，其应该在发布相关信息前尽到比一般人更高的注意义务，比照新闻媒体的要求，应就消息来源及其真实性进行查证，在无法确保消息来源真实性的前提下应该谨慎发表言论。《民法典》第一千零二十五条第二项将“对他人提供的严重失实内容未尽到合理审查义务”作为行为人实施舆论监督等行为不构成名誉侵权的除外情形之一予以列举，说明如果行为人尽到了合理的查证义务，即使所述严重失实，也不必承担侵权损害赔偿责任，反之，如未尽到相应查证义务而发布相关严重失实信息，其行为即具有违法性。那么在具体个案中，法官应该以什么标准来判断行为人已经尽到了合理查证义务？以下几个因素可供参考：(1) 对名誉的侵害程度，侵害程度越高查证义务越重；(2) 报道事实的公共利益，公共利益越高查证义务越低；(3) 报道事项的时效性，事项时效性越高查证义务越低；(4) 事实来源的可信度，可信度越低查证义务越高。此外，还需结合查证的成本和查证的对象在具体个案中予以考量。

本案中，被告援引了志愿者及网友的言论作为其博文的来源和依据，虽然其中确实存在诸如王某乙去世等部分信息失实的问题，但在获知真相后及时予以了更正。同时，鉴于源自他人的传来信息在客观上存在着不对称传递、碎片化传导、叠加他人情绪等诸多可能性，以及考虑到被告获取信息渠道相对有限，原告又没有履行相应披露义务等综合因素，法院作出了对被告绝大部分事实性陈述不予苛责的认定。

（二）评价层面：行为人的意见表达是否符合公正评论的标准及其考察因素

公民对公共话题的自由讨论因具有重要价值受法律保护。微博“大 V”当

① 张红：《事实陈述、意见表达与公益性言论保护》，载《法律科学》2010 年第 3 期。

然享有对社会动态及焦点问题自由发表言论的权利。但权利的行使不能逾越法律许可的边界，不能对他人的合法权利造成损害。一般认为，意见表达应当符合公正评论的标准。对微博“大V”是否达到公正评论评价标准的审查，一般要求评论具有正当性并坚持合理评论原则。但以上两个方面的标准较为模糊，本案试从以下几个方面为公正评论的标准提供更加具体的考量因素：（1）言论的社会影响，言论产生的社会影响越正面，越能引领社会价值导向朝着彰显社会主义核心价值观的方向发展，言论的正当性相应越高；（2）言论的公益属性，言论是否系基于公共利益作出，具体可以参考言论指向的事件或利益的公共性质、言论传播的范围和传播的时间等，言论所涉事件的公益属性越高，涉及的利益群体越大，言论传播的范围越广、时间越长，其公益属性就越应该得到认可；（3）评论是否基于善意，言辞是否具有客观性，而不是个人观点或情绪的宣泄，评论方式是否存在人身攻击并超出了合理的限度。在此应以一个诚信谨慎的人对相同情况下需尽到的注意义务为标准，同时根据行为人的不同身份地位，区分其注意义务的标准。行为人的知名度、影响力越大，其承担的合理言辞的注意义务就应该越高。

因此，考虑到近年来网络个人大病求助引发的诈捐、骗捐事件频发，受到公众的普遍关注，被告对此进行关注，系基于公共利益、舆论监督而对原告提出批评和质疑，本身具备一定公益性和正当性。但纵观涉案博文的部分评论，被告采用了带有强烈个人好恶色彩的负面判断词语甚至是道德控告式的词语作出评论，具有非客观的强烈偏向性，言辞过于激烈，与其微博“大V”和作家的身份极为不符，超出了合理的范围，贬低了对方的人格尊严。这些言论通过网络途径传播之后导致了社会公众对原告杨某某的社会评价降低，并引发了社会公共事件，一定程度上造成了社会大众对网络个人求助这种私益慈善行为产生严重怀疑的恶劣影响。且这些负面评价已然超出了原告杨某某因未披露相关信息而应承担的容忍范围，故应认定被告有过错，其行为符合名誉侵权的构成要件，应对由此给原告杨某某造成的损害后果承担相应的民事责任。

（**一审法院合议庭成员** 尹学新 王静波 倪玉平 冷安宏
王晓蕾 钱晓凡 梅国蓉
编写人 上海市闵行区人民法院 尹学新 张 倩 王 伟
责任编辑 杨 奕
审稿人 范明志）

周某诉盐城金威车物鉴定评估有限公司财产损害赔偿纠纷案

——司法鉴定机构在鉴定过程中存在过错时的责任认定

关键词：民事　鉴定机构　鉴定意见　过错　侵权责任　违约责任

【裁判要旨】

司法鉴定机构在鉴定过程中存在过错，导致鉴定意见未被作为定案依据的，应对鉴定申请人因此遭受的损失承担民事侵权责任。鉴定申请人以此提起民事赔偿之诉的，应予受理。

【相关法条】

《中华人民共和国民事诉讼法》

第七十六条　当事人可以就查明事实的专门性问题向人民法院申请鉴定。当事人申请鉴定的，由双方当事人协商确定具备资格的鉴定人；协商不成的，由人民法院指定。

当事人未申请鉴定，人民法院对专门性问题认为需要鉴定的，应当委托具备资格的鉴定人进行鉴定。

《中华人民共和国侵权责任法》

第三条[①]　被侵权人有权请求侵权人承担侵权责任。

第六条[②]　行为人因过错侵害他人民事权益，应当承担侵权责任。

---

① 《民法典》已无此条。

② 参见《民法典》第一千一百六十五条之规定："行为人因过错侵害他人民事权益造成损害的，应当承担侵权责任。依照法律规定推定行为人有过错，其不能证明自己没有过错的，应当承担侵权责任。"

根据法律规定推定行为人有过错，行为人不能证明自己没有过错的，应当承担侵权责任。

【案件索引】

一审：江苏省盐城市大丰区人民法院（2017）苏 0982 民初 4425 号（2017 年 10 月 18 日）

二审：江苏省盐城市中级人民法院（2017）苏09 民终5481 号（2018 年4 月9 日）

【基本案情】

原告（上诉人）周某诉称：因盐城金威车物鉴定评估有限公司（以下简称金威公司）所作出的鉴定意见不能作为另案的定案依据，直接导致原告诉讼请求被驳回，请求判令金威公司赔偿鉴定费 3 万元、交通费 2000 元、另案案件受理费 13996 元损失。

被告（被上诉人）金威公司辩称：该鉴定受江苏省滨海县人民法院（以下简称滨海法院）法院委托，鉴定程序和资格均合法，虽然滨海法院认为鉴定结论不能作为定案的依据，驳回了周某的诉讼请求，但此案上诉后经盐城市中级人民法院审理并依据一审诉讼标的和事实调解终结，说明鉴定结果并未导致周某受损失，周某的诉求没有事实依据，应依法驳回。

法院经审理查明：2016 年 4 月 1 日，滨海法院受理周某诉江苏万恒铸业有限公司（以下简称万恒公司）财产损害赔偿一案，周某请求判令万恒公司赔偿其车辆停运损失 986300 元、保险损失 3850 元、汽车救援服务费 1600 元、评估费 3 万元，合计 1021750 元。2016 年 2 月 19 日，滨海法院对涉案车辆停运损失委托金威公司进行评估鉴定。2016 年 3 月 2 日，周某支付评估鉴定费 3 万元。2016 年 3 月 23 日，金威公司作出盐金鉴证［2016］鉴定评估报告书，鉴定车辆停运损失 986300 元、保险损失 3850 元结论。2016 年 10 月 8 日，滨海法院作出（2016）苏 0922 民初 1997 号民事判决书，认定“金威公司没有到案涉车辆当地就同型号、同吨位营运车辆营运收入情况进行市场调查，庭审中也未能对鉴定结论的形成进行充分合理的说明，该鉴定结论不能作为定案的依据”，故判决驳回周某诉讼请求，案件受理费 13996 元由周某负担。后周某上诉，经二审法院主持调解，周某与万恒公司达成调解协议：（1）万恒公司于2017年7月31日前一次性赔偿周某42万元；（2）如万恒公司未按期足额履行完毕，周某有权按60万元标的额申请法院强制执行；（3）一审案件受理费13996元，周某自愿负担，二审案件受理费13996元，减半收取6998元，由周某负担；（4）双方当事人关于案涉纠纷彻底了结，余无纠葛。

【裁判结果】

江苏省盐城市大丰区人民法院于2017年10月18日作出（2017）苏0982民初4425号民事判决：驳回周某的诉讼请求。宣判后，周某不服原审判决，提起上诉。江苏省盐城市中级人民法院于2018年4月9日作出（2017）苏09民终5481号民事判决：一、撤销江苏省盐城市大丰区人民法院（2017）苏0982民初4425号民事判决；二、盐城金威车物鉴定评估有限公司于本判决生效之日起10日内赔偿周某损失33996元；三、驳回周某的其他诉讼请求。本案一审案件受理费475元，由盐城金威车物鉴定评估有限公司负担351元，周某负担124元。二审案件受理费950元，由盐城金威车物鉴定评估有限公司负担702元，周某负担248元。

【裁判理由】

法院生效裁判认为：依据周某的诉讼请求，本案案由应为财产损害赔偿纠纷，一审确定为服务合同纠纷不当，应予以纠正。

一、关于本案可诉性问题

另案中，滨海法院依周某的申请启动鉴定程序，鉴定费用系周某直接缴纳给金威公司，目的在于要求金威公司对案涉车辆的停运损失进行评估鉴定，故可以认定金威公司系间接受周某的委托进行鉴定。在该案二审审理期间，经法院主持调解，周某与万恒公司达成调解协议，双方就赔偿款、诉讼费等进行了约定，并注明“双方当事人关于案涉纠纷彻底了结，余无纠葛”，法院亦就此出具调解书。但双方并未就周某已缴纳的3万元鉴定费用进行约定。现周某基于金威公司在鉴定过程中存在过错导致其损失而主张赔偿，法院应予受理。

二、关于金威公司在鉴定过程中是否存在过错问题

滨海法院生效裁判文书中认定“金威公司没有到案涉车辆当地就同型号、

同吨位营运车辆营运收入情况进行市场调查，庭审中也未能对鉴定意见的形成进行充分合理的说明，该鉴定意见不能作为定案的依据。”金威公司经委托需要对案涉车辆的停运损失进行鉴定，则其必然需要对到案涉车辆当地就同型号、同吨位营运车辆营运收入情况进行市场调查，其作为专业从事鉴定评估工作的企业，并已列入江苏省人民法院委托鉴定机构电子信息平台，理应在进行充分的调查基础上提供专业、详细的鉴定意见，但其实际未能履行该工作职责。再者，《民事诉讼法》第七十八条规定，当事人对鉴定意见有异议或者人民法院认为鉴定人有必要出庭的，鉴定人应当出庭作证。鉴定人出庭需就鉴定意见进行解释和说明，为法庭采信鉴定意见提供合理的依据。金威公司在另案中虽到庭作证，但未能对鉴定意见的形成进行充分合理说明，进而导致法院认定该鉴定意见不能作为定案依据，其明显存在过错。

三、关于金威公司的过错与周某的实际损失之间是否存在因果关系

另案中，周某诉请要求万恒公司赔偿车辆停运损失，经委托鉴定后，因鉴定意见存有瑕疵，导致法院认定周某主张的停运损失不具有合理性，故判决驳回周某的诉讼请求。按照常理推断，万恒公司扣押周某车辆，必然侵害了周某的合法财产权益，周某必然存在停运损失。基于停运损失数额无法确定，故而采取委托鉴定的方式予以确认。可以说，如若金威公司的鉴定程序合法有效，法院应当予以部分或全部采纳，周某的停运损失必然可以得到部分或者全部的支持。而因金威公司的鉴定程序存有瑕疵，进而导致法院判决驳回周某的诉讼请求，故可以认定金威公司在鉴定过程中的过错与周某的实际损失之间存在必然的因果关系。行为人因过错侵害他人民事权益，应当承担侵权责任，故金威公司理应对周某的损失予以赔偿。

四、关于周某的损失即金威公司应当赔偿的具体数额问题

关于鉴定费用，因金威公司未能完全履行鉴定的相关义务，其理应退还部分鉴定费用。考虑到金威公司在鉴定过程中所做的具体工作、出具鉴定意见等，法院酌情认定金威公司收取周某 1 万元鉴定费用，其余 2 万元应予以退回。因金威公司在鉴定过程中确有过错，进而导致周某在另案一审中败诉进而上诉，故对于周某要求金威公司赔偿一审诉讼费用 13996 元的诉讼请求，法院予以支持。关于交通费，系周某参与案件诉讼所应当支付的合理费用，不予支持。

【案例注解】

一、鉴定意见造成鉴定申请人损失的可诉性认定

司法鉴定是对诉讼涉及的专门性问题进行鉴别和判断并提供鉴定意见的活动，可弥补法官在某些专门性问题上认识能力的不足，对后期裁判的权利义务分配具有重要影响。同时，司法鉴定机构在履行鉴定行为过程中，未能严格履行有关义务，造成他人损失状态下的责任承担，是以司法鉴定机构主管部门的内部处罚为形式，还是以承担民事责任为形式，目前存在较大争议。笔者认为，司法鉴定机构主管部门的内部处罚属于一种制度层面的管理和约束，其并不必然带来鉴定申请人受损权益的弥补和恢复。如根据《最高人民法院关于民事诉讼证据的若干规定》第四十条规定，当事人申请重新鉴定，存在法定情形的，法院应当准许。因此，在诉讼中或是诉讼终结时，当事人虽然可在提供相应证据的基础上，申请重新鉴定以保护自身的民事权益，但重新鉴定只能纠正司法裁判权利义务关系的分配错误，并不能解决当事人因此遭受的鉴定费以及其他费用损失问题。另外，《民法总则》第一百七十六条规定："民事主体依照法律规定和当事人约定，履行民事义务，承担民事责任。"此种责任承担逻辑构造，能够更好地填补鉴定申请人损失救济的立法空白。因此，根据责任自负与公平责任原则，对司法鉴定机构因过错造成鉴定申请人损失的情形，应当准许通过民事诉讼途径予以解决。另外，就诉讼准入的条件而言，根据《民事诉讼法》第一百一十九条规定，提起民事诉讼，需具备原被告之间存在利害关系、存在具体的诉求、事实和理由等条件。即要求原告具有民事权益被侵害的具体事实和理由，其诉求应当明确且与被告的行为存在的关联性。本案中，周某在另案诉请要求万恒公司赔偿车辆停运损失过程中，因金威公司鉴定意见存有瑕疵，法院认定周某主张的停运损失不具有合理性，导致周某的该项诉求被判决驳回，故可认定金威公司鉴定过程存在过错与周某的实际损失之间存在必然的因果关系，加之周某具有明确的利益诉求，从而本案符合民事诉讼的受案条件。周某基于金威公司在鉴定过程中存在过错导致其损失而主张赔偿，应予受理。

二、司法鉴定机构鉴定行为错误应承担民事侵权责任

对于司法鉴定机构存在过错时的民事责任承担，存在违约责任、侵权责任以及违约责任与侵权责任竞合之说。对此，笔者赞同以侵权责任对司法鉴定机

构归责，具体理由如下：

首先，鉴定申请人与司法鉴定机构之间并非真正意义上的合同关系。根据《合同法》相关规定，合同法律关系不同于其他民事法律关系的重要特点在于合同的相对性，主要体现为主体的相对性和内容的相对性。主体的相对性，要求合同关系应当发生在特定的合同当事人之间，如存在违约时，当事人一方基于合同提出请求或者诉讼的对象应为另一方。内容的相对性，则只有合同当事人才能享有合同所约定的某项权利，并承担约定义务，权利义务呈现出了对应性。而从鉴定意见的形成方式来看，《民事诉讼法》第七十六条规定："当事人可以就查明事实的专门性问题向人民法院申请鉴定。当事人申请鉴定的，由双方当事人协商确定具备资格的鉴定人；协商不成的，由人民法院指定。当事人未申请鉴定，人民法院对专门性问题认为需要鉴定的，应当委托具备资格的鉴定人进行鉴定。"可见，司法鉴定存在依申请鉴定与依职权鉴定两种情形，但不论是哪种情形，鉴定行为均系人民法院委托司法鉴定机构作出，委托主体为人民法院，出具鉴定意见则属于受委托司法鉴定机构对人民法院委托事项所作出的最终回应。由此，鉴定申请人与人民法院委托的司法鉴定机构之间不具有《合同法》意义上的主体与权利义务的相对性特征，故而不存在合同关系。

其次，鉴定申请人所主张请求权不属于违约责任与侵权责任竞合的情形。所谓竞合，是指一个法律行为发生之后，其在构成要件上符合两项以上的法律规定，进而引发两种性质不同的法律关系，最终触发两种不同性质责任的矛盾。而违约责任与侵权责任的竞合，系根据《合同法》第一百二十二条的规定："因当事人一方的违约行为，侵害对方人身、财产权益的，受损害方有权选择依照本法要求其承担违约责任或者依照其他法律要求承担侵权责任。"该规定明确了责任竞合时的当事人享有选择请求权，同时，也为违约责任与侵权责任之竞合设定了独有的构成要件，即以存在合同违约行为为前提。前文所述，鉴定申请人与司法鉴定机构之间并不存在合同关系，自然就不存在责任竞合之说。

最后，鉴定申请人与司法鉴定机构之间属于侵权责任关系。根据司法部2005年颁布施行的《司法鉴定人登记管理办法》第三十一条："司法鉴定人在执业活动中，因故意或者重大过失行为给当事人造成损失的，其所在的司法鉴定机构依法承担赔偿责任后，可以向有过错行为的司法鉴定人追偿。"由此，司法鉴定人在司法鉴定过程中，因故意或者重大过失行为给当事人造成损失，首先应由司法鉴定机构承担赔偿责任，后由司法鉴定机构向有过错的司法鉴定人追偿。同时，根据《侵权责任法》第六条第一款"行为人因过错侵害他人民事权益，应当承担侵权责任"的规定，结合鉴定申请人与司法鉴定机构之间不存在合同关系，也非属违约责任与侵权责任竞合的认定，则两者之间只能属于侵权责任关系。再由《侵权责任法》第三条规定："被侵权人有权请求侵权人承担侵权责任。"因此在本案中，金威公司没有到案涉车辆当地就同型号、同吨位营运车辆营运收入情况进行市场调查，庭审中也未能对鉴定意见的形成进行充分合理的说明，明显存在过错，确实损害了周某的合法权益，金威公司应当承担侵权责任。

三、司法鉴定机构的责任范围应以实际损失为前提

当前，对于侵权行为造成他人财产损害需要承担的民事赔偿责任，一般以实际损害、实际经济损失为依据，从而在确定司法鉴定机构的责任范围时，需以鉴定申请人的实际损失为前提。同时，为避免不当得利，在鉴定申请人与司法鉴定机构侵权之诉中，鉴定申请人不应由此多获利益。如鉴定申请人已通过另案获得了与司法鉴定机构错误鉴定所造成利益损害相关的补偿，则后案审理应在司法鉴定机构担责范围内剔除已获得赔偿或者补偿的部分。本案中，对于周某诉求的鉴定费用，在另案中未作处理，且金威公司未能完全履行司法鉴定的相关义务，由此，该鉴定费用应当认定为周某的实际损失。但为了体现公平正义，因金威公司在鉴定过程中切实付出劳动，也出具了鉴定意见，应当酌情收取部分鉴定费用。对于周某诉求的金威公司赔偿另案诉讼费用，由于金威公司在鉴定过程中确有过错，进而导致周某在另案一审中败诉进而上诉，导致该费用在调解过程中由周某负担，故亦应认定为周某的实际损失。而交通费则为参与诉讼应予支出的合理费用，不应认定为因鉴定错误所造成的损失。由此，金威公司应在部分鉴定费和另案诉讼费范围内承担赔偿责任。

"义务—责任"的立法格局，既有利于民事主体自觉履行义务，更有利于实现权利人民事权益的合理保护。针对目前司法鉴定存在的乱象，如不采取有效的手段予以遏制，必然会带来案件审理无法客观公正之弊端，进而造成司法公信力降低。也正是基于此种考虑，二审法院认为应当保障鉴定申请人对错误司法鉴定行为的诉权，司法鉴定机构也应依法对自身的过错行为承担相应侵权责任。

（**一审法院独任审判员**　夏玉珍
二审法院合议庭成员　岳维群　胥　霞　钟红梅
编写人　江苏省盐城市中级人民法院　金龙飞
责任编辑　杨　奕
审稿人　范明志）

上海星火制浆造纸厂等诉中国银行股份有限公司上海市分行等确认合同无效纠纷案

——争点效在一事不再理原则判断中的有限适用

关键词：民事　一事不再理　既判力　争点效

【裁判要旨】

前后两诉的诉讼请求和当事人虽不尽相同，但后诉诉请事项在前诉中作为必要的争议焦点已经进行了充分审理，且后诉原告作为前诉当事人已经享有主张、举证、辩论机会的，后诉构成重复起诉。

【相关法条】

《中华人民共和国民事诉讼法》

第一百二十四条第五项　人民法院对下列起诉，分别情形，予以处理：

（五）对判决、裁定、调解书已经发生法律效力的案件，当事人又起诉的，告知原告申请再审，但人民法院准许撤诉的裁定除外。

《最高人民法院关于适用〈中华人民共和国民事诉讼法〉的解释》

第二百零八条第三款　立案后发现不符合起诉条件或者属于民事诉讼法第一百二十四条规定情形的，裁定驳回起诉。

第二百四十七条　当事人就已经提起诉讼的事项在诉讼过程中或者裁判生效后再次起诉，同时符合下列条件的，构成重复起诉：

（一）后诉与前诉的当事人相同；

（二）后诉与前诉的诉讼标的相同；

（三）后诉与前诉的诉讼请求相同，或者后诉的诉讼请求实质上否定前诉裁判结果。

当事人重复起诉的，裁定不予受理；已经受理的，裁定驳回起诉，但法律、司法解释另有规定的除外。

【案件索引】

一审：上海市第一中级人民法院（2016）沪01民初115号（2016年7月22日）

二审：上海市高级人民法院（2016）沪民终360号（2017年6月15日）

【基本案情】

原告（上诉人）上海星火制浆造纸厂（以下简称星火厂）、上海造纸公司（以下简称造纸公司）、上海新伦纸业有限公司（以下简称新伦公司）、上海开伦造纸印刷集团有限公司（以下简称开伦公司）诉称：星火厂筹建处于1988年12月24日与中国银行股份有限公司上海市分行（以下简称中国银行上海分行）签订《关于利用瑞典混合贷款的转贷协议》（以下简称《转贷协议》），约定使用瑞典政府贷款8170459.25美元，最后还贷期为2003年12月31日。上海造纸公司为上述贷款提供担保。2004年中国银行上海分行与中国信达资产管理股份有限公司上海市分公司（以下简称信达上海办）签订《债权转让协议》，将上述《转贷协议》项下的债权转让给信达上海办。2007年6月20日，信达上海办又与投资2234海外第七号基金公司（以下简称2234公司）签订《单户资产转让协议》，将上述《转贷协议》项下的债权及保证合同项下的债权转让给2234公司。2008年1月4日，2234公司提起诉讼，要求星火厂偿还贷款本金3317787美元、利息3073892.8美元。中国银行上海分行、信达上海办、2234公司签订《债权转让协议》《单户资产转让协议》，将上述《转贷协议》项下由国家统借的瑞典政府出口信贷款项权益，实施无对价转让，显属主体不适格，且违法违规无效。中国银行上海分行明知上述转贷款使用人即星火厂系国有大型企业，明知国务院、上海市政府已将星火厂列入政策性破产试点，明知《转贷协议》项下资金系政府间借贷款且由中国政府指定的行政性国有企业提供担保不得另行转让，明知己方已实际同意上述《转贷协议》项下贷款由上海市政府批准被列入星火厂分立、重组之投资资金不得另行转让，却仍然实施《转贷协议》项下的债权转让，严重损害国有资产，并将造成国有资产的巨大损失。故请求确认中国银行上海分行、信达上海办、2234公司签订的《债权转让协议》《单户资产转让协议》无效。

被告（被上诉人）中国银行上海分行、信达上海办、2234公司辩称：诉争事项法院已经审理，属于重复诉讼，而且两次债权转让均不存在无效情形。

法院经审理查明：2234公司诉星火厂、上海造纸公司、东方国际集团上海市对外贸易有限公司（以下简称东方国际公司）金融不良债权追偿纠纷一案，法院于2008年1月4日受理。审理中，根据当事人的申请，法院先后追加新伦公司、开伦公司为共同被告。2234公司的诉讼请求为判令：（1）星火厂偿还贷款本金3317787美元、暂计至2006年6月20日的利息3073892.8美元；（2）新伦公司对上述债务承担连带责任；（3）上海造纸公司、东方国际公司、开伦公司对上述债务清偿承担连带保证责任。星火厂和上海造纸公司在该案审理中对2234公司关于利息的主张提出异议，对债权转让协议的效力未提出抗辩。东方国际公司的辩称意见之一为，根据有关政府担保的债务不得对外转让的规定，中国银行上海分行和信达上海办对外转让债权无效。法院于2012年4月9日作出（2008）沪一中民五（商）初字第25号民事判决。判决认为，该案的争议焦点在于：（1）涉案债权形成、转让是否有效；（2）上海造纸公司、东方国际公司分别与星火厂之间是何种性质的保证关系，应否承担各自的保证责任；（3）新伦公司与星火厂之间是否系分立关系，新伦公司应否对星火厂债务承担连带责任；（4）开伦公司与上海造纸公司之间是何种法律关系，开伦公司是否应对上海造纸公司的相关责任承担连带责任；（5）本案贷款利息应如何计算。其中，关于涉案债权的形成、转让是否有效问题，判决认为：星火厂筹建处与中国银行上海分行签订的《转贷协议》，并未违反法律强制性规定并已实际履行，依法应受到法律保护。而中国银行上海分行与信达上海办之间的债权转让亦与法不悖，应认定为有效。同时，2234公司受让系争债权，并未违反法律强制性规定，亦应认定有效，因此2234公司是合法债权人。2234公司、开伦公司不服一审判决，向上海市高级人民法院提出上诉。上海市高级人民法院于2013年2月26日作出（2012）沪高民五（商）终字第14号民事判决。判决认为：东方国际公司称本案债权不具有真实性以及涉案债权转让无效等意见，因缺乏事实依据，均不予采纳。

【裁判结果】

上海市第一中级人民法院于2016年7月22日作出（2016）沪01民初115号民事判决：裁定驳回星火厂、造纸公司、新伦公司、开伦公司的起诉。宣判后，星火厂、造纸公司、新伦公司、开伦公司提出上诉。上海市高级人民法院于2017年6月15日作出（2016）沪民终360号民事裁定：驳回上诉，维持原裁定。

【裁判理由】

法院生效裁判认为：前述金融不良债权追偿纠纷一案，系2234公司基于债权转让提出的给付请求，本案系星火厂、造纸公司、新伦公司、开伦公司提出的债权转让效力确认请求，两案的诉讼请求密切相关，且后诉的诉讼请求实质上否定了前诉的裁判结果。在金融不良债权追偿纠纷一案中，债权转让是否有效属于先决问题。本案原告作为前案当事人，在前案审理中享有充分的主张、举证、辩论的机会，完全能够以债权转让无效为由否认给付义务的履行。在前案审理中，两次债权转让的效力作为主要争议焦点已经进行了审理，一、二审判决均认定中国银行上海分行与信达上海办签订的《债权转让协议》、信达资产办与2234公司签订的《单户资产转让协议》有效。虽然本案当事人与前案当事人不尽相同，即本案两被告中国银行上海分行、信达上海办并非前案当事人，但本案诉讼并非该两被告主动提起，两被告对前案判决并无异议，且提出本案诉争前案已经处理。综上，四原告提出确认债权转让协议无效的诉讼，属重复诉讼。

【案例注解】

“一事不再理”原则是现代民事诉讼的基本原则。由于立法缺失和不完善，我国审判实践中“一事不再理”原则的适用，长期以来多凭借审判人员朴素的理解，缺乏统一指引、标准不一。《最高人民法院关于适用〈中华人民共和国民事诉讼法〉若干问题的解释》（以下简称《民事诉讼法解释》）第二百四十七条、第二百四十八条对“一事不再理”原则的内涵、判断标准进行了规定。然而由于“一事不再理”与既判力、诉讼标的等诉讼理论密切相关，如何准确理解和适用该规定，仍需运用相关诉讼理论在个案件中进行具体分析。

一、"一事"的传统判断标准及其局限性

（一）传统标准：诉讼请求

按照传统既判力理论的制度设计，既判力的客观范围限于判决主文中的判断，判决认定的事实、理由等（抵消抗辩除外）作为支撑判决结论的判决理由则没有既判力。而在当事人主义诉讼模式下，诉讼请求、诉讼标的和判决主文具有相对应的关系。法院的判决主文必然是对应当事人的诉讼请求、诉讼标的而为的裁判结果，诉讼请求与诉讼标的的范围就是判决主文的指向。通过赋予判决主文以拘束力，进而使得既判力的客观范围和诉讼请求、诉讼标的相联系，从而发挥"一事不再理"的效果。王亚新教授将其概括为这样一个公式：诉讼请求→诉讼标的→判决主文→既判力的客观范围。大陆法系国家和地区立法上大多也对既判力客观范围的确定作了类似的规定。虽然各国的规定不尽一致，德国表述为"请求"，法国表述为"判决标的"，日本表述为"判决主文"，我国台湾地区表述为"诉讼标的"，但它们之间并没有实质的不同，其本质都是规定既判力的客观范围局限于法院对诉讼标的的判断，因此司法实践中即以判决主文为界来划定既判力的客观范围。我国《民事诉讼法解释》第二百四十七条正是基于传统既判力理论，采用实体法诉讼标的理论，将诉讼请求及诉讼标的的同一性作为"一事不再理"原则适用的判断标准。

之所以将既判力客观范围局限于判决主文中的判断即诉讼请求与诉讼标的，而不承认判决理由中的判断有既判力，其依据在于：作为判决理由中判断的当事人主张，相对于判决主文中的判断即诉讼请求与诉讼标的而言，处于一种手段性、次要性的地位，对于这些判决理由中的判断，当事人也许没有真正展开彻底的攻击防御。如果让这种争点也产生既判力，就难免会对当事人造成突然袭击，也不符合处分权主义和辩论主义的要求。

（二）传统标准的局限性

判决主文有既判力从而禁止再诉没有争议，有争议的是既判力的客观范围是否仅止于判决主文。完全以诉讼请求与诉讼标的来衡量是否"一事"的制度模式，存在一个致命的缺陷：当事人可以在后诉中对前诉判决理由中确定的事实理由再行争执，进而导致既判力定分止争的制度目的在某种程度上被架空。而且，在司法实践中，判决书的主文部分大多比较简略，通常是需要借助判决理由才能确定判决主文的具体内容。实务中，时常会出现仅从判决主文中

无法辨别法院是依据何种法律上的请求权或形成权而作出的判决。在判决主文的内容需要借助判决理由来确定的情况下，如果判决理由没有拘束力，就可能在后诉中被否定或推翻，从而影响判决主文的效力。因此，判决理由中判断的拘束力问题，成为诉讼理论和实务中亟待解决的问题之一。

二、运用争点效理论对本案的分析

（一）争点效理论的引入

要实现“一事不再理”，赋予判决理由以一定的拘束力是必须的。为解决因判决理由中的判断不具有拘束力而导致的判决既判力丧失其制度功能的问题，各国民事诉讼理论及实践主要通过以下几种途径解决判决理由中判断的效力问题：（1）诉讼标的扩张论，即将诉讼标的的概念扩大到包括原因事实，由此既判力扩大到判决理由；（2）既判力扩张论，即将判决理由部分的判断作为传统既判力客观范围的例外直接赋予其既判力；（3）在既判力之外另设判决理由的拘束力——争点效；（4）通过诚信原则以及禁反言的方式限制当事人对判决理由中的判断再行争执；（5）以中间确认判决的方式赋予争点以既判力，从而限制当事人在后诉中对争点再行争执。在这些进路中，“争点效”以程序保障为前提，通过赋予判决理由中判断以一种不同于既判力的制度性效力，避免了既判力客观范围扩张论所存在的程序保障不足、诚信原则论的操作空洞化、中间判决和诉讼标的扩张论适用范围局限等缺陷，较好地平衡了判决终局性和当事人程序保障的关系，成为各种解决进路中相对最优的选择。

“争点效”的概念由日本新堂幸司教授最早提出，此后迅速获得了很多学者的支持，但也有不少学者对之持批评态度。在赞成与反对的激烈论争当中，争点效理论不断地向前发展。其基本特征在于：在承认“请求＝诉讼标的＝判决主文＝既判力客观范围”公式的基础上，同时主张以当事人在前诉中获得的程序保障以及由此而来的自我责任为根据，把与既判力相类似的法律效力有选择地赋予判决理由中的判断。目前，争点效理论虽然是日本学界解决既判力客观范围困扰的有力学说之一，但宽松对待适用争点效的倾向已有所显露，但司法实践中支持适用争点效的态度还不完全明朗。

而在英美法系，虽然诉讼理念的不同导致了其在判决效力制度设计的不同，但是其通过争点排除规则配合请求排除规则成功地解决判决效力问题的进路，与大陆法系的争点效理论不无相通之处。美国民事诉讼中的判决效力规则包括两个部分：请求排除规则和争点排除规则。请求排除规则的目的在于限制针对同一诉因的重复诉讼，和大陆法系的既判力制度相对应；争点排除规则的目的在于限制对同一争点的重复诉讼，即防止在后诉中重复审理那些已在前诉中确定了的某些事实或法律问题。在美国民事诉讼中，争点排除规则比请求排除规则有着更加广泛的影响而居于判决效力制度的核心地位。

我国《民事诉讼法解释》出台之前，对于判决理由中判断事项的效力问题，司法实践中是从证据的角度以“预决的事实”来处理的，即对于在判决理由中认定的事实，当事人无需在后诉中举证证明。该做法虽然在一定程度上避免了矛盾判决的产生，但其以证据的形式出现已完全脱离了判决效力的层面，某种程度上造成了“领域错位”。《民事诉讼法解释》第二百四十七条第一款第三项规定，“后诉的诉讼请求实质上否定前诉裁判结果”的，构成重复起诉。该条规定虽然相较于争点效理论，适用范围和效果具有一定的局限性，但仍是我国立法对判决理由拘束力的一次大胆尝试。本案前后两诉的诉讼对象即属于该项规定的情形。即后诉要求确认转让协议无效的诉请与前诉要求履行金钱给付义务的诉请虽然不相同，后诉诉请亦并非前诉判决主文的判项，但后诉诉请是前诉的前提及必要审理事项。

（二）争点效理论的具体内容

1. 争点效的适用要件。当事人的程序保障是争点效适用要件必须首要考虑的要素。借鉴英美法系争点排除规则的规定,[①] 争点效的适用要件包括以下几个方面。

（1）争点的同一性。所谓同一争点，是指前后诉的争议事项具有重合性，即后诉中的争议与前诉相同，或者是前诉争议的一部分。在判断前后两诉的争点是否相同时，可以遵循这样的原则：第二次起诉当中提出的争议事项在各个方面与第一次诉讼当中决定的事项相一致，而且其中的基础事实和适用的法律规则没有发生改变。

（2）争点必须经过了充分争讼并被法院确定。只有在前诉中真正经过了当事人充分的攻击防御、进行了实质性对抗，并经过法院生效裁判固定下来的争点才能在后诉中被主张排除。对充分争讼的认定，应该是当事人围绕该争点展开过实际的攻击和防御。规定这一要件的目的，是为了尊重当事人的意思自治和避免当事人碍于争点排除规则而过分谨慎造成不必要的过度争讼。因此，

① 《判决重述（第二版）》规定，适用争点排除规则应满足以下三个条件：本诉的争点与在前诉中争执过的是同一争点；该争点在前诉中确经实际诉讼并被决定过；前诉中对该争点的决定对判决来说是必要的。

在当事人自认、承认、缺席、和解等情况下确定的事实均不具有争点排除的效力。同时，争点效作为实现判决终局性效力的制度，当然要建立在该争点已经被已经生效判决所确定的基础上。

（3）前诉中对该争点的判断是前诉判决所必须的。这就要求适用争点排除规则的争点对前诉判决而言必须具有必要性或实质性，对诉讼的结果会产生实质性的影响。这种影响既可以是胜诉、败诉的差异，也可以是当事人诉讼请求的实现程度的不同，如给付之诉中给付金额的较大差异。规定此要件的理由在于：出于公平考虑，只有那些在当事人之间得到充分争讼和考虑的争点才应该从将来的诉讼中排除出去。非实质性争点，即便在庭审中曾经讨论过，也不应该具有约束效力，因为任何一方当事人或双方当事人对它们并没有太过留意，甚至对于该事项法官也没有太留意。

2. 争点效的主观界限。前后诉当事人完全相同的情形下所有当事人都应受争点效的拘束并可利用争点效，而且争点效还及于当事人的继受人及实质上可视同当事人的人，这是没有问题的。争议在于：争点效对第三人效力的问题。

根据争点效主观范围可拘束对象和受益对象，争点效对第三人的效力问题可以类型化为以下考虑因素：（1）防御性适用还是攻击性适用。防御性适用是指在后诉中，被告对在前诉中为当事人的原告主张适用争点排除规则。进攻性适用是指原告对在前诉中为当事人的被告主张适用争点排除规则。一般攻击性适用的限制要多于防御性适用，美国从联邦最高法院到各州地方法院，已经承认了争点排除规则的防御性适用和某些条件下的攻击性适用。（2）拘束前诉原告还是拘束前诉被告或者是前诉原告援用还是前诉被告援用。一般拘束前诉被告的限制要多于拘束前诉原告，相应地，前诉原告援用的限制要多于前诉被告援用的限制。

（三）争点效理论在本案中的运用

本案中，作为前诉的金融不良债权追偿纠纷一案，系2234公司基于债权转让提出的给付请求。而后诉系星火厂、造纸公司、新伦公司、开伦公司对中国银行上海分行、信达上海办、2234公司提出的债权转让效力确认请求。前后两诉的诉讼请求密切相关，且后诉的诉讼请求实质上否定了前诉的裁判结果。根据《民事诉讼法解释》第二百四十七条第一款第三项的规定，诉讼对象具有同一性。然而，前后两诉的当事人并不尽相同，是否构成重复起诉？本案以当事人的程序保障为基本原则，结合大陆法系争点效理论和英美法系的争点排除规则，作出以下判断：其一，作为前诉的金融不良债权追偿纠纷一案中，本案的争议事项，即债权转让是否有效，属于先决问题。本案原告作为前案当事人，在前案审理中享有充分的主张、举证、辩论的机会，完全能够以债权转让无效为由否认给付义务的履行。且在前案审理中，两次债权转让的效力作为主要争议焦点已经进行了审理，一、二审判决均认定中国银行上海分行与信达上海办、信达上海办与2234公司签订的债权转让协议有效。其二，虽然本案当事人与前案当事人不尽相同，即本案两被告中国银行上海分行与信达上海办非前案当事人，但本案诉讼并非该两被告主动提起，两被告对前案判决及债权转让的效力并无异议，且提出本案诉争已经前案处理。综合考量以上因素，认定后诉属于重复起诉，从而裁定驳回了原告的起诉。

（**一审法院合议庭成员** 崔 婕 王 涛 陈炳良
二审法院合议庭成员 宋向今 王晓娟 沙 洵
编写人 上海金融法院 崔 婕
责任编辑 杨 奕
审稿人 范明志）

郭某诉北京德邦货运代理有限公司等公路货物运输合同纠纷案

——快递合同赔偿条款的效力认定

关键词：民事　快递合同　赔偿条款　效力认定　提示说明义务

【裁判要旨】

1. 快递公司承运快件发生毁损灭失的，应对消费者承担相应的赔偿责任。快递运单上对具体赔偿规则予以明确，赔偿条款未有违反公平原则的情形且快递公司尽到提示说明义务的，应认可赔偿条款的效力。

2. 人民法院应当从托运人的主体身份、提示说明的方式、提示说明的程度三个方面对快递公司是否尽到提示说明义务予以实质审查。消费者对托运物品未足额保价的，保价声明价值低于未保价时货物受损可获赔最高限额的情况下，应认定赔偿条款无效。

【相关法条】

《中华人民共和国合同法》

第三十九条[①]　采用格式条款订立合同的，提供格式条款的一方应当遵循公平原则确定当事人之间的权利和义务，并采取合理的方式提请对方注意免除

---

① 参见《民法典》第四百九十六条之规定："格式条款是当事人为了重复使用而预先拟定，并在订立合同时未与对方协商的条款。采用格式条款订立合同的，提供格式条款的一方应当遵循公平原则确定当事人之间的权利和义务，并采取合理的方式提示对方注意免除或者减轻其责任等与对方有重大利害关系的条款，按照对方的要求，对该条款予以说明。提供格式条款的一方未履行提示或者说明义务，致使对方没有注意或者理解与其有重大利害关系的条款的，对方可以主张该条款不成为合同的内容。"

或者限制其责任的条款，按照对方的要求，对该条款予以说明。

格式条款是当事人为了重复使用而预先拟定，并在订立合同时未与对方协商的条款。

第四十条[①] 格式条款具有本法第五十二条和第五十三条规定情形的，或者提供格式条款一方免除其责任、加重对方责任、排除对方主要权利的，该条款无效。

第三百一十二条[②] 货物的毁损、灭失的赔偿额，当事人有约定的，按照其约定；没有约定或者约定不明确，依照本法第六十一条的规定仍不能确定的，按照交付或者应当交付时货物到达地的市场价格计算。法律、行政法规对赔偿额的计算方法和赔偿限额另有规定的，依照其规定。

《最高人民法院关于适用〈中华人民共和国合同法〉若干问题的解释（二）》[③]

第十条 提供格式条款的一方当事人违反合同法第三十九条第一款的规定，并具有合同法第四十条规定的情形之一的，人民法院应当认定该格式条款无效。

【案件索引】

一审：北京市朝阳区人民法院（2019）京0105民初50186号（2019年9月29日）

二审：北京市第三中级人民法院（2019）京03民终16633号（2019年12月10日）

【基本案情】

原告（上诉人）郭某诉称：2018年12月18日，郭某将自己家中10多

---

① 参见《民法典》第四百九十七条之规定："有下列情形之一的，该格式条款无效：（一）具有本法第一编第六章第三节和本法第五百零六条规定的无效情形；（二）提供格式条款一方不合理地免除或者减轻其责任、加重对方责任、限制对方主要权利；（三）提供格式条款一方排除对方主要权利。"

② 参见《民法典》第八百三十三条之规定："货物的毁损、灭失的赔偿额，当事人有约定的，按照其约定；没有约定或者约定不明确，依据本法第五百一十条的规定仍不能确定的，按照交付或者应当交付时货物到达地的市场价格计算。法律、行政法规对赔偿额的计算方法和赔偿限额另有规定的，依照其规定。"

③ 根据2020年12月29日公布的《最高人民法院关于废止部分司法解释及相关规范性文件的决定》，本司法解释已废止。

万元的家具由陕西西安委托德邦物流公司（以下简称德邦物流公司）运往北京市海淀区。2018 年 12 月 26 日，由于运输公司的野蛮装卸，导致郭某收到的家具中有 10 个破损严重，其中 3 个断腿，1 个酒柜散架，6 个损坏和磨损。故郭某请求原审法院判令：德邦货运公司、德邦物流公司赔偿损失 15 万元。

被告（被上诉人）德邦货运公司辩称：郭某与德邦货运公司在平等自愿的基础上签订运输合同，声明报价价值 5000 元。郭某未向德邦货运公司如实申报货物实际价值对货物破损存在过错，导致德邦货运公司无法正确判断货物的价值从而选择适当的运输方式，应当由郭某承担相应的损失。德邦货运公司赔偿的数额不应超过 5000 元。

被告（被上诉人）德邦物流公司辩称：德邦物流公司注册地址在上海市，从未在北京设立过分公司或分支机构，无任何经营场所。德邦物流公司没有接受过郭某承运货物的委托，双方不存在合同关系。德邦物流公司与德邦货运公司名称中虽都包含有“德邦”二字，但系不同法人主体，双方各自独立经营。

法院经审理查明：2018 年 12 月 18 日，郭某自西安市委托德邦货运公司运送 52 件家具至北京市，保价声明价值 5000 元，运费为 13714 元。该运单托运人签名处印制了“请仔细阅读保价声明价值及背面服务条款，签名视为您已理解并同意接受”，郭某在托运人处签名确认。该运单背面印制的德邦物流契约条款，以加粗字体载明：“本公司建议托运人按照货物实际价值声明保价，货物毁损、灭失按照下列规则赔偿：（1）托运人未保价，则在对应总费用的 5 倍以内赔偿托运货物的实际损失，最高不超过货物的实际损失。（2）托运人已保价，实际价值大于或等于声明价值时，货物全部毁损或灭失，按照保价声明价值予以赔偿；若货物部分毁损或内件短少，则按照声明价值和损失的比例赔偿。实际价值小于声明价值时，货物全部毁损、灭失，按照实际价值赔偿；货物部分毁损、灭失时，则按照实际损失赔偿。”

2018 年 12 月 26 日，涉案家具运至北京后发现运输途中发生损坏，郭某与德邦货运公司确认共计损坏 10 件家具，包括床头柜 1 处磨损、书桌 2 个损坏、角桌断腿 1 个、沙发背部受损 1 处、椅子靠背 1 处损坏、酒柜散架、沙发断腿、茶几断腿等。庭审中，郭某提交了受损家具的照片，以及其自该家具商家对损坏家具询价的报价单，报价单载明金额合计为 152740 元。郭某称系德邦货运公司工作人员要求其填写的保价声明价值 5000 元，并告知郭某最高保价 5000 元。郭某向法院起诉要求德邦货运公司赔偿其损失 15 万元。

【裁判结果】

北京市朝阳区人民法院于2019年9月29日作出（2019）京0105民初50186号民事判决：一、北京德邦货运代理有限公司于判决生效后10日内赔偿郭某损失4000元；二、驳回郭某的其他诉讼请求。宣判后，郭某不服原审判决，提起上诉。北京市第三中级人民法院于2019年12月10日作出（2019）京03民终16633号民事判决：一、撤销北京市朝阳区人民法院（2019）京0105民初50186号民事判决书；二、北京德邦货运代理有限公司于本判决生效后10日内赔偿郭某损失13000元；三、驳回郭某的其他诉讼请求。

【裁判理由】

法院生效裁判认为：货物运输合同中对保价货物的毁损、灭失按保价金额赔偿的相关内容应视为限制责任格式条款。本案中，郭某委托德邦货运公司运送家具，保价声明价值5000元，郭某与德邦货运公司约定运费为13714元，托运人保价的目的在于保证货物在运输过程中受损时能得到比未保价更高的补偿，以分担货物受损的风险，但郭某对货物保价的声明价值远低于货物的运输费用，一旦货物受损，按照保价条款获取的赔偿远低于在未保价情况下货物受损所获得的赔偿。郭某作为托运人，作此选择，明显不合常理。德邦货运公司作为提供格式条款的承运人应当遵循公平原则确定其与托运人之间的权利和义务，并采取合理的方式提请对方注意免除或者限制其责任的条款，按照对方的要求，对该条款予以说明。德邦货运公司虽在运单背面以加粗字体印制德邦物流契约条款中的赔偿条款，但在其未提供其他证据予以佐证的情况下，不能证明其尽到了提示说明义务。

格式条款的适用应当建立在对合同双方权利义务公平划分的基础之上，基于德邦货运公司未尽到提示说明义务，在保价条款中保价声明价值远低于未保价时货物受损可能获得的赔偿数额的情况下，该格式条款的设立排除了郭某获得较高赔偿数额的权利，应当认定无效。本案中，原审法院依照保价条款的约定酌定的货物损失赔偿数额仅为4000元，有失公正，二审法院予以纠正。二审法院结合货运情况、家具损坏情况、双方过错等，酌情确认德邦货运公司应赔偿郭某的损失。

【案例注解】

近年来，随着快递行业的飞速发展，快递纠纷时有发生。快递公司在运送货物的过程中难免会造成货物的损坏或丢失，托运人要求快递公司赔偿损失的案件屡见不鲜。快递公司为了规避自身风险，在托运单中往往约定限额赔偿条款以及保价条款。在托运人未对货物予以保价时，货物发生毁损灭失的，快递公司以运费的数倍或者在规定的最高限额内进行赔偿；在托运人对货物进行保价时，快递公司则依照超额保价、足额保价、未足额保价的不同情形设计不同的赔偿标准，但均以托运人的实际损失为限。

笔者通过调研近 5 年来涉及快递公司赔偿托运人的 167 件案件，托运人未保价时要求快递公司赔偿损失的案件有 103 件，其中 91 件案件认定限额赔偿条款有效，快递公司在限额内赔偿，12 件案件判令快递公司赔偿托运人的实际损失。托运人保价时发生的纠纷有 64 件，其中 37 件认定保价条款有效，快递公司依照保价条款予以赔偿，27 件案件以快递公司未尽到提示说明义务、排除托运人权利等为由否定保价条款的效力。司法实践中对赔偿条款的认定存在较大争议，赔偿条款是否系快递公司的格式条款？赔偿条款的效力如何？保价条款与限额赔偿条款之间存在何种关系？快递公司的提示说明义务应履行到何种程度？均是司法实践中亟需解决的问题，亦是本案中所涉及的问题。

一、快递赔偿条款的性质

目前，快递运单分为两种形式，一是纸质运单，二是电子运单。纸质运单和电子运单中均明确约定赔偿条款。赔偿条款分为限额赔偿条款与保价条款。快递运单中的赔偿条款是否系格式条款存在争议，一般认为赔偿条款属于格式条款。但亦有观点认为赔偿条款中保价条款的核心为保价金额，货物的保价金额系由托运人与快递公司双方协商确定，托运人具有保价金额的声明权利，直接影响保价费用、赔偿规则以及快递公司是否承保等，故不宜将保价条款认定为格式条款。[①] 赔偿条款的性质认定将直接影响到后续问题的法律适用。

（一）商事主体下快递赔偿条款的性质

依照《合同法》第三十九条第二款的规定：“格式条款是当事人为了重复使用而预先拟定，并在订立合同时未与对方协商的条款。”故格式条款与非格

① 参见郑佳宁：《快递保价服务的规范结构与实现路径》，载《法学杂志》2019 年第 12 期。

式条款的区分关键在于双方能否对条款本身进行充分协商以及能否对条款本身进行修改。重复使用以及预先设定是格式条款的表现特征。格式条款一般出现于地位不平等的双方当事人之间，系一方利用其优势地位而订立的不可协商和修改的条款。因此，判断赔偿条款是否系格式条款需从以下三个方面进行分析：一是快递公司对托运人而言是否处于优势地位；二是双方能否就赔偿条款进行协商和修改；三是赔偿条款是否系重复使用并预先设定的条款。

就双方地位而言，随着网购服务的不断兴起，快递公司的业务日益庞大，托运人与快递公司之间的地位应当根据双方主体身份的不同而作出区分。换言之，商主体之间的商事合同、商主体和消费者之间的合同应区别对待。[①] 与快递公司达成长期合作的商事组织与快递公司之间不存在明显的地位失衡，具有较强的议价能力，双方能够对快递合同的服务内容以及相关赔偿条款进行协商和调整，双方处于较为平等的法律关系之下。故而赔偿条款对于商事主体而言不视为格式条款，即使视为格式条款亦应当推定其对格式条款的内容明确知晓。

（二）民事主体下快递赔偿条款的性质

普通消费者与快递公司之间并非属于长期关系，而是一次一结的短期合同关系，快递公司掌握着信息与定价的主动权，普通消费者只能选择接受，地位相对劣势。就赔偿条款的协商与修改而言，普通消费者难以就快递运单的内容与快递公司之间进行协商。保价声明金额虽对保价条款的适用产生影响，但声明金额的确定仅系保价条款的一部分，其赔偿规则应为保价条款的关键所在。若无法对赔偿规则予以协商和修正，保价声明金额仅是对保价条款的适用前提，而非保价条款的核心，并不能影响保价条款的格式性特点。

就赔偿条款的设定而言，赔偿条款系快递公司重复使用并预先设定的条款，不论是纸质运单还是电子运单，赔偿条款均直接预先植入到运单的具体条款之中，对消费者统一使用。因此，赔偿条款对单一消费者而言系快递公司利用其优势地位预先在运单中植入并重复使用、不可协商修改的格式条款，应当适用格式条款的相关规定。法院应对赔偿条款本身的公平性、合法性、合理性以及对快递公司是否尽到提示说明义务予以详细审查，以便明确赔偿条款的效力。

二、快递公司的提示说明义务

快递公司应当以合理的方式提请托运人注意赔偿条款并予以详细说明。法律对于合理方式以及提示说明的程度均未进行规定，故而在司法实践中对提示

---

① 参见马一德：《免除或限制责任格式条款的效力认定》，载《法学》2014 年第 11 期。

说明义务的把握标准也存在着显著差异。有判决认为快递公司对相关条款予以加粗处理，即视为尽到提示说明义务。[①] 亦有判决认为快递公司除对相关条款予以加粗处理外，应对托运人作口头告知，否则不视为双方的真实意思表示。[②] 还有判决认为采用足以引起托运人注意的文字、符号、字体等特别标识仅尽到提示义务，而未尽到说明义务，因口头告知不易举证，应以在格式条款签名处签名为认定要件，托运人在格式条款处签名的，可视为快递公司尽到提示说明义务。[③] 司法认定的不统一造成快递公司对提示说明义务难以做到准确把握，加上电子运单的逐渐盛行，提示说明义务的尺度究竟应如何把握存在疑问。

（一）提示义务与说明义务的区分

《最高人民法院关于适用〈中华人民共和国合同法〉若干问题的解释（二）》（以下简称《合同法司法解释二》）第六条[④]已将提示义务与说明义务分开设定，但对于说明的方式以及说明的内容未予规定。从近年来的司法实践可知，法院逐渐将《保险法》中提示说明义务的标准类比适用于快递公司对于格式条款的提示说明义务之中。依照《最高人民法院关于适用〈中华人民共和国合同法〉若干问题的解释（二）》（以下简称《保险法司法解释二》）第十一条[⑤]的规定，提示义务的履行在于以足以引起投保人注意的文字、字体、符号或者其他明显标志作出提示，说明义务的履行则以对格式条款的概念、内容及其法律后果以书面或者口头形式作出常人能够理解的解释说明为标准。

实践中快递公司均能够履行提示义务，但对说明义务的履行情况不容乐观。不论是纸质运单还是电子运单，限额赔偿条款以及保价条款均能以加粗加黑或者以特殊字体、特别颜色予以显著标识，应当视为快递公司履行了《合

① 参见广东省广州市越秀区人民法院（2016）粤0104民初4565号民事判决书。

② 参见四川省绵阳市中级人民法院（2016）川07民终511号民事判决书。

③ 参见北京市高级人民法院（2016）京民再28号民事判决书。

④ 《最高人民法院关于适用〈中华人民共和国合同法〉若干问题的解释（二）》第六条规定："提供格式条款的一方对格式条款中免除或者限制其责任的内容，在合同订立时采用足以引起对方注意的文字、符号、字体等特别标识，并按照对方的要求对该格式条款予以说明的，人民法院应当认定符合合同法第三十九条所称'采取合理的方式'。提供格式条款一方对已尽合理提示及说明义务承担举证责任。"本司法解释现已经废止。

⑤ 《最高人民法院关于适用〈中华人民共和国保险法〉若干问题的解释（二）》第十一条规定："保险合同订立时，保险人在投保单或者保险单等其他保险凭证上，对保险合同中免除保险人责任的条款，以足以引起投保人注意的文字、字体、符号或者其他明显标志作出提示的，人民法院应当认定其履行了保险法第十七条第二款规定的提示义务。保险人对保险合同中有关免除保险人责任条款的概念、内容及其法律后果以书面或者口头形式向投保人作出常人能够理解的解释说明的，人民法院应当认定保险人履行了保险法第十七条第二款规定的明确说明义务。"

同法司法解释二》第六条中规定的提示义务。但快递公司很少对赔偿条款的内容予以口头或书面说明，在如今的电子运单时代更是如此。消费者很少关注赔偿条款的具体内容，保价时大多配合快递员填写托运货物的声明价值即宣告结束，对其具体规则事项基本一无所知。正如本案中郭某在托运人处签名，按照运单中规定视为郭某已理解并同意接受保价声明价值及背面服务条款，但郭某对赔偿条款的具体内容并不知晓，郭某对货物保价的声明价值远低于货物的运输费用，一旦货物受损，按照保价条款获取的赔偿远低于在未保价情况下货物受损所获得的限额赔偿。郭某作为托运人，作此选择，明显不合常理。由此可从侧面证明快递公司并未尽到对赔偿条款的说明义务。

（二）形式审查与实质审查

在是否尽到提示说明义务的判断上，有学者主张应当考虑五个方面的因素：文件外形、提示说明方法、条款内容清晰程度、提示说明时间、提示说明程度。[①] 笔者认为文件外形、提示说明方法、条款内容清晰程度、提示说明时间等均可从形式上进行判断。目前司法实践中更偏向于对提示义务的形式审查，但不能切实保证消费者完全知晓赔偿条款的具体内容。故而法院应当在具体的案件中对快递公司是否尽到说明义务进行实质审查，以保护消费者的合法权益。对说明义务的实质审查应着重于对说明方式与说明程度的审查。

司法实践中，快递公司是否尽到说明义务，快递公司与托运人往往各执一词。在双方均无证据予以证明的情况下，快递公司作为说明义务的履行者，应当承担结果意义上的举证责任。快递公司的说明义务需要以更加直观的形式予以体现，可通过录音等形式证明对保价条款予以口头说明。在如今的电子运单时代，快递公司完全有能力在消费者下单时使消费者知晓未保价以及保价时最高获偿数额，与运费一同显示，以证明快递公司尽到说明义务。

说明程度的审查系实质审查的核心内容，快递公司对说明义务的证明程度应达到使消费者明确知晓未保价与保价时分别获偿的最高限额的程度。若说明程度无法达到这一点，则不能证明快递公司尽到提示说明义务。具体到本案中，托运人保价的目的在于保证货物在运输过程中受损时能得到比未保价更高的补偿，以分担货物受损的风险。德邦货运公司作为提供格式条款的承运人应当遵循公平原则确定其与托运人之间的权利和义务，并采取合理的方式提示对方注意免除或者限制其责任的条款，按照对方的要求，对该条款予以说明。德邦货

① 参见苏号朋：《论格式条款订入消费者合同的法律规制》，载《中国工商管理研究》2013年第3期。

运公司虽在运单背面以加粗字体印制德邦物流契约条款中的赔偿条款，但其未能提供其他证据证明其对条款内容予以说明，不能证明其尽到了提示说明义务。

三、快递赔偿条款的效力认定

限额赔偿条款系消费者在未保价时，快递公司因货物受损而承担责任的格式条款。保价条款的效力与限额赔偿条款的效力相关联，具体而言，保价条款以限额赔偿条款有效为前提。若未保价时的限额赔偿条款无效，则消费者在未保价时可依照实际损失获赔，此时与保价条款以实际损失为限获赔几乎无异，消费者保价的意义荡然无存，保价条款应一并无效。故探讨保价条款的效力问题，应当首先明确限额赔偿条款的效力。

（一）快递赔偿条款的效力分歧

赔偿条款的效力认定主要有肯定说和否定说两种观点。持肯定说者认为限额赔偿条款系当事人的真实意思表示，且未违反法律法规的强制性规定，在快递公司对该条款尽到提示说明义务，且快递公司不存在故意或者重大过失的情况下，应当认定限额赔偿条款有效。[①] 同时，保价条款有其必要性，快递服务系通过不同环节的相互配合，共同完成货物长距离转移的复杂活动，快递企业承载着相对较高的风险，限额赔偿规则有助于快递公司减少风险的承担，但易造成当事人之间利益的失衡，允许托运人支付额外保价费用，使快递公司承担更多的责任，有助于平衡托运人与快递公司之间的利益。[②]

持否定说者认为快递合同中的限额赔偿条款属于格式条款，排除了快递用户的主要权利，免除或减轻了快递公司的责任，应属无效的格式条款。[③] 快递公司作为货物的实际控制者，有义务妥善维护货物的运输安全，快递公司实行的保价政策纵容了快递公司的散漫，不仅没有尽到高于普通货物的安全注意义务，而且怠于对保价货物进行特别保护，将保价货物与未保价货物同等对待，亦会产生一定的道德风险，保价条款违反了公平原则，应为无效条款。[④]

（二）快递赔偿条款的效力判断

保价条款与限额赔偿条款均属于快递公司为减轻自身责任的手段和方式。面对当前如此复杂的运输搬运流程，快递行业需承担较高的运输风险，而大部

---

① 参见赵秀梅、陈吉洋：《未保价快递限制性损害赔偿问题研究》，载《法律适用》2017 年第 23 期。

② 参见郑佳宁：《快递保价服务的规范结构与实现路径》，载《法学杂志》2019 年第 12 期。

③ 参见杨立新：《确定快递服务丢失货物赔偿责任的三个问题》，载《中国审判》2010 年第 12 期。

④ 参见高翼飞：《快递公司对丢失的未保价贵重货物的赔偿责任》，载《人民司法》2013 年第 4 期。

分托运人所支付的运费相对来说较为低廉，此时让快递公司完全承担货物的损失赔偿责任也并不公允。托运人运输较为昂贵的物品时，可申请保价，以弥补限额赔偿条款的不足，限额赔偿条款以及保价条款在一定价格范围内具有其合理性。限额赔偿条款及保价条款符合公平原则且快递公司以合理的方式尽到提示说明义务的，赔偿条款应为有效。

但应当明确限额赔偿条款有效时，保价条款未必有效。尤其在未足额保价的情况下，对于保价条款的审查应当以公平性原则为基础，严格把握快递公司的提示说明义务。保价有超额保价、足额保价以及未足额保价之分，运费也有高低之别。由于保价条款的设立是为修正限额赔偿条款对托运人保护之不足，故而保价条款的最低赔偿标准应高于限额赔偿条款的最高赔偿标准，此为保价条款设立的必然选择。否则保价条款将违反公平原则，对托运人的利益保护显著失衡。实践中快递运输大多系小件物品的运输，运费价格远低于货物本身价值，限额赔偿条款与保价条款具有相应价值。但大件物品的运输过程中，运费价格较高，有可能造成限额赔偿条款下托运人所获赔偿高于保价情形下托运人的声明价值，造成保价的意义丧失，侵害了消费者的合法权益。如本案中德邦货运公司接受郭某委托运输家具，郭某的保价系未足额保价，若按照德邦货运公司的限额赔偿条款以及保价条款分别计算，郭某未保价所获得的赔偿上限远高于其保价时的赔偿，显失公平。

快递公司在未能尽到提示说明义务或者提供的赔偿条款违反公平原则时，要满足《合同法》第四十条规定的格式条款免除其责任、加重对方责任、排除对方主要权利的情形之一，才能认定格式条款无效。本案中，德邦货运公司未尽到提示说明义务，在保价条款中保价声明价值远低于未保价时货物受损可能获得的赔偿数额的情况下，保价条款的设立排除了郭某获得较高赔偿数额的权利，应当认定无效。

（**一审法院独任审判员** 赵　鑫

二审法院合议庭成员 黄海涛　万丽丽　杨　夏

编写人 北京市第三中级人民法院　李延昭

责任编辑 杨　奕

审稿人 范明志）

汇德投资有限公司诉御嘉置地有限公司商品房销售合同纠纷案

——在民间借贷债务履行期限届满后签订合同约定以房抵债属于债务履行方式的变更

关键词：民事　让与担保　以物抵债　物权法定　流质契约

【裁判要旨】

当事人双方签订借款合同时，签订房屋买卖合同，以担保债务的履行，应认定当事人之间系债权债务关系。但当事人在民间借贷债务履行期限届满后签订合同约定以房抵债，性质上属于债务履行方式的变更，贷款人要求继续履行合同办理房屋过户登记手续的，应予支持。

【相关法条】

《中华人民共和国物权法》

第一百八十六条[①]　抵押权人在债务履行期满前，不得与抵押人约定债务人不履行到期债务时抵押财产归债权人所有。

① 参见《民法典》第四百零一条之规定：“抵押权人在债务履行期限届满前，与抵押人约定债务人不履行到期债务时抵押财产归债权人所有的，只能依法就抵押财产优先受偿。”

《最高人民法院关于审理民间借贷案件适用法律若干问题的规定》

第二十四条① 当事人以签订买卖合同作为民间借贷合同的担保，借款到期后借款人不能还款，出借人请求履行买卖合同的，人民法院应当按照民间借贷法律关系审理，并向当事人释明变更诉讼请求。当事人拒绝变更的，人民法院裁定驳回起诉。

按照民间借贷法律关系审理作出的判决后，借款人不履行生效判决确定的金钱债务，出借人可以申请拍卖买卖合同的标的物，以偿还债务。就拍卖所得的价款与应偿还借款本息之间的差额，借款人或出借人有权主张返还或补偿。

【案件索引】

一审：北京市东城区人民法院（2019）京0101民初13408号（2019年9月10日）

二审：北京市第二中级人民法院（2019）京01民终13120号（2019年10月30日）

【基本案情】

原告汇德投资有限公司诉称：（1）请求被告将位于北京市东城区东直门内大街9号院的房产过户并交付原告；（2）事实与理由：2011年1月26日，原告与被告签订了《北京市商品房现房买卖合同》，约定被告向原告出售位于北京市东城区东直门内大街9号院的房产，总价款1000万元。合同签订后，原告已经依约支付购房款1000万元，并于2011年1月26日办理了涉案房产的网签手续，但被告拒不向原告交付并过户涉案房屋。为维护原告合法权益，故提起诉讼。

被告御嘉置地有限公司辩称：原、被告之间是借款关系，双方所签商品房买卖合同系借款的担保，并非真实的房屋买卖合同关系。现房屋被北京市朝阳

① 参见2020年12月23日修正的《最高人民法院关于审理民间借贷案件适用法律若干问题的规定》第二十三条之规定："当事人以订立买卖合同作为民间借贷合同的担保，借款到期后借款人不能还款，出借人请求履行买卖合同的，人民法院应当按照民间借贷法律关系审理。当事人根据法庭审理情况变更诉讼请求的，人民法院应当准许。按照民间借贷法律关系审理作出的判决生效后，借款人不履行生效判决确定的金钱债务，出借人可以申请拍卖买卖合同标的物，以偿还债务。就拍卖所得的价款与应偿还借款本息之间的差额，借款人或者出借人有权主张返还或者补偿。"

区人民法院查封，客观上也无法为原告办理过户手续。

法院经审理查明：2011 年 1 月，投资公司、置地公司签订《协议书》约定，投资公司向置地公司提供借款 1000 万元，借款期自 2011 年 1 月起 3 个月。置地公司同意就其开发的 605 号商品房双方签订《商品房预售合同》（该合同为办理此笔借款担保专用）作为偿还借款的保证。如被告按时还款，则原、被告签订的《商品房预售合同》自行终止，并协助被告办理相关解除网签、退房等手续。如置地公司不能按时还款，则投资公司有权实际拥有该商品房。借款期间利率按 5% 季息计算，还约定了违约金。之后，双方签订了 605 号商品房的买卖合同，约定置地公司以 1000 万元的价款将 605 号房屋出售给投资公司。双方办理了网签登记。次日，投资公司向置地公司汇款 1000 万元。

2011 年 4 月，双方签订《补充协议一》，投资公司同意原协议延期 3 个月至 2011 年 7 月止。延期三个月的利息 50 万元与本金 1000 万元一并付清。

2018 年 11 月，双方签订《协议书》约定：（1）置地公司承诺于 2019 年 1 月底之前支付投资公司 1000 万元，于 2019 年 4 月底前支付投资公司 1150 万元；（2）如置地公司按照上述承诺如期支付投资公司 2150 万元，则双方的债务结清，投资公司不再要求置地公司支付其他任何款项。投资公司在收到全部款项之日起 5 日内，协助置地公司办理 605 号房屋的解约手续；（3）如置地公司不能按照上述约定支付投资公司款项，则确认置地公司以 605 号房屋抵偿置地公司对投资公司的债务。双方签订的《商品房预售合同》不再具有担保性质，双方建立商品房买卖法律关系。置地公司应当在 2019 年 5 月前将商品房交付给投资公司，并协助投资公司将商品房产权证办理至投资公司名下等。之后，置地公司仍未能偿还借款，投资公司起诉要求置地公司过户并交付 605 号房屋。

另朝阳法院执行庭曾查封涉案房屋，但又解除了查封。涉案 605 号房屋于 2017 年 12 月份的评估价为 2900 万元。

庭审中，置地公司称，双方之间是借款关系，商品房买卖合同是借款的担保，不是真实的购房合同。对此，置地公司称，商品房买卖合同不是借款的担保，只是附生效条件的合同，借款合同双方当事人经协商一致终止借款合同关系，建立商品房买卖合同，将借款及利息转化为已付购房款，并经对账清算的，不属于《物权法》规定的禁止情形，也不属于《最高人民法院关于审理民间借贷案件适用法律若干问题的规定》第二十四条作为民间借贷合同的担保，双方签订《协议书》即是双方对账清算，现双方之间借款关系已经转化为或成立了商品房买卖合同关系。

同时，置地公司称，2018年11月18日签订《协议书》时，确认的债务本金和利息为2150万元，但605号房屋市场价为2900万元，远超过债务2150万元；如果双方成立商品房买卖合同关系，投资公司应当返还置地公司已经支付的利息650万元。对此，投资公司称，2018年11月签订《协议书》时，置地公司所欠的本金和利息已达2500万元，投资公司给置地公司减免为2150万元，即便如此，也与房屋市场价相当，不存在过低的情况；置地公司出示的评估价2900万元是2017年12月份评估，而房屋价格处于下降趋势，该价格与2018年11月份的市场价不具有参考价值；双方所签的《协议书》具有和解的性质，置地公司明确表示将房屋转让给德汇投资公司。

【裁判结果】

北京市东城区人民法院于2019年9月10日作出（2019）京0101民初13408号民事判决：支持汇德投资公司的全部诉讼请求。宣判后，御嘉置地公司向北京市第二中级人民法院提出上诉。北京市第二中级人民法院于2019年10月30日作出（2019）京01民终13120号民事判决：驳回上诉，维持原判。

【裁判理由】

法院生效裁判认为：当事人在民间借贷债务履行期限届满前签订合同约定，借款人逾期不偿还借款即愿意以自己所有（或经第三人同意以第三人所有）的房屋抵偿归贷款人所有，该合同实为基础借贷债权的担保，应当根据当事人的真实意思表示认定双方之间系民间借贷法律关系。但当事人在民间借贷债务履行期限届满后签订合同约定以房抵债，性质上属于债务履行方式的变更，贷款人要求继续履行合同办理房屋过户登记手续的，应予支持。本案中投资公司与置地公司在民间借贷债务履行期限届满前签订的商品房买卖合同，该合同实为基础借贷债权的担保，但双方在民间借贷债务履行期限届满后于2018年11月18日签订的《协议书》，是在对债务进行了清算的基础上，约定不能偿还以房抵债，性质上属于债务履行方式的变更，该约定并未违反法律、行政法规的强制性规定，当事人应遵照履行。现置地公司仍未清偿债务，投资公司按照约定要求置地公司继续履行合同办理涉案房屋过户登记手续并交付涉案房屋的诉讼请求，理由充分，法院予以支持。

【案例注解】

一、名为买卖实为担保合同的概念和特点

所谓名为买卖实为担保合同就是当事人双方在签订借款合同时一并订立买卖合同，并约定在债务人到期不履行债务时，履行买卖合同来实现债权的一种合同。此种合同披着买卖合同的外衣，真实目的是担保。学界对此类合同有多种叫法，比如“买卖型担保”“名为买卖实为借贷担保”等。此类合同中，由于房屋价值大、保值性强的特点，当事人签订房屋买卖合同的比较典型，约定到期债务人不还款交付房屋，以借款合同价款抵作房屋价款，如果到期债务人偿还借款则不履行房屋买卖合同。此类合同虽然本质上与普通买卖合同具有一定的类似性，但是和普通买卖合同完全不同。此类合同的创设实质在担保借款合同，维护债权人利益，保障交易安全。

名为买卖实为担保合同是实践中出现的新的一种担保形式。其产生于社会对交易便捷的需要而传统担保方式又不能实现的情况。此类担保是符合社会发展需要，具有社会基础，因此我们对此种合同应加以重视，予以接纳，进行规制。

名为买卖实为担保合同的特点。首先，同时存在买卖合同和借款合同；其次，当事人之间存在担保的真实意思；再次，多数情况下当事人进行了备案登记或预告登记；最后，如期履行债务时，可解除买卖合同。

本案例中，原、被告于2011年1月份签订《协议书》约定，原告向被告提供借款1000万元，借款期自2011年1月起3个月，被告同意就其开发的605号商品房双方签订《商品房预售合同》（该合同为办理此笔借款担保专用）作为偿还借款的保证，如被告按时还款，则原、被告签订的《商品房预售合同》自行终止，并协助被告办理相关解除网签、退房等手续。上述内容完全符合名为买卖合同实为担保合同的特点。

二、名为买卖实为担保合同性质的理论困境

目前司法实践和学术界对名为买卖实为担保合同的认定无统一意见，主要有以下几种观点：

1. 后让与担保说。以杨立新为代表的主要采取后让与担保说，认为买卖

型担保是一种正在形成的习惯法上的非典型担保物权。[1] 以民间借贷之实，房屋买卖合同为名予以说明，这份房屋买卖合同产生的担保作用不是债权，而是作为安全的标的物，是房屋所有权转移对民间借贷合同债权产生担保性能。据此，房屋买卖合同如果能对民间借贷合同起到担保作用，其不属于债权担保而是典型的不动产所有权的担保，从这个角度看，其与让与担保极其相似，仅仅是所有权产生转移的先后顺序存在差异，债权人可以就该买卖关系所指向的标的物优先受偿，进而归纳出非典型担保合同的性质为后让与担保。

2. 抵押说。以谢在全为代表的主要采取抵押说，认为当事人之间名义上就买卖的标的物完成交易合同的定制，从根本角度分析，买卖当事人应当以买卖合同标的物为核心，为借款合同的履行设定抵押权，但该抵押权并未登记，参见《物权法》第一百八十条、第一百八十七条、第一百八十八条之具体规定，抵押权尚未成立，只有在债权人请求办理抵押登记后，才能实现抵押权人的抵押权。[2] 采取该学说的立场，应当实行登记对抗主义，如果就买卖合同所指向的标的物未办理登记，此时抵押权仅仅是未依法登记的抵押权，抵押权仍然成立，只是不能对抗善意第三人，不具有对抗效力。如果未办理抵押登记，仅买卖合同办理预售登记或网签登记，是否具有抵押权的有限受偿效力？

3. 合同说。以陆青、陈伟强、张伟为代表的主要采用买卖合同说，仍以“名为买卖、实为借贷”示例说明，买卖合同系当事人真实意思表示，并不违反《合同法》第五十二条之强制性规定，以保护交易安全交易秩序和交易外观主义来看，该合同应该被确认为有效合同。当事人通过形成买卖合同法律关系担保主债务履行实现，这种民事法律行为的功能就是利用买卖合同的基本属性，进一步探究当事人订立买卖合同目的，不难得出当事人肯定是积极追求合同合法有效，而非合同不生效抑或是无效，当事人期待买卖合同有效性，据此当事人之间的意思表示均为真实，并不属于《民法总则》第一百四十六条规定，应认定为买卖合同有效。[3]

4. 以物抵债说。当事人是在民间借贷的给付义务未能足额清偿之前，以买卖合同的形式对债务的清偿进行的后续安排，具体言之，以买卖合同作为表象，债务

---

① 杨立新：《后让与担保——一个正在形成的习惯法担保物权》，载《中国法学》2013 年第 3 期。

② 谢在全：《民法物权论（中册）》，中国政法大学出版社 2011 版，第 784 页。

③ 陆青：《以房抵债协议的法理分析——〈最高人民法院公报〉载“朱俊芳案”评析》，载《法学研究》2015 年第 5 期；陈永强：《以买卖合同担保借贷的解释路径与法效果》，载《中国法学》2018 年第 1 期；张伟：《买卖合同担保民间借贷合同的解释论——法释〔2015〕18 号第 24 条为中心》，载《法学评论》2016 年第 2 期。

人不会按照买卖合同约定履行金钱给付义务。这里所谓金钱给付义务实际上是民间借贷合同中确定的借款本金及利息，债务人主观上并没有将标的物出让与债权人的意思，双方意思表示都是用标的物抵顶金钱债务，换言之，以物抵债。买卖合同并非作为借贷合同的担保，而是预先约定以物抵债，买卖合同本质是指清偿前期的代物清偿预约，作为外在的买卖合同是通谋虚伪的意思表示，应被认定无效。

笔者认为名为买卖、实为担保合同，其是经济交往模式的产物，在探究当事人的意思表示到底为何时，首先应当充分尊重当事人的意思自治，不能仅凭裁判者的主管臆断给予肯定或否定的评价。其次，具体到个案中，当事人之间达成的名为买卖实为担保合同的真实意思是否有效，还应遵循流担保禁止规则和以物抵债规则的严格限制。就流担保禁止规则而言，一方面不能简单地根据我国《物权法》相关法条得出适用抵押和质押的结论，另一方面不能机械地否定一切流担保条款的效力，而并不是采取一刀切的原则，笔者提出大胆的折中主义说，即在个案中视具体情况，在不违反《合同法》第五十二条之强制性规定的前提下，应当充分解读当事人的真实意思表示，若此类合同并不存在过分排除债务人权利的情况，不应全部否定其效力。依照这样的判定思路，应当兼顾借贷、买卖和担保三方面的因素，具体模式以尊重双方缔约者的真实意思为基础，通过清偿性规范和担保性规范来定位此类担保合同的性质，当然这个层面上来讲，其本质上仍属于契约性合同。

三、名为买卖实为担保合同裁判规则的考量因素

（一）物权法定原则的考量

物权法定原则是我国民法所树立的基本原则之一，指物权的种类和内容应当由立法明确规定，不允许法律之外的其他规范性文件规定，也不得由民事权利主体通过合同的方式自由创设或变更物权。[①] 非典型担保是在商业基础上发展起来的担保形式，所以"非法定性"和"习惯性特质"是其首要法律特征，也是与抵押权、质押权等典型担保的最大区别。《物权法》特别强调物权法定，这样非典型担保物权就不能认定为物权，就不能适用物权的一般规定，其物权的效力就难以发挥。由于物权法定原则的羁绊，司法实践中，在审理非典型担保纠纷时，不能将一般担保物权的相关规定适用于非典型担保。

（二）禁止流质条款的考量

流质契约是双方当事人在担保合同中预先约定，期满债务人未履行债务

---

① 梁慧星：《中国民法典草案建议稿附理由（物权编）》，法律出版社2004年版。

时，由担保权人取得担保物所有权的条款，是存在抵押合同或质押合同中的一个特别条款。[①] 目前基于保护债务人利益、维护交易公平等传统民法理念，大陆法系国家的民事立法普遍采用禁止流质契约的态度。我国《物权法》第一百八十六条与第二百一十一条也作出此类流质条款无效的规定。但《民法典》第四百零一条和第四百二十八条规定，抵押权人或质权人在债务履行期限届满前，与抵押人或出质人约定债务人不履行到期债务时，抵押财产或质押财产归债权人所有的，只能依法就抵押财产或质押财产优先受偿，这两条仍然对流质持否定态度，只不过肯定了就流质对标的物的优先受偿权。非典型担保的法律构造，即将标的物的所有权或其他权利移转给（或保留在）担保权人来担保债权的实现，是一种权利移转型担保，这与流质契约的本质可谓殊途同归。

（三）公示公信原则的考量

传统民法理论认为，物权是一种支配权，具有对世效力，其变动往往涉及第三人利益。因而为了明确物权所有及保障交易安全，法律需对物权变动采取强制性规定，即物权公示原则。因此，物权公示与物权法定、一物一权等原则共同构成了近代物权法的基本原则，在整个物权法体系中居于基础地位。物权公示原则，“系指物权变动之际，必须以一定之公示方法，表现其变动，始能发生一定法律效果之原则”，即物权的设立、变动和消灭必须依法定方式向外界公开，使第三人能够知悉物权变动的情况，才能产生物权变动的法律效果。

非典型担保强调的是担保标的物上权利的移转（观念上的移转），而非标的物自身的移转（物理上的移转），所以是一种“非占有型”担保形式。例如让与担保、所有权保留、假登记担保等，担保权人通常不占有标的物。依据物权公示规则，不动产物权变动通过登记才生效。动产物权变动通过交付才生效，而非典型担保形式大多仅依约定即可产生物权变动的效果，这显然是对物权公示原则的公然挑战。

四、在民间借贷债务履行期满后签订合同约定以房抵债属于债务履行方式的变更

当事人在债务履行期限届满后签订的以物抵债协议，此时原债务并未消灭，也并未产生新债务，只是原债务的履行方式发生了变化，由原履行方式给付金钱变更为给付实物，所以性质上应为债务履行方式的变更，此时债权人有权选择继续主张金钱给付或主张实物给付。不同于债的更改，债的更改是原债

---

① 张燕：《流质条款效力研究》，西南政法大学2009年硕士学位论文。

务消灭，债权人只能主张新债务。

本案中，原、被告2011年1月份签订《协议书》约定，如置地公司不能按时还款，则投资公司有权实际拥有该商品房。该约定属于债务履行期限前达成的以房抵债协议，性质上属于流质条款。

被告到期未履行还款债务，原、被告双方于2018年11月签订《协议书》约定，被告于2019年4月底前支付原告拖欠的本金及利息2150万元，则双方的债务结清。如置地公司不能按照上述约定支付投资公司款项，则确认置地公司以605号房屋抵偿债务。该约定在被告未履行到期债务时，双方在未履行债务清算的基础上，达成的以房抵债协议，性质上属于债务履行方式的变更。

五、启示：名为买卖实为担保合同的裁判规则建议

如上所述，当前我国“名为买卖，实为担保”的非典型担保在实践中频繁发生，由于相关理论的不统一，相关法律规定也空白，导致司法实践裁判不统一的现象严重。笔者认为，在面对这样的疑难问题，可对法律进行解释或者选择适用，在充分照顾到法律体系内在逻辑自洽的同时，兼顾客观社会实践的迫切需要。对此，笔者从典型担保规则架构背后考量的逻辑出发，参照《全国法院民商事审判工作会议纪要》（以下简称《九民会议纪要》）关于相关问题的规定，及《民法典》关于担保规定修改的规定，尝试构建名为买卖实为担保合同纠纷的裁判规则。

（一）尊重意思自治原则，认可此类合同的合同效力

为了解决物权法定原则对非典型担保的不适性，有学者提出“物权法定原则之缓和”的理论，如承认习惯法作为创设物权的根据，赋予习惯法担保物权应有的法律地位，可借鉴2009年我国台湾地区对“民法”的修正，“民法”第七百五十七条修正为“物权除依据法律或习惯外，不得创设”，又如赋予司法解释创设物权的效力等。笔者认为上述努力都是在理论上为非典型担保合法化寻找突破路径。考虑当时《物权法》确定物权法定原则时，是在担保领域对意思自治的严格限制，笔者认为物权法定原则的缓和还可以从担保领域尊重意思自治寻找突破口。因为非典型担保都是双方当事人之间以合同形式的意思表示，从尊重意思自治原则上考虑，完全可以认可双方当事人非典型担保的意思表示外在形式即合同的效力，让非典型担保在合同的框架下解决，除非该非典型担保合同违反了法律的强制性规定外。这样既不打破现有物权法定的制度框架，又能满足现实的需要。最新出台的《九民会议纪要》中关于让与担保的规定和《民法典》都为未来创设新类型非典型担保进行了概括，承认

了非典型担保合同的效力，体现了笔者所提出的观点。

（二）体现民法公平原则，解禁流质条款，赋予担保权人清算的义务

我国立法对流质契约采用了禁止的态度。正如“法律社会学之父”欧根·埃利希（Eugene Ehrlich）所言：“法发展的重心不在立法、不在法学，也不在司法判决，而在社会本身。”法律不是一成不变的。随着时代的变迁、社会的发展，经济活动日趋复杂与多样化，有关流质契约的传统理念早已不能适应时代的发展、满足社会的需求。尤其近年来，一些传统大陆法系国家和地区（法国、意大利、我国台湾地区等）陆续对其民法中的流质契约条款予以修正，承认在一定条件下流质契约的法律效力。在我国，虽然已有很多学者主张解禁流质契约，重构担保物权之规则体系，但立法部门并未采纳，仍持禁止态度，2007 年《物权法》的颁布体现这一点。笔者认为在现有的法律框架内，考虑到禁止流质契约的出发点是维护社会的公平正义，保护处于不利地位的债务人。基于此，可以设定在保护债务人的条件下，解禁流质条款。比如赋予担保权人债务到期未清偿的清算义务，履行清算义务是指比较现存债务与担保物之间的价格差距，双方达成清算一致意见可流质或以物抵债或补差价流质。这样既考虑到对流质契约的禁止，也考虑到当事人之间的意思自治，解决了法律与现实的困境。《九民会议纪要》第四十五条、第四十六条中关于以物抵债的规定，体现了对符合流质条款以物抵债的禁止，也体现了对在履行清算义务的情况下以物抵债协议效力的认可。

（三）符合公示公信原则，具备一定公示条件下，可赋予担保权人优先权

此处优先权可以表现为对申请担保物的价款优先受偿，也可以表现为有权选择以物抵债补偿差价。

在传统《担保法》理论领域的公示公信原则，一方面为了确认物权变动的法律效果，另一方面为了维护交易安全、保障第三人的权利。大多数国家和地区都在其民法（典）中规定公示原则为动产物权和不动产物权变动的基本原则，并且以交付（占有）为动产物权变动的公示方式，登记为不动产物权变动的公示方式。在我国《物权法》中，登记是担保物权的主要公示方法，抵押权（动产、不动产）、权利质权（没有权利凭证的汇票、本票、支票等）都以登记为公示方法。现行法律框架下，由于非典型担保并不具备物权的属性。但如果非典型担保进行了符合大家公认的公式方式，笔者认为此时非典型担保可产生对抗第三人的效力，可赋予债权人优先权。比如“名为买卖，实为担保”的房屋买卖合同如果进行预售登记或网签登记，债务人在未经债权人同意的情况下，不能将房屋出售给其他第三人。笔者认为，此预售登记或网

签登记具有担保公示的效果，完全可以赋予债权人优先权。债权人可对该标的物的价款优先受偿，或在要求清算的基础上补差价以物抵债，从而体现出非典型担保的担保作用。《民法典》第四百零一条和第四百二十八条也规定了存在流质条款的情况下，抵押人或质押人依法有权就抵押物优光受偿，此处体现了笔者提出的观点。

（**一审法院独任审判员** 范欠歌
二审法院合议庭成员 王金龙 霍翠玲 杨志东
编写人 北京市东城区人民法院 范欠歌 陈 贝 陈利梅
责任编辑 李 明
审稿人 曹士兵）

刘某诉黄某、赵某保证合同纠纷案

——涉集资诈骗犯罪不必然阻却合同效力

关键词：民事　刑民交叉　借款合同　可撤销合同　合同效力

【裁判要旨】

涉刑民事合同并不因违反《刑法》规定而当然无效，在民事审判中，应当根据民事法律规定对合同效力进行分析。集资诈骗犯罪中单个借款合同如不存在其他法律规定的无效情形，属于因欺诈订立的可撤销合同，受欺诈一方可以行使撤销权。如果受欺诈一方未依法行使撤销权，借款合同即为有效，其中出借人向公安机关报案或者在公安机关作为受害人登记的行为不能视为行使撤销权的一种方式。

【相关法条】

《中华人民共和国合同法》

第五十四条[①]　下列合同，当事人一方有权请求人民法院或者仲裁机构变更或者撤销：

（一）因重大误解订立的；

（二）在订立合同时显失公平的。

一方以欺诈、胁迫的手段或者乘人之危，使对方在违背真实意思的情况下订立的合同，受损害方有权请求人民法院或者仲裁机构变更或者撤销。

当事人请求变更的，人民法院或者仲裁机构不得撤销。

---

① 参见《民法典》第一百四十八条之规定：“一方以欺诈手段，使对方在违背真实意思的情况下实施的民事法律行为，受欺诈方有权请求人民法院或者仲裁机构予以撤销。”

《最高人民法院关于审理民间借贷案件适用法律若干问题的规定》

第十三条 借款人或者出借人的借贷行为涉嫌犯罪，或者已经生效的判决认定构成犯罪，当事人提起民事诉讼的，民间借贷合同并不当然无效。人民法院应当根据合同法第五十二条、本规定第十四条之规定，认定民间借贷合同的效力。

担保人以借款人或者出借人的借贷行为涉嫌犯罪或者已经生效的判决认定构成犯罪为由，主张不承担民事责任的，人民法院应当依据民间借贷合同与担保合同的效力、当事人的过错程度，依法确定担保人的民事责任。

【案件索引】

一审：上海市浦东新区人民法院（2019）沪0115民初69719号（2020年1月17日）

二审：上海市第一中级人民法院（2020）沪01民终4528号（2020年6月28日）

【基本案情】

原告刘某诉称：刘某与黄某、赵某系多年好友，2016年，刘某经二人介绍认识案外人张某。同年8月2日，刘某通过银行转账借给张某51万元，张某向刘某出具借条，借期一年，月利率2%，黄某、赵某对此进行担保。2017年2月27日，刘某通过银行转账借给张某27万元及现金3万元，张某向刘某出具借条，借期一年，约定每月月底前支付利息5000元（折合年利率20%），黄某、赵某对此进行担保。因上述51万元借款到期，且张某在2017年8月31日归还本金21万元，故2017年9月1日张某向刘某重新出具借条，写明其向刘某借款30万元，借期1年，每月月底前支付利息5000元（折合年利率20%），黄某、赵某对此进行担保。借款到期后，刘某催讨未果遂向上海市浦东新区法院诉请：（1）黄某、赵某承担连带保证责任向刘某支付借款本金57万元；（2）黄某、赵某支付刘某上述款项自2017年9月1日至实际清偿之日止按年利率20%计算的利息及逾期利息。

被告黄某、赵某辩称：本案系争借款在（2018）沪0115刑初1231号刑事判决中认定属张某集资诈骗犯罪的款项，故该借款合同无效，保证合同属于从合同，也应无效。且黄某、赵某对该借款的用途不知情，未从借款中获利，也无过错，刘某的损失已在刑事判决书中获得支持，故请求驳回刘某诉请。

法院经审理查明：2016 年 8 月 2 日，案外人张某以炒股票需要资金为由向刘某借款 51 万元，黄某、赵某在该笔转账的银行回单上作为见证人签字。

2017 年 2 月 27 日，张某又以炒股票需要资金为由向刘某借款并出具借条，“今向刘某借人民币叁拾万元整。借期壹年，每月月底前付利息伍仟元整。此据为证。”黄某、赵某作为担保人在该借条上签字。刘某通过银行转账向张某交付 27 万元，另 3 万元未实际交付，刘某表示该 3 万元系将张某前述借款未支付的利息作为本金写入 30 万元借条中。

2017 年 9 月 1 日，张某向刘某出具借条：“今向刘某借人民币叁拾万元整。借期壹年，每月 5 号之前打在刘某卡上伍仟元整。借期至 2018 年 8 月 31 号为止，还款为叁拾万元整。担保人为黄某赵某，其中黄某儿子华夏二路 1500 弄 5 号 104 室房产证放到刘某处作为抵押。”黄某、赵某作为担保人在该借条上签字。刘某认为该借条上的“打在刘某卡上伍仟元”即为每月的利息 5000 元。

张某支付刘某如下款项：2016 年 9 月 26 日 12000 元、10 月 29 日 1 万元、11 月 30 日 1 万元；2017 年 1 月 1 日 1 万元、1 月 27 日 1 万元、3 月 28 日 5000 元、4 月 28 日 5000 元、6 月 6 日 15100 元、6 月 29 日 15000 元、7 月 28 日 15000 元、8 月 31 日 225000 元（225000 元中的 21 万元系归还的本金，其余均属利息）。黄某、赵某表示对上述款项不清楚。

上海市浦东新区人民法院于 2018 年 12 月 24 日作出（2018）沪 0115 刑初 1231 号刑事判决：一、被告人张某犯集资诈骗罪，判处有期徒刑十一年……二、违法所得予以追缴并按比例发还被害人，不足部分责令退赔。本案所涉及的款项在刑事案件中被认定为张某集资诈骗犯罪数额中。张某上诉，上海市第一中级人民法院二审审理后驳回上诉，维持原判。

【裁判结果】

上海市浦东新区人民法院于 2020 年 1 月 17 日作出（2019）沪 0115 民初 69719 号民事判决：一、黄某、赵某于判决生效之日起 10 日内对借款 57 万元承担连带清偿责任；二、黄某、赵某于判决生效之日起 10 日内以本金 57 万元为基数自 2019 年 9 月 1 日起至实际清偿之日止按年利率 20% 计算的利息承担连带清偿责任；三、黄某、赵某对上述主文第一、二项承担连带担保责任后，有权向张某主张。宣判后，刘某和黄某、赵某均提出上诉。上海市第一中级人民法院于 2020 年 6 月 28 日作出（2020）沪 01 民终 4528 号民事判决：一、维持上海市浦东新区人民法院（2019）沪 0115 民初 69719 号民事判决第三项；二、撤销上海市浦东新区人民法院（2019）沪 0115 民初 69719 号民事判决第一项、第二项；三、上诉人黄某、赵某应于本判决生效之日起 10 日内对借款人张某向上诉人刘某借款 57 万元中尚未归还部分承担连带清偿责任；四、上诉人黄某、赵某应于本判决生效之日起 10 日内对借款人张某向上诉人刘某以本金 57 万元为基数自 2017 年 9 月 1 日起至实际清偿之日止按年利率 20% 计算的利息中尚未归还部分承担连带清偿责任。

【裁判理由】

法院生效裁判认为：虽然借款人张某被认定为集资诈骗罪，本案所涉及的借款在刑事案件中被确认为诈骗犯罪的犯罪所得，但张某在刑事上的定罪并不必然导致借款合同无效。张某与刘某订立的借款合同，既存在张某骗取并非法占有刘某钱款的诈骗行为，也存在双方当事人意思表示一致情况下共同达成的借款合同行为。刑法评价的是该诈骗行为是否严重到触犯刑法而需要刑罚处罚的程度；民法评价的是合同行为是否为当事人真实意思表示一致的结果，应否赋予该行为以私法上的效力。从民法角度分析，黄某、赵某并未提供证据证明案涉借款合同存在《合同法》第五十二条规定的合同无效之情形。张某以非法占有刘某钱款为目的，故意欺骗刘某签订借款合同，使刘某陷入错误判断，并基于此作出借款的意思表示，根据《合同法》第五十四条第二款①的规定，刘某作为被欺诈一方有权请求人民法院或者仲裁机构变更或者撤销借款合同。刘某并未主张撤销借款合同，故借款合同应为有效，对张某、刘某均有法律约束力。

针对案涉借款本金数额、借款利息及张某归还款项性质的认定问题。2016 年 8 月 2 日，刘某转账出借给张某 51 万元，2017 年 8 月 31 日张某归还 21 万元，双方于 2017 年 9 月 1 日就该笔借款结算，形成借条确认本金为 30 万元。另 2017 年 2 月 27 日，张某向刘某出具借条约定借款本金为 30 万元，实际刘某向张某转账 27 万元。刘某主张两笔借款本金合计 57 万元，具有事实依据，应当予以支持。关于利息的约定，2017 年 2 月 27 日张某出具的借条载明利息为每月 5000 元。2017 年 9 月 1 日张某出具的借条中载明每月给刘某打款 5000

---

① 参见《民法典》第一百四十八条之规定：“一方以欺诈手段，使对方在违背真实意思的情况下实施的民事法律行为，受欺诈方有权请求人民法院或者仲裁机构予以撤销。”

元，借款到期还款30万元，据此在借款到期归还全部本金的情况下，双方约定每月打款5000元应为利息，且年利率为20%，双方关于利息的约定不违反法律规定，应属有效。针对张某还款的性质问题，除2017年8月31日张某归还的21万元为本金外，其余款项可以和张某、刘某关于利息的约定相互印证，黄某、赵某主张张某归还的款项为本金没有依据，依法不予采信。因2017年9月1日后张某未再偿付利息，故刘某主张以57万元为本金自2017年9月1日起至实际清偿之日止按年利率20%计算利息，符合双方约定及法律规定，应予支持。一审法院对借款利息的起算点认定有误，二审法院依法予以纠正。

关于黄某、赵某是否应承担担保责任的问题。黄某、赵某作为完全民事行为能力人，应当清楚在借条上作为担保人签字的法律后果，且其未提供证据证明在提供担保时受到出借人刘某的欺骗，也未提供证据证明张某、刘某存在恶意串通骗取担保的情况，故黄某、赵某为张某的借款及利息向刘某提供担保是其真实意思表示，其担保行为合法有效，黄某、赵某应当按照保证合同的约定承担连带保证责任。鉴于在（2018）沪0115刑初1231号案件中已判决对张某违法所得予以追缴并按比例发还被害人，不足部分责令退赔，故黄某、赵某应对借款人张某向刘某借款本金57万元及以本金57万元为基数自2017年9月1日起至实际清偿之日止按年利率20%计算的利息中尚未归还的部分款项承担连带清偿责任。一审法院对黄某、赵某承担连带清偿责任的范围认定不当，二审法院亦依法予以纠正。

【案例注解】

一、问题的提出

一般而言，集资诈骗被害人的经济损失，已经在刑事案件中由司法机关直接判决责令刑事被告人退赔，故被害人无需也不应再提起刑事附带民事诉讼或者直接提起民事诉讼主张权利，因此也无需从民事角度探讨集资诈骗犯罪中借款合同的效力问题。但是在借款合同的担保人介入时，被害人即出借人对担保人提起的担保合同纠纷，与集资诈骗案件不仅主体不同，权利义务关系不同，而且并非基于同一法律事实，故应当作为民事案件审理。在此类担保合同纠纷案件的审理中，首先需要解决的难点，即法律适用的难点：借款人在被认定构成集资诈骗罪的情况下，借款合同的效力应如何认定。只有正确认定借款合同的效力，才能判断作为从合同担保合同的效力，也才能据此确定担保责任的承担。

目前关于涉集资诈骗借款合同的效力问题主要有三种观点：第一种观点认为，集资诈骗犯罪中的借款合同，借贷并非行为人真实的意思表示，而是以借款合同“合法形式”掩盖行为人犯罪的真实意图，侵害的是国家金融管理秩序及行为对象的财产所有权，违反法律法规的强制性规定，为保证法秩序的一致性，应当认定借款合同无效；[①] 第二种观点认为，集资诈骗是由多个民间借贷行为组成，每个民间借贷行为都属于合同欺诈，属于我国《合同法》规定的可撤销合同，其民事效力取决于受欺诈一方的补充意思表示，如果受欺诈一方在除斥期间内向法院或者仲裁机构主张撤销该合同，那么借款合同自始无效，如果受欺诈一方未主张撤销，则借款合同有效；[②] 第三种观点认为，应区别情况认定合同效力，一是以合同相对人或者其工作人员是否参与犯罪为标准，若参与犯罪活动构成犯罪则合同无效；二是以权利人是否先向公安机关报案为标准，先报案而后另行提起民事诉讼的应认定合同无效。[③] 笔者认为，准确判定集资诈骗犯罪中借款合同的效力，首先，应当明确此类合同效力的判断依据；其次，审查是否存在法律规定的合同无效的情形；最后，根据合同具体情况对合同效力作出认定。

二、集资诈骗犯罪中合同效力的判断依据

正确认定集资诈骗犯罪中合同的效力，首先应当明确判断合同效力的标准。在审判实践中，针对涉及刑事犯罪民事合同的效力问题，长期以“无效论”为主流裁判思路，认为借款人的借款行为构成刑事犯罪，已经达到需要刑罚处罚的程度，则所涉及的借款合同当然无效。笔者认为，刑法和民法作为不同的部门法，在保护法益、证明标准、归责原则、责任形式等方面均存在不同，系从不同层面对社会生活发挥其应有的法律功能、作用。《刑法》针对的是一切严重危害社会的犯罪行为，保护的是国家利益和社会公共利益。而民法规范调整的是私法关系，基本模式是授权，通过保护权利与救济损害，保障民事主体的私法自治地位——个人在合法的范围内具有根据自己的意志，通过法

① 参见詹巍：《论商事裁判中刑民交叉案件的犯罪构成与合同效力认定》，载《法治研究》2016年第6期。

② 参见刘宪权、翟寅生：《刑民交叉案件中刑事案件对民事合同效力的影响研究——以非法集资案件中的合同效力为视角》，载《政治与法律》2013年第10期。

③ 参见王小莉：《民刑并存情形下合同效力的认定——从两则仲裁案件说起》，载《仲裁研究》第26辑。

律行为构筑起法律关系的可能性。[①] 民事合同构成刑事犯罪的，违法性程度考察仅是法益衡量的一个因素，但不是全部因素，民事合同的效力不应只由刑事规范来判断，还是应从民法的角度，兼顾考察交易安全保护等其他因素，根据相关民事规范认定合同效力和责任承担。《最高人民法院关于审理民间借贷案件适用法律若干问题的规定》第十三条亦对此作出规定："借款人或者出借人的借贷行为涉嫌犯罪，或者已经生效的判决认定构成犯罪，当事人提起民事诉讼的，民间借贷合同并不当然无效。人民法院应当根据合同法第五十二条、本规定第十四条之规定，认定民间借贷合同的效力。"故在涉嫌集资诈骗犯罪的合同纠纷案件审理中，应当树立刑事犯罪并不必然阻却合同效力的原则，根据民法中关于合同效力的有关规定作出认定。

三、集资诈骗犯罪中的借款合同不存在合同无效的情形

导致合同无效的情形有很多，本文仅探讨因借款行为最终被刑事认定为集资诈骗罪这一事实是否属于法律规定的合同无效的情形。根据我国《合同法》的规定，涉集资诈骗的借款合同是否存在法律规定的无效情形，主要问题集中在涉集资诈骗的借款合同是否损害国家和社会公共利益、是否属于以合法形式掩盖非法目的或者虚伪意思表示、是否违反法律法规强制性规定三点，下文将逐一对此分别展开论述。

（一）不涉及损害国家、社会公共利益

《合同法》第五十二条第四项[②]规定，损害社会公共利益的合同无效。2020年5月28日颁布的《民法典》为了使概念更加周延，在立法时采用"公序良俗"代替了"社会公共利益"，在第一百五十三条第二款规定："违背公序良俗的民事法律行为无效。"其中"公序良俗"包括公共秩序和善良风俗两个方面，公共秩序是指法律秩序，而善良风俗是指法律秩序之外的道德。涉集资诈骗的借款合同无论从《合同法》角度还是从即将施行的《民法典》角度，主要需要探讨的是涉集资诈骗的单个借款合同是否存在损害国家、社会公共利益的问题。

损害国家、社会公共利益应为损害国家经济利益、政治利益、安全利益等

---

① ［德］迪特尔·梅迪库斯：《德国民法总论》，邵建东译，法律出版社2000年版，第8页。

② 参见《民法典》第一百五十三条之规定："违反法律、行政法规的强制性规定的民事法律行为无效。但是，该强制性规定不导致该民事法律行为无效的除外。违背公序良俗的民事法律行为无效。"

社会公共利益的情况。[①] 那么，违反刑法需要承担刑事责任，是否即属于《合同法》上的损害国家、社会公共利益。我们认为答案是否定的。犯罪行为是对国家法秩序的侵害，与合同法上的损害国家、社会利益不能划等号。对于涉及犯罪的合同应当区分评价，若当事人订立的合同一经履行即触犯《刑法》规定，比如订立从事或者帮助犯罪的合同，那么这样的合同即属于侵害国家、社会公共利益，应为无效。而若合同形式上是合法的，合同的履行并不违反《刑法》规定的情况下，比如集资诈骗犯罪中单个借款合同，侵害的是出借人的权益，对国家政治、经济、安全利益未产生不利影响，甚至借款人按约履行借款合同的行为并不构成犯罪，故不应将此类合同认定为属于侵害国家、社会公共利益而无效。

（二）不属于以合法形式掩盖非法目的或者双方虚伪意思表示

《合同法》第五十二条第三项规定,[②] 以合法形式掩盖非法目的的合同无效。而以合法形式掩盖非法目的是指当事人实施的行为在形式上是合法的，但在缔约目的和内容上是非法的。[③] 且非法的缔约目的应当是双方共同的目的，是双方通谋的结果，而非合同一方的目的。显然集资诈骗犯罪中的借款合同借款人存在一定过错，不属于双方通谋的结果，不属于以合法形式掩盖非法目的。

《民法总则》第一百四十六条规定[④]“行为人与相对人以虚假的意思表示实施的民事法律行为无效”，是指行为人与相对人双方均知道自己所表示的意思并非真意，这种双方均以虚假意思表示实施的民事法律行为无效。但涉集资诈骗的借款合同中，出借人并不知晓借款人的真实意思不是借贷，出借人的真意是希望借贷行为能够发生法律上的效力，因此涉集资诈骗的借款合同也不属于虚假意思表示导致合同无效的情形。

（三）不属于违反法律法规强制性规定

根据《民法总则》第一百五十三条第一款[⑤]和相关司法解释的规定，违反法律、行政法规效力性强制性规定的，合同无效。其中在认定是否属于违反效

---

① 参见王利明：《合同法新问题研究》，中国社会科学出版社2003年版，第302页。

② 根据《民法典》的规定，《合同法》第五十二条中的“以合法形式掩盖非法目的”已经不再属于合同无效的事由。

③ 崔建远主编：《合同法》（第五版），法律出版社2010年版，第103～104页。

④ 《民法典》第一百四十六条规定：“行为人与相对人以虚假的意思表示实施的民事法律行为无效。以虚假的意思表示隐藏的民事法律行为的效力，依照有关法律规定处理。”

⑤ 参见《民法典》第一百五十三条之规定：“违反法律、行政法规的强制性规定的民事法律行为无效。但是，该强制性规定不导致该民事法律行为无效的除外。违背公序良俗的民事法律行为无效。”

力性强制性规定时要特别考量强制性规定所规范的对象、所保护的法益类型、违法行为的法律后果以及交易安全保护等因素。① 故对于集资诈骗犯罪中借款合同的效力，不应简单地认为因违反刑法强制性规定而无效，判断依据应是集资诈骗罪实质的规范意旨，即法律禁令欲通过行为之禁止达到何种目的。②

根据《刑法》第一百九十二条规定，集资诈骗是以非法占有为目的，使用诈骗方法进行非法集资的行为。构成集资诈骗罪除了要求主观上具有非法占有的目的，客观上采取编造谎言、捏造或者隐瞒事实真相等欺骗他人的方式，还要求是向不特定的公众吸取资金达到一定数额。③ 这也就意味着集资诈骗罪需要行为人借款行为的不法性累积到需要刑法制裁的地步，因为此时借款人的行为已经不仅侵害了出借人财产的所有权还侵害了国家金融管理秩序和经济社会稳定。如果借款人不法性达不到需要刑法规制的程度，则违反的是《非法金融机构和非法金融业务活动取缔办法》（以下简称《办法》）第四条的规定“未经中国人民银行批准，非法吸收公众存款或者变相吸收公众存款或者以任何名义向社会不特定对象进行的非法集资”。探究《办法》第四条之规范意旨，禁止的并不是借款行为本身，而是以金融机构的方式借款。综上，从集资诈骗犯罪中单个的借款合同来看，借款人行为的违法性体现在以诈骗的手段和以金融机构的方式借款，故应当取缔的是借款人借款的方式。“违反强制性规定的法律行为无效”是沟通公法强制和私法自治的“管道”，④ 为了最大程度上尊重私法自治，在可以仅对行为方式作出规制的情况下，应避免对借款合同的效力作出否定性评价，故不宜认定涉集资诈骗的借款合同属于违反法律、行政法规效力性强制性规定，而据此认定其无效。

综上，在集资诈骗中单个的借款合同仅涉及集资诈骗犯罪，而不存在其他导致合同无效的情形时，不应认定借款合同无效。

四、集资诈骗犯罪中借款合同的效力认定

（一）集资诈骗犯罪中的借款合同符合民法上欺诈的构成要件

在对集资诈骗犯罪中的借款合同进行评价时，应当将该借款合同区分为两

---

① 参见最高人民法院2019年发布的《全国法院民商事审判工作会议纪要》。

② 朱庆育：《合同法第52条第5项评注》，载《法学家》2016年第3期。

③ 参见《最高人民法院关于审理非法集资刑事案件具体应用法律若干问题的解释》第一条、第二条、第四条、第五条之规定。

④ 孙鹏：《论违反强制性规定行为之效力——兼析〈中华人民共和国合同法〉第52条第5项的理解与适用》，载《法商研究》2006年第5期。

个行为，即借款人骗取并非法占有出借人财物的诈骗行为和双方当事人意思表示一致，但出借人因受到欺诈意思表示不真实情况下共同达成的借款合同行为。诈骗行为是借款人的单方行为，而合同行为是双方行为，刑法评价的是该诈骗行为是否严重到触犯刑法而需要刑罚处罚的程度；民法评价的是合同行为是否为当事人真实意思表示一致的结果，应否赋予该行为以私法上的效力。[①]因此，从民法角度来分析，涉集资诈骗犯罪的借款合同中，借款人故意虚构借贷事实、隐瞒集资诈骗真相，致使出借人陷入错误认识，作出不真实的意思表示，无非是性质更加严重的欺诈，属于可撤销的合同。即便出借人追认合同效力，借款人在借款合同中所体现出的欺诈手段仍可在刑事中认定为诈骗事实，二者并不存在矛盾。

根据《合同法》第五十四条第二款[②]的规定，一方以欺诈、胁迫的手段，使对方在违背真实意思的情况下订立的合同，受损害方有权请求人民法院或者仲裁机构变更或者撤销。故涉集资诈骗的借款合同的出借人可以据此行使撤销权，也可以要求继续履行合同以维护自身权益。

（二）从刑罚目的及保护被害人利益的角度考量

从刑罚目的来看，长期以来审判实践中“无效论”观点的重要理由之一为，在民事案件中认定集资诈骗犯罪中的借款合同无效，才是对借款人的行为作出否定性评价，体现了对借款人的惩罚。然而，刑事上的否定性评价对犯罪人的自由和财产作出了惩罚，但民事上认定合同无效并不必然能够惩罚犯罪人，有时要求继续履行合同义务或者承担违约责任等反而能够给予犯罪人惩罚。比如在集资诈骗案件中，囿于刑罚手段的有限性，在刑事案件中出借人的损失只能通过追赃退赔程序得到弥补，而且追赃退赔往往也仅以借款人实际获取的金额为限。[③] 在相关联的担保合同纠纷案件审理中，一味认定借款合同无效，将导致借款合同中约定的利息、违约金等无法实现，担保合同的效力也因此受到影响，不仅无法体现对借款人违法行为的惩罚，借款人反而还因合同无效从其违法行为中获利，这显然与刑罚的目的相违背。

---

① 杜万华主编：《最高人民法院民间借贷司法解释理解与适用》，人民法院出版社 2015 年版，第 242 页。

② 《民法典》第一百四十八条规定：“一方以欺诈手段，使对方在违背真实意思的情况下实施的民事法律行为，受欺诈方有权请求人民法院或者仲裁机构予以撤销。”

③ 《最高人民法院关于审理非法集资刑事案件具体应用法律若干问题的解释》第五条第三款规定：“集资诈骗的数额以行为人实际骗取的数额计算，案发前已归还的数额应予扣除。行为人为实施集资诈骗活动而支付的广告费、中介费、手续费、回扣，或者用于行贿、赠与等费用，不予扣除。行为人为实施集资诈骗活动而支付的利息，除本金未归还可予折抵本金以外，应当计入诈骗数额。”

从被害人也即出借人的利益角度来看，将此类合同认定为可撤销合同，出借人可以要求变更或撤销合同，也可以要求继续履行合同。而在合同成立以后，受欺诈方能够向欺诈方提出的请求越多，则意味着能够维护其自身利益的手段就越多，其权利的实现就越有保障。[①] 出借人作为被欺诈、无过错的一方，可以从自身利益最大化的角度出发自行决定合同的效力，无疑更加有力地保障了出借人的权益。

综上，无论从民法角度对借款合同进行分析，还是从刑罚目的及保护被害人利益的角度考虑，均应当认定集资诈骗犯罪中的借款合同属于可撤销的合同。

五、集资诈骗犯罪中出借人撤销权的行使

根据《合同法》第五十四条第二款之规定，[②] 出借人有权请求人民法院或者仲裁机构变更或者撤销其因受欺诈订立的合同。故出借人在除斥期间内向人民法院或者仲裁机构，请求变更或者撤销其因受欺诈订立的借款合同自然属于其依法行使撤销权，无需赘述。存在争议的是，出借人向公安机关报案或者在公安机关处作为受害人登记的行为能否认定系其行使撤销权的一种方式。

笔者认为，不宜将出借人向公安机关报案或者在公安机关处作为受害人登记的行为认为是其行使撤销权的一种方式。首先，从集资诈骗案件侦查现状来看，出借人向公安机关主动报案仅是少数。多数情况是公安机关初步认定借款人涉嫌集资诈骗犯罪，再向各出借人核实出借金额、利息约定等内容，在此情况下，出借人的登记行为仅属于被动地对相关事实进行确认，而非主动行使权利。其次，从公安机关的性质来看，公安机关是刑事案件的侦查机关。出借人向公安机关报案或者作为受害人登记，是为了查明借款人是否构成集资诈骗犯罪以及犯罪数额等，而非向公安机关行使民事权利。再次，如上文所述，集资诈骗犯罪中的借款合同可以区分为诈骗行为和借款合同行为。出借人向公安机关报案或者在公安机关处作为受害人登记的行为系针对借款人的诈骗行为确认事实、主张权利，而非对借款合同行为行使民事权利。最后，出借人作为受欺诈一方主张撤销合同，系其作为合同一方当事人依其单方意思表示使合同溯及既往地消灭，涉及合同当事人的意思自治，更是对合同效力产生重大、不可逆

---

① 王利明：《合同法研究》，中国人民大学出版社 2011 年版，第 681 页。

② 参见《民法典》第一百四十八条的规定：“一方以欺诈手段，使对方在违背真实意思的情况下实施的民事法律行为，受欺诈方有权请求人民法院或者仲裁机构予以撤销。”

的影响。故受欺诈一方意思表示的作出应当是以直接、明确、清晰的方式，而不是通过向公安机关报案或者在公安机关处作为受害人登记的行为就推定其行使撤销权。

六、启示

刑民交叉案件中的合同效力问题是一个理论热点问题，但目前立法和司法解释尚未对该问题作出明确规定。在刑民交叉的民事案件审理中，应当依据规范目的比较刑法和民法调整的行为要件和法律后果，如果存在重叠则刑法应优先适用，否则刑法与民法可以平行适用。尤其涉及刑事犯罪中合同效力的问题，应当根据民事法律规范进行判断，不宜简单认定合同无效。

（**一审法院合议庭成员** 吴建平 宋丽君 杨华沁
二审法院合议庭成员 任明艳 沙茹萍 刘 江
编写人 上海市第一中级人民法院 任明艳 盛 利
责任编辑 李 明
审稿人 曹士兵）

唐某诉长沙橘韵投资有限公司合同纠纷案

——发出《录用通知书》后拒绝签订劳动合同的行为构成预约合同违约

关键词：民事　录用通知书　预约合同　信赖利益　缔约过失　违约责任

【裁判要旨】

用人单位向求职者发出《录用通知书》后拒绝签订劳动合同，应承担预约合同的违约责任。预约合同的违约责任是一种独立的违约责任，法院应在探究当事人真意的基础上，根据具体情形确定违约方具体的责任承担。违反预约合同的损害赔偿范围相当于本约的信赖利益损失，而不应当超过本约的履行利益，更不应包括本约的预期可得利益。

【相关法条】

《中华人民共和国合同法》

第四十二条[①]　当事人在订立合同过程中有下列情形之一，给对方造成损失的，应当承担损害赔偿责任：

（一）假借订立合同，恶意进行磋商；

（二）故意隐瞒与订立合同有关的重要事实或者提供虚假情况；

（三）有其他违背诚实信用原则的行为。

① 参见《民法典》第五百条之规定："当事人在订立合同过程中有下列情形之一，造成对方造成损失的，应当承担赔偿责任：（一）假借订立合同，恶意进行磋商；（二）故意隐瞒与订立合同有关的重要事实或者提供虚假情况；（三）有其他违背诚信原则的行为。"

《最高人民法院关于审理买卖合同纠纷案件适用法律问题的解释》

第二条[①] 当事人签订认购书、订购书、预订书、意向书、备忘录等预约合同，约定在将来一定期限内订立买卖合同，一方不履行订立买卖合同的义务，对方请求其承担预约合同违约责任或者要求解除预约合同并主张损害赔偿的，人民法院应予以支持。

【案件索引】

一审：湖南省长沙市天心区人民法院（2019）湘0103民初298号（2019年6月14日）

二审：湖南省长沙市中级人民法院（2019）湘01民终9595号（2019年12月23日）

【基本案情】

原告唐某诉称：原告原为株洲市大汉房地产开发有限公司希尔顿酒店分公司财务总监，薪资福利待遇优厚，在职期间，被告通过人才甄选机制主动寻访到高薪在职的原告，发出薪资福利合适、工作环境更优越的工作邀请。原告通过被告的全面考核后，被告于2016年10月25日向原告发出《录取通知书》，该《录取通知书》注明了工作岗位、工资报酬、试用期等重要信息，要求原告提前与原公司解除劳动关系，携带劳动关系解除证明入职，并通过微信沟通确定原告于2016年12月1日入职。原告依据被告的要求于2016年10月28日向原单位提出辞职得到批准，并准备了其他入职所需材料。2016年11月17日，被告告知原告该职位可能内部调派，后至2016年12月1日被告未同意原告入职。被告直至2017年4月4日才找到工作。请求法院判令被告承担由于其违约行为导致原告的工资福利损失、离职经济补偿金损失、年终奖损失及五险一金损失等共计347906元；

被告长沙橘韵投资有限公司合同辩称：原告违背基本的诚信原则，在面试过程中提供虚假的学历和工作经历，导致被告作出错误的意思表示。原告的行

① 参见《民法典》第四百九十五条第二款之规定："当事人一方不履行预约合同约定的订立合同义务的，对方可以请求其承担预约合同的违约责任。"2020年修正的《最高人民法院关于审理买卖合同纠纷案件适用法律问题的解释》已删除原解释中的该条。

为不符合被告录用岗位的基本要求，是由于原告的欺诈行为导致本次的录取无效，且原告在被告的拒绝录用后仍执意解除与原公司的劳动合同，并促使损失产生，本案真正的责任方为原告。被告拒绝录用的行为合理合法，与原告的损失不具有因果关系，故法院应当依法驳回原告的全部诉讼请求。

法院经审理查明：唐某原为第三人株洲大汉酒店发展有限公司希尔顿分公司财务总监。2016 年 6 月，原告唐某通过猎头公司与长沙橘韵投资有限公司（以下简称橘韵公司）取得联系，双方商讨招聘事宜。橘韵公司经过查看唐某简历及面试后，于 2016 年 10 月 25 日向唐某发出《录用通知书》，该通知书载明：唐某已通过橘韵公司全部面试考核流程，已被录用；岗位为酒店财务副总监，月基本薪资为 28000 元（试用期前三个月按 80% 发放），车补每月 1000 元，房补每月 2160 元，福利包每年 12000 元（根据实际出勤月数计算），过节费每年 1000 元（年底报销），年奖励薪资 56000 元（完成考核指标按比例发放），其他薪资福利以公司相关制度为准；在入职当天签订《劳动合同书》及《岗位聘任书》以确定劳动合同关系和明确具体工作职责，入职当天携带学历证书和学位证及复印件等资料；尽快办理相关手续，并回复邮件告知能够到岗时间。同日，橘韵公司工作人员告知唐某准备 2016 年 12 月 1 日入职。2016 年 10 月 28 日，唐某向原工作单位提出辞职。后橘韵公司通过中国高等教育学生信息网查询得知，唐某专科入学时间为 2005 年 3 月 1 日，毕业时间为 2009 年 1 月 9 日，专业名称为机电一体化，简历修改为入学时间为 2002 年 9 月至 2005 年 7 月，专业名称为会计学。2016 年 11 月 16 日，橘韵公司工作人员黎某告知唐某内部人员调动不能入职。2016 年 12 月 6 日，唐某委托律师向橘韵公司出具《律师函》，该函载明：橘韵公司的行为有违法定诚信义务，违反前后台义务，造成唐某单方离职后一定时间的失业状态，损失约 22 万元，要求赔偿损失。2017 年 1 月 3 日，橘韵公司回函称：通过中国高等教育学生信息网查询得知，唐某专科入学时间为 2005 年 3 月 1 日，毕业时间为 2009 年 1 月 9 日，专业名称为机电一体化，简历修改为入学时间为 2002 年 9 月至 2005 年 7 月，专业名称为会计学；唐某违背诚实信用原则，学历信息作假，其个人过错导致劳动合同无法签订，要求赔偿不合理。2017 年 4 月 4 日，唐某与他人签订《劳动合同书》。双方就赔偿事宜协商不成，以致成诉。

另根据唐某与橘韵公司工作人员的微信聊天记录，橘韵公司在约定的入职时间不为唐某办理入职手续并且不与唐某签订劳动合同是由于公司决策的突然改变。

【裁判结果】

湖南省长沙市天心区人民法院于2019年6月14日作出（2019）湘0103民初298号民事判决：一、被告长沙橘韵投资有限公司应于判决发生法律效力之日起10日内赔偿原告唐某15986元；二、驳回原告唐某其他诉讼请求。宣判后，唐某与橘韵公司均提起上诉。湖南省长沙市中级人民法院于2019年12月23日作出（2019）湘01民终9595号民事判决：一、撤销湖南省长沙市天心区人民法院作出的（2019）湘0103民初298号民事判决；二、长沙橘韵投资有限公司于判决生效之日起10日内赔偿唐某84000元；三、驳回唐某其他诉讼请求。

【裁判理由】

法院生效裁判认为：橘韵公司向唐某发送《录用通知书》，明确表达了橘韵公司希望与唐某签订正式劳动合同的意向，并详细载明了工作岗位、薪资报酬、福利、试用期等具体信息，因此该《录用通知书》在性质上系橘韵公司向唐某发出的希望与其订立劳动合同的要约。唐某收到该通知书后通过微信的方式对入职时间进行确定，即唐某作出了有效承诺。唐某、橘韵公司之间成立关于签订劳动合同的预约合同。该份关于未来订立正式劳动合同的预约合同对双方当事人均具有法律约束力。

唐某在求职简历中载入不真实信息，虽确实不妥，有违诚实信用，但橘韵公司在履行签订劳动合同期限届满前已经明确表示不履行《录用通知书》中的义务，简历作假与橘韵公司不履行签订劳动合同义务之间并没有因果关系。橘韵公司以简历作假为由拒绝履行签订劳动合同，不符合不履行前述义务的法定情形和约定情形，其无权拒绝履行《录用通知书》中的义务。从诚实信用原则和公平原则出发，故橘韵公司不与唐某签订正式劳动合同构成对劳动关系预约合同的违反。

《录用通知书》是双方当事人在缔结劳动合同过程中形成的先契约。违反《录用通知书》的行为既是一种违约预约的行为，同时也是缔结劳动合同过程中的过失行为。本案构成预约合同违约责任和本约缔约过失责任的竞合。因此，从责任范围而言，预约违约损失相当于本约的缔约过失责任范围，其损失范围相当于本约的信赖利益损失，不应当超过本约的履行利益，更不应包括本约的预期可得利益。具体包括缔约费用、为准备履行劳动合同所花费的费用、和机会损失。因此，从利益衡平和诚实信用、公平原则出发，结合唐某2017年4月已与他人另行签订劳动合同的案件具体情况、综合考虑唐某辞职、租房等为履行劳动合同所作的准备情况、橘韵公司发出《录用通知书》后又因决策原因不签订劳动合同的过错程度、面试的合理成本开支、橘韵公司发出《录用通知书》时预见到或应当预见到的因不订立劳动合同可能造成的损失等多种因素，橘韵公司应赔偿唐某损失84000元。

【案例注解】

传统的预约合同常见于房屋买卖中，《最高人民法院关于审理买卖合同纠纷案件适用法律问题的解释》（以下简称《买卖合同司法解释》）正式将认购书、订购书、意向书、备忘录等确定为预约合同。然而，人事录用通知应当如何定性、是否亦可以认定为预约合同，若双方当事人违反录用通知约定的义务应当如何承担责任等问题系本案审理的焦点和难点。

一、预约合同的定义与构成要件

预约合同是指当事人约定为将来一定期限内订立合同而达成的协议，是当事人在本约内容达成一致前作出的有约束力的意思表示。若要成立预约合同，需满足以下构成要件：（1）双方达成合意。即预约的达成必须基于双方形成合意。（2）合意内容必须明确具体。即双方的意思能非常明确体现在预约合同中，核心意思不至于产生歧义和不确定。[①]（3）该合同必须设立有缔结本约合同的意思。（4）预约合同的标的为当事人在将来一定期限内订立本约合同。[②]

最高人民法院于2002年、2012年先后颁布的《关于审理商品房买卖合同纠纷案件适用法律若干问题的解释》《买卖合同司法解释》，确定了预约合同转化为本约的具体条件，以及预约的效力和违约救济。但司法实践中，房屋买卖以外的民事法律关系中，对预约合同的规定尚属空白。笔者以“预约合同”为关键词，在北大法宝上检索出6篇《公报案例》，其中涉及“预约合同”认定的主要有3篇（见表1）。

---

① 叶雄彪、梅夏英：《预约合同问题研究》，载《中国社会科学院研究生院学报》2019年第4期。

② 贾辰君：《论预约合同》，载《常州大学学报（社会科学版）》2015年第4期。

表　最高人民法院公报案例有关"预约合同"的定义

序号	案号	案件名称	定义
1	最高人民法院（2013）民提字90号	成都讯捷通讯连锁有限公司与四川蜀都实业有限责任公司、四川友利投资控股股份有限公司房屋买卖合同纠纷案	预约是指将来订立一定契约的契约。
2	《最高人民法院公报》2012年第11期	张励与徐州市同力创展房地产有限公司商品房预售合同纠纷案	预约合同是一种约定将来订立一定合同的合同。
3	《最高人民法院公报》2008年第4期	仲崇清诉上海市金轩大邸房地产项目开发有限公司合同纠纷案	预约合同，一般指双方当事人为将来订立确定性本合同而达成的合意。

我国《买卖合同司法解释》与《民法典》虽然只明确列举了认购书、订购书、预约书三种常见预约合同情形，但该条并非排他性、封闭性的列举，从目的解释角度来看，只要满足当事人合意一致、意思明确具体、内容包含在一定期限内缔结本约，即可以确定其为预约合同。

二、劳动关系中的预约合同

劳动关系是劳动者与用人单位之间为实现劳动过程而发生的劳动力与生产资料相结合的社会关系。我国《劳动法》和《劳动合同法》均未规定预约合同的相关制度。劳动关系中，判断当事人之间是否成立预约合同的根本标准是以当事人的意思表示为基础，即当事人是否有意在将来订立劳动关系的合同，依据预约合同的构成要件，以明确在双方之间是否构成预约合同。常见的预约合同主要有以下几种：

1. 用人单位与高校毕业生《毕业生就业协议》。《毕业生就业协议》是普通高等学校毕业生与用人单位在正式确立劳动人事关系前，基于双方的相互认知，经双向选择拟确立就业关系，而由学校、用人单位和毕业生作为协议主体签订的，明确三方在就业择业过程中权利义务的书面协议，通常称之为"三方协议"。《毕业生就业协议》基于用人单位与毕业生双方达成的合意，双方当事人就将来一定期间内签订正式的劳动合同，而签订的具有法律约束力的预约合同。

2. 用人单位与求职者签订的《录用通知书》。《录用通知书》类似于《毕业生就业协议》，其要约是用人单位向劳动者发出的以将来订立劳动合同的意思表示，承诺是劳动者同意将来订立劳动合同的意思表示，客观表征为接受用人单位向劳动者发出的录用通知书，权利义务内容明确为将来订立正式的劳动合同。因此，用人单位向求职者发出的《录用通知书》满足当事人合意一致、意思明确具体、内容包含在一定期限内缔结本约等构成要件，应当确定为预约合同。

3. 建设工程项目中，发包方与承包方就将来签订正式施工总承包合同而签订的《合作协议》。在这类合同中，发包方与承包方就将来签订正式的施工总承包合同达成合意，且对双方当事人都具有法律约束力，这类合作协议应当认定为预约合同。

三、预约合同的违约责任

预约合同纠纷的主要争议焦点之一为当事人违反预约合同的责任承担。对这一问题的分析需以预约合同的效力为出发点，进而分析违约方的具体承担方式。

（一）预约合同的法律效力

预约合同和本约都具备法律效力，[①] 而具体产生何种法律效力则存在不同观点。已有理论观点主要有：（1）磋商说，即双方当事人之间签订了预约合同，只要就缔结本约进行了诚信磋商，即认定已经履行了相关义务；[②]（2）缔约说，即认为预约合同产生必须订立本约的效力；（3）介于两者之间的内容决定说，即根据本约内容的明确性不同，区别预约的效力，如果预约的内容模糊则当事人只需要继续磋商即可，如果预约的内容已经相当完备则必须订立本约。[③]

《买卖合同司法解释》第二条规定，当事人一方未按预约合同的约定订立合同，构成违反预约合同的行为，应当承担损害赔偿等违约责任。[④] 这一规定与缔约说相契合。也就是说，预约合同一旦成立，就在当事人之间产生了约束力，不能随意变更预约合同内容，预约合同各方应该严格履行各自的合同义务，即依照预约合同规定的时间、地点、方式等签订本约合同，如果违反预约合同义务不签订本约合同，则要承担违约责任。

（二）预约合同的违约责任属于独立的违约责任

司法实践中，有判决认为预约合同在合同缔结过程中位于最终合同的磋商

---

① 崔建远：《合同法》，法律出版社2010年版，第40页。

② 刘俊臣：《合同预约若干法律问题初探》，载《法律适用》2002年第4期。

③ 韩强：《论预约的效力与形态》，载《华东政法学院学报》2003年第1期。

④ 参见《民法典》第四百九十五条第二款规定："当事人一方不履行预约合同约定的订立合同义务的，对方可以请求其承担预约合同的违约责任。"

阶段，故此时违反预约，应当对缔结本约存在的过失承担相应的责任。[①] 预约与缔约过失制度都具有保障本约合同有效签订的价值，预约合同虽为订立本约而签订的合同，且是在订立本约过程中签订的，但当事人就签订预约合同达成的合意具有相对独立性，是区分于本约的，根据《合同法》的相关规定，预约合同是独立的合同。[②] 预约合同的特征之一为约束力，即预约合同确定的内容具有法律约束力，当预约合同的当事人在无法定事由的情况下不履行合同约定时，应承担独立的违约责任而非缔约过失责任。[③]

首先，缔约过失责任规定于我国《合同法》第四十二、四十三条当中，是指双方在订立合同的过程中，一方当事人未尽到必要的注意，违反了合同前义务，应赔偿因此造成的损失。其产生的基础为先合同义务的违反，同时也是诚实信用原则的延伸。在进行磋商的阶段，因一方当事人违反了法定附随义务或先合同义务的行为造成对方的损失而应承担的责任。预约合同是双方已经就合同协议达成独立的合意，其违约责任发生在合同生效后，因一方当事人出现违约行为，对方可以根据合同约定的内容来主张违约责任，预约合同是双方自由意思表示。

其次，缔约过失责任是以“过错”为责任基础的，而我国《合同法》适用的是严格责任原则，即当事人违反合同义务给另一方当事人造成损害，不论是否存在过错，都要承担违约责任。发生不可抗力或不可归责于双方的原因导致违约的，当事人具有免责事由，不承担违约责任。我国预约合同作为独立的合同，归责原则应当与《合同法》的归责原则相适应，其所要承担的责任比缔约过失责任更为严格，从而更能强化预约合同的效力。

（三）违反预约合同的责任承担

预约合同的法律效力直接关系违反预约合同的责任承担。《合同法》第一百零七条规定：“当事人一方不履行合同义务或者履行合同义务不符合约定的，应当承担继续履行、采取补救措施或者赔偿损失等违约责任。”[④] 司法实践中，预约合同违约方责任承担方式主要包含继续履行[⑤]和赔偿损失。[⑥] 人民

---

① 参见上海市闵行区人民法院（2013）闵民五（民）初字第2254号民事判决书：戴康美与刘保元等房屋买卖合同纠纷案。

② 王利明：《预约合同若干问题研究》，载《法商研究》2014年第1期。

③ 封子路：《预约合同的违约责任研究》，载《南华大学学报（社会科学版）》2019年第1期。

④ 参见《民法典》第五百七十七条之规定：“当事人一方不履行合同义务或者履行合同义务不符合约定的，应当承担继续履行、采取补救措施或者赔偿损失等违约责任。”

⑤ 参见最高人民法院（2013）民提字第90号。

⑥ 参见《最高人民法院公报》2012年第11期。

法院在确定其责任承担方式时应以探究当事人真意为基本出发点，同时根据具体情形确定预约合同违约救济路径。

劳动关系中的预约合同不适于强制履行。劳动关系以当事人之间的信任关系为基础而成立，其标的不适用于强制履行。[①] 劳动关系中的预约合同以订立正式的劳动合同为目的，双方当事人基于一定的信任而产生形成合意，若强制双方当事人签订劳动合同，实则难以修复双方之间的关系。预约合同受意思自治基本原则的规制，法院在审理预约合同案件中，不能直接代替当事人进行意思表示，当事人一方已拒绝签订正式的劳动合同，法律如果强制履行签订义务往往不利于当事人之间劳动关系的和谐，因此对违反预约合同义务，拒绝签订劳动合同的行为不适用于强制履行。

四、当事人违反预约合同的赔偿范围

目前，司法实践对违反预约合同的损害赔偿范围，是围绕履行利益还是信赖利益存在较大的争议。预约合同造成的损失就是信赖利益，包括为订立本约而进行的准备，以及因放弃与第三人订约而造成的机会利益损失。也有主张应当按照完全赔偿的原则进行赔偿，即包括直接损失和间接损失，其中直接损失是指财产上的直接减少，间接损失指的是失去的可以预期取得的利益，如山东菱重公司与第三三零四工厂土地转让与租赁协议纠纷申请再审案，[②] 法院认为在预约中当事人所实施的违约行为所侵害的是相对方的履行利益，故应当赔偿履行利益损失。

预约合同有其特殊性，因签订预约合同时，双方仅约定未来一定期限签订本约，并不存在实际履行本约的行为，因此，预约合同解除损害赔偿范围与预约合同违约损害赔偿基本一致。笔者认为，预约合同只是担保缔约的性质，其与本约存在区别，不能赔偿基于交易成功才可得到的利益，否则预约与本约的差异无从体现，因此赔偿范围应当不包括本约履行利益和本约的预期可得利益，否则不利于发挥预约合同制度的作用。预约合同的损害赔偿范围亦应以信赖利益为限，信赖利益的赔偿意在使合同当事人恢复到合同订立前的状态，[③] 其主要内容包含非违约方为履行合同而实际支出的费用和因丧失订约机会而遭受的损失，即非违约方因信赖合同能够得到履行而放弃与他人订立合同的机会

① 叶昌富：《论强制实际履行合同中的价值判断与选择》，载《现代法学》2005 年第 2 期。

② 参见最高人民法院（2013）民申字第 1715 号。

③ 王利明：《违约中的信赖利益赔偿》，载《法律科学（西北政法大学学报）》2019 年第 6 期。

所遭受的损失。[①]

五、启示

问题是时代的声音，自 1999 年《合同法》颁布以来，合同领域出现了很多新情况、新问题。[②] 预约合同因其区别于本约合同的独特优势应运而生，被广泛使用。法官在审理本案时最大感悟之一是我国预约合同法律制度体系亟须建立健全。当前我国预约合同法律制度进展缓慢，预约合同的制度体系不够周延，无法应对近些年来频发且复杂多变的预约合同纠纷，如在现行法律中，没有关于本案中用人单位向求职者发出《录用通知书》的性质以及效力应当如何界定的相关规定。对此，笔者认为预约合同法律制度的建立应以问题为导向，立足于实践，找到解决预约合同纠纷的关键所在。《民法典》第四百九十五条明确了预约合同的含义与违反预约合同应当承担违约责任，但对违反预约合同应当承担什么样的违约责任、违反预约合同的赔偿范围等问题并未规定，这些问题是完善预约合同相关制度的关键，有待在司法实践中进一步探索。

笔者通过对本案裁判思路的梳理，对审理劳动关系中预约合同纠纷试图提出如下思考，以期探讨参考：

1. 准确定性预约合同，这是法官审理预约合同纠纷最为关键的一步。在审查当事人之间的民事法律关系是否为预约合同纠纷时，要紧紧围绕其定义以及构成要件进行界定；

2. 劳动关系中预约合同对双方当事人具有法律约束力，若当事人一方不履行预约合同约定的订立本约义务的，对方当事人可以请求其承担预约合同的违约责任。而劳动关系中的预约合同不适用于强制履行，法官在确定违约方具体违约损害赔偿范围时，应将赔偿范围限定为守约方所遭受的信赖利益，且应包含机会利益损失。

（**一审法院合议庭成员** 陈泽春 庄建英 李继忠
二审法院合议庭成员 郭伏华 欧阳宁 邓 安
编写人 湖南省长沙市中级人民法院 罗晞祯 张 明
责任编辑 李 明
审稿人 曹士兵）

---

① 谢鸿飞：《合同法学的新发展》，中国社会科学出版社 2014 年版，第 484 页。

② 参见石宏：《合同编的重大发展和创新》，载《中国法学》2020 年第 4 期。

商 事

洪泽县金丰房地产有限公司诉盛京银行股份有限公司上海分行最高额抵押合同纠纷案

——《企业破产法》第三十三条关于隐匿、转移财产无效行为的司法认定

关键词：商事　隐匿　转移财产　破产财产　行为无效

【裁判要点】

债务人为逃避债务，在破产程序启动前，利用管理企业的优势为关联公司或利害关系人提供担保等行为套取资金，并将其隐匿、转移至关联公司或利害关系人，损害债权人整体权益的，属于《企业破产法》第三十三条第一款“为逃避债务而隐匿、转移财产”的行为，应认定为无效。

【相关法条】

《中华人民共和国企业破产法》

第三十三条　涉及债务人财产的下列行为无效：

（一）为逃避债务而隐匿、转移财产的；

（二）虚构债务或者承认不真实的债务的。

【案件索引】

一审：江苏省洪泽县人民法院（2016）苏0829民初192号（2016年12

月8日)

二审:江苏省淮安市中级人民法院(2017)苏08民终186号(2017年9月18日)

再审:江苏省高级人民法院(2018)苏民申413号(2018年12月18日)

【基本案情】

洪泽县金丰房地产有限公司(以下简称金丰公司)诉称:(1)请求判决确认金丰公司与盛京上海分行于2014年1月3日为桐庐瑞银贸易有限公司(以下简称瑞银公司)贷款5000万元而签订的《最高额抵押合同》《借款抵押合同》抵押担保合同无效;(2)请求判决确认金丰公司与盛京上海分行于2014年1月3日为周某某贷款500万元而签订的《盛京银行借款保证合同》《盛京银行最高额保证合同》保证担保无效;(3)请求判决被告承担本案诉讼费用等所有费用。

盛京银行股份有限公司上海分行(以下简称盛京上海分行)辩称:本案涉及的是土地使用权,不存在隐匿问题;抵押担保本身转移的不是财产本身,只是对债权债务的保障,涉案土地仍在金丰公司手中,财产并无转移;逃避债务的前提也不存在,金丰公司债务并没有减少,甚至是增加了,无从谈起逃避债务;原告在诉状中使用很多推论性的语言,并没有足够的证据证明。所以,本案不存在逃避债务,也没有隐匿和转移财产,抵押所涉及的也不是物权,应驳回原告诉讼请求。

法院经审理查明:2014年1月3日,瑞银公司与盛京上海分行签订《最高额综合授信合同》,瑞银公司从盛京上海分行以承兑汇票的方式借款5000万元,期限自2014年1月3日起至2016年1月2日止。同时,郭某甲、金丰公司与盛京上海分行签订《最高额保证合同》,金丰公司作为抵押人与盛京上海分行签订《最高额抵押合同》,以其位于洪泽县县城金鹰花园西南侧土地使用权为瑞银公司贷款提供担保,抵押财产评估值为人民币1.46亿元,本合同所担保的主债权为在2014年1月3日至2016年1月2日期间的最高额综合授信合同项下发放的贷款、开出的信用证、保函、银行承兑汇票等。2014年1月3日金丰公司为担保地块土地办理了洪他项(2014)他押第4号抵押登记。

2014年1月3日,周某某和盛京上海分行签订《个人经营借款合同》,约定:周某某借款500万元用于支付货款,期限自2014年1月3日起至

2015 年 1 月 2 日止。同日，金丰公司与盛京上海分行签订连带责任性质的《盛京银行借款保证合同》，并与盛京上海分行签订《借款抵押合同》，以位于洪泽县县城金鹰花园西南侧的土地使用权为周某某的借款提供担保，抵押财产评估值为人民币 1.46 亿元，并在同日办理了洪他项（2014）他押第 4 号抵押登记。

金丰公司成立于 2008 年 5 月 22 日，郭某甲缴纳出资额为 500 万元，占 10% 股份，瑞银公司出资额为 4500 万元，占 90% 股份。瑞银公司的股东为周某某，法定代表人也为周某某，且为一人有限责任公司，该公司 2014 年营业总收入及纳税总额均为零。郭某甲和周某某为夫妻关系。

另查明：金丰公司截至 2014 年 6 月 28 日已严重亏损近 1.13 亿元。2014 年 6 月 28 日，金丰公司以不能清偿到期债务、无法继续经营为由向法院申请破产清算，法院业已受理。2014 年 7 月 10 日，盛京上海分行向瑞银公司开具了 7 张银行承兑汇票，总金额为 7140 万元，出票人均为瑞银公司，收款人均为上海满尚实业发展有限公司（以下简称满尚公司）。

另查明：周某某为满尚公司监事，郭某乙（郭某甲、周某某之子）为满尚公司股东。后盛京上海分行未向瑞银公司和周某某主张所出借的贷款。

【裁判结果】

江苏省洪泽县人民法院于 2016 年 12 月 8 日作出（2016）苏 0829 民初 192 号民事判决：一、洪泽县金丰房地产有限公司与盛京银行股份有限公司上海分行在《最高额抵押合同》《借款抵押合同》中约定的抵押担保行为无效；二、洪泽县金丰房地产有限公司与盛京银行股份有限公司上海分行在《盛京银行借款保证合同》（借款人为周某某，借款金额为 500 万元）《盛京银行最高额保证合同》中约定的保证担保行为无效。一审案件受理费 316800 元，由盛京银行股份有限公司上海分行负担。宣判后，盛京上海分行提起上诉。江苏省淮安市中级人民法院于 2017 年 9 月 18 日作出（2017）苏 08 民终 186 号民事判决：驳回上诉，维持原判。盛京上海分行提起申诉。江苏省高级人民法院于 2018 年 12 月 18 日作出（2018）苏民申 413 号民事裁定：终结审查盛京银行股份有限公司上海分行的再审申请。

【裁判理由】

法院生效裁判认为：《企业破产法》第三十三条规定："涉及债务人财产的下列行为无效：（一）为逃避债务而隐匿、转移财产的；（二）虚构债务或者承认不真实的债务的。"本案中，虽然金丰公司为其关联公司瑞银公司和周某某的贷款提供最高额抵押担保的行为在法院受理金丰公司破产申请前，但上诉人在得知金丰公司向人民法院申请破产的情况下，未尽谨慎贷款审查义务向瑞银公司发放贷款，变相减少金丰公司的破产财产，符合《企业破产法》第三十三条规定的隐匿转移财产的情形。

第一，从抵押合同订立的时间而言，2014 年 1 月 3 日，金丰公司与盛京上海分行签订《最高额抵押合同》《借款抵押合同》，为瑞银公司、周某某向盛京上海分行的借款，以位于洪泽县县城金鹰花园西南侧土地使用权设立抵押担保。但 2014 年 6 月 28 日，金丰公司即以不能清偿到期债务、无法继续经营为由向法院申请破产清算。抵押合同签订与破产申请之间相差不到半年，由此可知 2014 年 1 月 3 日抵押合同订立时金丰公司已不具有良好的财务状况。

第二，从金丰公司与瑞银公司、周某某的关系而言，金丰公司股权结构为：瑞银公司占股 90%，郭某甲占股 10%。同时，瑞银公司为周某某一人有限责任公司，周某某与郭某甲系夫妻关系。由此，瑞银公司与金丰公司系关联公司，其实际控制人为郭某甲、周某某夫妇。而金丰公司向人民法院申请破产，瑞银公司作为金丰公司的控股股东应当知道该申请破产的事实，仍然向上诉人申请贷款，将金丰公司已提供抵押的财产增加抵押担保贷款金额，变相减少金丰公司的破产财产，因此，瑞银公司属于恶意转移金丰公司财产。

第三，从贷款申请材料而言，盛京上海分行以发放贷款的基础为瑞银公司与满尚公司之间签订的《产品采购合同》，其发放贷款的方式为银行承兑汇票，总金额 7140 万元，出票人均为瑞银公司，收款人均为满尚公司。但该《产品采购合同》中所约定的所有商品均无品牌，亦无收货地点，电梯没有楼层要求，挖掘机无规格型号，致使该《产品采购合同》根本无法履行。且瑞银公司在 2013 年 1 月 1 日至 2014 年 12 月 31 日期间无增值税及所得税税款缴纳记录，满尚公司亦无增值税及所得税的税款缴纳记录，瑞银公司与满尚公司并未正常经营。满尚公司的股东之一郭某乙是郭某甲、周某某之子，同时周某某是满尚公司的监事。

第四，从盛京上海分行发放贷款的时间而言，盛京上海分行发放贷款的时间为2014年7月10日，当日，金丰公司的破产申请已经被法院受理。从本案证据看，金丰公司的法定代表人王某某已于2014年7月9日向盛京上海分行工作人员谢某短信告知金丰公司申请破产。盛京上海分行在明知金丰公司已向法院申请破产未采取防范措施防止损失发生的情况下，于2014年7月10日继续向瑞银公司发放贷款，且金额高达7140万元，其主观上存在恶意发放贷款的过错。

第五，从金丰公司为瑞银公司提供抵押的客观效果而言，盛京上海分行向瑞银公司发放贷款，但就该笔债权可以通过在金丰公司财产上设立的担保物权来实现。如果金丰公司未为瑞银公司提供抵押，作为涉案抵押物的金丰公司土地使用权应作为破产财产供金丰公司债权人公平受偿，而设置抵押权之后，该土地使用权在抵押债权范围内盛京上海分行享有优先权，盛京上海分行对该抵押物行使优先权后，瑞银公司对盛京上海分行的债务消灭。由于瑞银公司与金丰公司的实际控制人均为郭某甲、周某某夫妇，故通过这一操作，郭某甲、周某某将金丰公司的财产转移至瑞银公司，进而可通过其对瑞银公司的控制，将该财产归其个人所有，属于《企业破产法》第三十三条第一项规定的转移财产。

【案例注解】

《企业破产法》第三十三条第一款规定，为逃避债务而隐匿、转移债务人财产的行为无效。该条款中涉及的隐匿、转移财产行为，是破产欺诈行为中较为常见的类型，也是立法对债务人滥用权利损害债权人合法权益的积极回应。在破产程序启动前，债务人关联公司及利害关系人提供融资担保的行为，是否属于破产欺诈中隐匿、转移财产的行为，能否适用《企业破产法》第三十三条认定为无效，是解决本案的关键。

一、破产欺诈中隐匿、转移财产的行为

（一）隐匿、转移财产的行为性质

学界认为，隐匿、转移财产是指为逃避债务而实施的欺诈性明显的转移破产行为，通常称之为破产无效行为。[①] 我国《企业破产法》第三十三条中规定了包含隐匿、转移财产等在内的3种无效行为。对于隐匿、转移财产的行为目的动机问题，有以下两种不同的观点：观点一认为，隐匿、转移财产的目的是

① 参见王欣新：《破产撤销权研究》，载《中国法学》2007年第5期。

逃避债务，手段是故意藏匿、隐瞒、转移等行为，行为对象是本应用于清偿债务的财产。如事先策划抽逃资产、搞空壳破产，被称为“先分后破”逃避债务。①观点二认为，除法律规定的“为逃避债务”目的而实施的隐匿、转移财产行为无效外，出于其他目的动机的而实施的上述行为，仍应认定为无效。理由是立法对于“为逃避债务”的规定仅是宣示性规定，而不是否定性规定，因而应扩大隐匿、转移财产行为的目的动机。如债务人出于其他动机使得部分债权人获得偏袒性清偿而隐匿、转移财产的行为，应属无效行为。②笔者认为，上述两个观点各有利弊。观点一依据法律文本进行文理解释，以行为人的目的动机来判定隐匿、转移财产行为是否属于无效，忽略了无效行为在相关法律规定的一致性，认定无效行为是不附条件的，即只要其实施了法律规定的无效行为产生的法律效力自始无效。观点二虽跳出《企业破产法》的法条，兼顾到破产无效与其他法律的一致性，扩大了认定实施隐匿、转移财产行为获利的主体范围，即由债务人扩大到部分债权人，但以“其他目的动机”这个宽泛的表述，难以对纷繁复杂的隐匿、转移财产行为有一个明确的判定，容易扩大适用范围，产生不必要的争议。因而，笔者认为，隐匿、转移财产行为属于无效行为，是否需要法律明文规定“为逃避债务”，是否为债权人利益还是债务人利益，应与《民法通则》《民法总则》和《合同法》的有关无效认定的规定相一致，只要该目的动机侵害了债权人整体利益的，就应认定为无效行为。

在司法实践中认为，隐匿、转移财产行为具有较强的隐蔽性，结合《婚姻法》《破产法》《刑法》等相关法律及司法解释来看，该类行为分为积极的和消极的两种。行为主要指向的财产对象集中在：动产如存款账户、另立账户、设备机器、库存货物等；不动产如厂房、土地等；债权及有价证券如股票、投资股份等。如在拒不执行判决裁定罪中，被执行人有的以采取消极的行为如不履行申报财产、不配合法院执行工作等，也有的以积极的作为如非法转移、隐匿、毁损、变卖已被人民法院采取法定执行措施控制的财产及相关证据材料。

隐匿财产的含义。隐匿财产，是指债务人在破产程序启动前特定时间或破产程序中，不披露破产企业财产信息或采取不为他人所知的手段藏匿本应用于偿付债务的财产或财产权利凭证的行为。从主观上来看，行为人有恶意躲避债务、隐藏财产的不合法意图，同时存在着欺诈债权人恶意。这里的“不为他人所知”主要是指小股东和债权人。客观上，行为人的隐匿行为直接导致破

① 参见张琳：《论恶意破产行为及其防治对策》，载《法治论坛》2002年第5期。

② 参见王欣新：《破产撤销权研究》，载《中国法学》2007年第5期。

产财产范围减少，债权人面临得不到或减少清偿债权的风险，严重损害债权人合法权益。隐匿财产的行为可分为积极的藏匿行为和消极的隐瞒行为。藏匿行为一般是行为人通过改变财产的位置、地点或状态，使得外部人不能以通常方式发现，进而达到藏匿财产的目的。可以说，此种藏匿财产的行为，凸显出行为人的主动性，积极追求藏匿行为所带来的非法利益。如将资金转移到关联公司或者以他人名义开设的银行账户之下，或故意将财产藏匿而拒不交付管理人全部财产等。隐瞒行为多发生在破产程序进行中，行为人对有关财务信息应当披露而不披露，致使管理人无法正常开展清偿工作，如不清理、申报相关财产，隐瞒不报公司债权、投资收益、经营权益等。此种行为表现出行为人以消极的方式隐瞒财产，追求破产财产减少，达到隐匿财产的目的。

转移财产的理解。转移财产是指债务人将财产转移到他处以达到减少其所有财产的行为。① 从我国破产法承接来看，1984 年《企业破产法》中的“私分”被 2006 年《企业破产法》中的“转移”所替代，进一步扩大非法移转财产的打击范围。私分是指行为人无正当理由将企业财产在企业成员中进行非法分配的行为，“私”体现出分配行为的非法性，与是否没有必然联系，也就是说，公开的分配行为也可能被认定为私分。② 私分的主体是企业内部成员如股东、法定代表人等高管，“私分”行为有别于隐匿，其行为主要指向行为人非法分配本应属于破产财产，以减少偿还破产债权的总量，进而达到非法获利目的，直接损害债权人合法权益。转移财产的主体、手段和方法明显多于私分，这也符合当前的司法实践。转移财产的行为主体包括但不限于企业内部人员、管理人、关联公司（分公司、子公司等）、债务人、债权人等，转移财产的行为多发生于关联企业破产，其以隐蔽性、复杂性为主要特征，往往会以合法形式掩盖非法目的，认定难度大。主要原因有以下两点：其一是关联企业公司结构较为复杂、产业链长、涉及主体多，隐匿、转移的手段和方法明显高于单一企业；其二是关联企业多为母子公司、家族企业，存在着近亲关系、利害关系群体，当其中一家破产，将财产进行分散或集中转移至其他关联企业，便于隐藏和操作，破产欺诈目的容易得逞。因而，隐匿、转移财产行为在关联企业之中认定和打击较为困难。③

（二）隐匿、转移财产属于破产欺诈行为

破产欺诈，是指行为人违反《企业破产法》的规定，通过隐瞒事实真相

---

① 参见汤维建：《新企业破产法解读与适用》，中国法制出版社 2006 年版，第 130 页。

② 参见王欣新：《破产法学》，中国人民大学出版社 2004 年版，第 213 页。

③ 参见孙向齐：《关联企业破产法律问题研究》，中国人民大学 2008 年博士学位论文。

或制造虚假情况等手段，实施某种物之处分或交易行为，导致破产财产负担增加或破产财产减少，或使破产财产状况不明，直接损害债权人利益，甚至社会利益的行为。[①] 尽管我国1986年《企业破产法》没有破产欺诈的规定，但在第三十五条[②]规定了欺诈性行为。在2006年《企业破产法》中，也未明确提出破产欺诈，但在第三十一条、第三十二条、第三十三条规定了破产欺诈行为。尽管我国《刑法修正案（六）》新增了“虚假破产罪”，但也未明确提出破产欺诈罪名。因而，从立法上难以查找到关于破产欺诈的规定。但理论界和实务界达成共识，对新《企业破产法》中上述3个法条所列明的欺诈行为，统称为破产欺诈。隐匿、转移财产行为具有较强的隐蔽性，具有民事法律制度中欺诈行为特征，行为人往往利用或违反破产程序规定，在破产程序启动前或后，采用欺骗、隐瞒、转移等欺诈性手段，进而损害债权人或其他利害关系人利益。笔者认为，从法律规定、主观意图、行为特征等三个方面可以得出，隐匿、转移财产行为与破产欺诈的规定具有一致性，应属于破产欺诈行为。一是就我国《企业破产法》而言，破产欺诈分为两类，一类是隐蔽性不是很明显、在法定的可撤销期间的破产撤销行为，如该法第三十一条的5种行为、第三十二条第一款的行为；另一类是采用捏造、隐瞒或歪曲事实欺诈性明显的手段转移财产，[③] 主要集中在第三十三条的3种行为。隐匿、转移财产行为是《企业破产法》第三十三条破产无效行为的第1种行为类型，其当然属于严重的破产欺诈行为。二是从主观意图来看，隐匿、转移财产行为具有破产欺诈的故意，通过欺诈行为使得债权人陷入错误认识并为一定意思表示，追求或放任丧失或减少破产财产，逃避破产债务，损害债权人利益。三是从行为特征来看，行为人采取隐匿、转移财产的行为，一般是以交易的形式作为掩护，多发生在行为人与第三人之间，这里的第三人可以是债务人、债务人股东及其利害关系人，也可以是个别债权人，其产生的客观结果是减少或丧失破产财产。

（三）隐匿、转移财产行为的危害性

随着我国经济发展进入新常态，经济结构转型升级加快，优胜劣汰加速企业两极分化，大量处于濒临破产边缘的企业进入破产程序，使得“有破产就有欺诈”的法谚成为破产审判工作的实践。隐匿、转移财产是当前司法实践

---

① 参见唐晓春：《企业破产的法律风险及防范》，中国法制出版社2007年版，第98页。

② 1986年《企业破产法（试行）》第三十五条规定，五种行为发生在破产受理前六个月至破产宣告之日期间内，可认定为无效，即隐匿、私分或者无偿转让财产；非正常压价出售财产；对原来没有财产担保的债务提供财产担保；对未到期的债务提前清偿；放弃自己的债权。

③ 参见李雪田：《我国反破产欺诈法律制度研究》，吉林大学2010年博士学位论文。

中较为常见的破产欺诈行为，其危害性主要表现在其破坏了市场经济秩序，动摇了诚实信用原则；侵害了债权人合法债权，尤其是在国有企业破产案件中，隐匿、转移财产行为，是对国有资产的私分、转移，严重损害了国家利益、集体利益；扰乱了破产程序。在推进破产审理中还需要对该类行为另行组成合议庭，对管理人提出的破产无效行为进行审查。由于该类行为隐蔽性强，审查难度大、跨越周期长，即使经过终审，还可能存在申请再审的情况，严重影响了破产审判程序稳定。

二、司法适用中隐匿、转移财产行为的认定

司法实践中，隐匿、转移财产行为具有较强的隐蔽性，行为对象较为广泛，主要分为不动产、动产、债权、股票等，最难查明的是行为人利用关联关系虚假交易“掏空”濒临破产边缘企业的手段。隐匿、转移财产是以债务人被人民法院裁定受理破产为起点，需要对隐匿、转移破产财产行为发生的期间、行为主体、损害行为、损害事实等方面进行考察，以便于准确判定其行为的合法性。具体到本案中，就是要对处于濒临破产边缘的金丰公司在为关联公司瑞银公司、利害关系人周某某金融借款提供担保中，是否按照上述四个方面进行审查，进而判断其行为是否属于《企业破产法》第三十三条规定的隐匿、转移财产的无效行为。

1. 发生期间的认定。当事人已经取得的涉案土地抵押权，并不影响对涉案土地作为金丰公司破产财产的认定。根据受理破产与提供担保的时间顺序来看，提供担保的时间早于受理破产 5 个月又 25 天，发生在破产程序启动前，此外根据《企业破产法》第三十一条、第三十二条、第三十三条的规定，前两条设置了1 年或6 个月不等的临界期，而第三十三条未设置临界期。当事人为金融借款提供担保行为属于隐匿、转移财产无效认定的时间起点。

2. 行为主体关联性的认定。破产企业的内部人员、关联企业、债务人、管理人等都可以成为破产欺诈的行为主体。关联企业的破产欺诈较其他一般主体实施的破产欺诈行为更为隐蔽、手段方法更难认定。本案系原告破产企业金丰公司提起的与被告盛京上海分行抵押无效合同纠纷案，涉及当事人为金丰公司与盛京上海分行，两者之间为抵押法律关系，即处于濒临破产边缘的金丰公司为控股股东瑞银公司和股东郭某甲的妻子周某某，也是瑞银公司的自然人股东的两笔贷款提供土地抵押，从属于盛京上海分行与瑞银公司和周某某的金融借款主债务。也就是说，金丰公司、瑞银公司系郭某甲、周某某夫妇所有，并对两家公司进行实际控制，为实现其逃避债务的目的，通过股东会操纵金丰公

司为关联公司瑞银公司和利害关系人周某某的融资贷款提供抵押担保，金丰公司是名义上的侵害债权行为人，郭某甲、周某某夫妇为实际侵害债权行为人。

3. 损害行为的认定。行为人的主观意图需要通过客观行为来实现，通过实施行为则可以推定其主观意图。本案中金丰公司、瑞银公司系郭某甲、周某某夫妇开设的公司，经营管理权也在其实际掌握中，隐匿、转移财产行为主要由以下两个方面来认定：一是以股东会合法形式掩盖。原告金丰公司在破产受理前5个多月，通过了为控股股东瑞银公司和利害关系人周某某的贷款提供担保的股东会决议。尽管提供担保股东会决议是公开的，但不影响其“私分”转移财产的性质，且这种公开仅限于参加股东会的人员，提供担保的依据是否符合公司发展利益，并不是金丰公司股东会决议所考虑的。二是虚构交易套取抵押金融借款。被告盛京上海分行向瑞银公司借款是基于其与满尚公司的《产品采购合同》交易，经查实，满尚公司的股东之一郭某乙是郭某甲、周某某之子，同时周某某是满尚公司的监事，也就是说满尚公司与金丰公司、瑞银公司之间为关联公司，且该份交易合同根本无法履行，两家公司均在2013年1月1日至2014年12月31日期间无增值税及所得税税款缴纳记录，均未正常经营。因而，该行为属于典型的藏匿行为，原告金丰公司行为人通过改变所有的涉案土地状态，将其抵押给被告盛京上海分行，进而减少原告金丰公司破产财产范围，实现其藏匿财产的目的。

4. 损害了金丰公司其他破产债权人利益。原告金丰公司的实际控制人郭某甲、周某某夫妇，在明知资不抵债的情况下，在破产申请前，以原告金丰公司财产作为抵押担保，通过虚构交易为关联公司瑞银公司和周某某套取被告盛京上海分行贷款，变相转移本应属于破产企业的财产。在签订抵押协议时，原告金丰公司已经资不抵债，涉案土地是最能实现破产债权人利益的资产，若盛京上海分行诉至法院要求享有涉案属于破产财产的土地抵押权，其享有的抵押权优先于一般债权受偿，直接带来的是对原告金丰公司破产财产的减少，其当然损害破产债权人合法权益。

三、启示

《企业破产法》仅笼统规定了隐匿、转移财产行为属于破产无效行为，而对于具体哪些行为表现可以认定为该行为，《企业破产法》及相关司法解释并未有进一步的明确。由于缺少法律对隐匿、转移财产行为认定的具体规定，使得对触犯无效破产行为的认定丧失了基础性法律支撑，这种概括性立法带来的对破产无效认定的压力传导给司法裁判者，主要依赖于法官的审判经验，需要凭借其对隐匿、转移财产的解释上认识及对相关已经搜集到的证据进行综合评定，这与我国成文法的立法理念不相一致，亟须要对该行为的具体认定进行明确。对此，笔者建议，隐匿、转移财产的行为可以在未来的司法解释中进一步明确，即在破产程序启动前或后，行为人以消极的或积极的方式将财产转移到关联公司或者以他人名义开设的银行账户，或故意将财产藏匿拒不交付管理人全部财产等行为，以减少或丧失破产企业财产的目的，因此损害债权人合法权益。

对于破产程序中受损害一方权利主体来说，一方面要积极申报、核查债权，及时召开债权人会议厘清债务，弄清企业股权结构，是否存在关联公司或特定利害关系人，重点对法院裁定受理破产之日前 2 年内作出的对外担保、贷款、大宗交易等情况进行审计，以便于搜集相关证据。另一方面，加强管理人工作，团队中不仅要有律师，还要有审计、财务等专业背景人才，共同对破产企业债权债务进行清理，以便及早发现问题，并对于有一定证据支撑的破产欺诈行为，在作进一步审查过程中可向人民法院提起诉讼，确保破产撤销权或破产无效诉权能及时得到法律的保护。

作为居中裁判的法官，在接到关于破产无效或破产撤销权的案件时，可以按照侵权法的四个构成要件，逐一进行核查其是否满足。同时，对于破产欺诈行为，无论是破产无效还是破产撤销行为发生的时间起点都可以在破产程序启动前，也可以是破产启动后，重点对其破产欺诈行为进行剥丝抽茧，判断其是否符合《企业破产法》第三十一条、第三十二条还是第三十三条规定的情形，找准法律适用的依据。而对于破产欺诈行为类型的判定，需要结合破产欺诈行为的发生时间、手段方式、行为主体、损害后果等方面综合判断，以便于作出准确判断。

对于破产无效行为的依法认定，不仅是对推进破产程序的积极回应，也是法官用司法裁判对社会主义市场经济诚实信用的正向引领，更是对债权人权利的保护。反破产欺诈是公平正义价值的回归，彰显了司法在优化法治营商环境中的积极作为和担当。

（**一审法院合议庭成员** 刘林厚 胡怀彬 董 锋
二审法院合议庭成员 朱月娥 刘群英 朱 佩
再审法院合议庭成员 张继军 史承豪 罗有才
编写人 江苏省淮安市洪泽区人民法院 鲁海军
责任编辑 李 明
审稿人 曹士兵）

胡某某诉北京博源工贸有限责任公司、西藏信托有限公司股东资格确认纠纷案

——有限责任公司股权让与担保效力的认定

关键词：商事 股权让与担保 合同效力 裁判逻辑

【裁判要旨】

对当事人签订“股权转让协议”的性质认定，应当从该份协议是否具有附属性，当事人是否对股权回购等事项作出安排角度出发，探求当事人签订协议的真实意思表示，进而确定协议的性质是属于“转让股权”的股权转让协议，还是属于为“另一交易提供的担保”的股权让与担保？对于股权让与担保的效力，应当以股权利益归属者即公司的视野进行内外的区分：其中对内效力应按照股权权利享有和权利行使的分离规则，界定权利边界，平衡各方利益；对外效力则按照外观主义原则对善意第三人进行保护。

【相关法条】

《中华人民共和国公司法》

第三十二条 有限责任公司应当置备股东名册，记载下列事项：

（一）股东的姓名或者名称及住所；

（二）股东的出资额；

（三）出资证明书编号。

记载于股东名册的股东，可以依股东名册主张行使股东权利。

公司应当将股东的姓名或者名称向公司登记机关登记；登记事项发生变更的，应当办理变更登记。未经登记或者变更登记的，不得对抗第三人。

第七十一条 有限责任公司的股东之间可以相互转让其全部或者部分股权。

股东向股东以外的人转让股权，应当经其他股东过半数同意。股东应就其股权转让事项书面通知其他股东征求同意，其他股东自接到书面通知之日起满三十日未答复的，视为同意转让。其他股东半数以上不同意转让的，不同意的股东应当购买该转让的股权；不购买的，视为同意转让。

经股东同意转让的股权，在同等条件下，其他股东有优先购买权。两个以上股东主张行使优先购买权的，协商确定各自的购买比例；协商不成的，按照转让时各自的出资比例行使优先购买权。

公司章程对股权转让另有规定的，从其规定。

《中华人民共和国合同法》

第八条① 依法成立的合同，对当事人具有法律约束力。当事人应当按照约定履行自己的义务，不得擅自变更或者解除合同。

依法成立的合同，受法律保护。

第五十二条② 有下列情形之一的，合同无效：

（一）一方以欺诈、胁迫的手段订立合同，损害国家利益；

（二）恶意串通，损害国家、集体或者第三人利益；

（三）以合法形式掩盖非法目的；

（四）损害社会公共利益；

（五）违反法律、行政法规的强制性规定。

《中华人民共和国民法总则》③

第一百四十六条第二款 以虚假的意思表示隐藏的民事法律行为的效力，依照有关法律规定处理。

【案件索引】

一审：北京市石景山区人民法院（2018）京0107民初29633号（2018年

---

① 参见《民法典》第一百一十九条之规定："依法成立的合同，对当事人具有法律约束力。"第四百六十五条规定："依法成立的合同，受法律保护。依法成立的合同，仅对当事人具有法律约束力，但是法律另有规定的除外。"

② 现《民法典》已无此条。

③ 参见《民法典》第一百四十六条第二款之规定："以虚假的意思表示隐藏的民事法律行为的效力，依照有关法律规定处理。"

12 月 21 日）

二审：北京市第一中级人民法院（2019）京 01 民终 2736 号（2019 年 3 月 18 日）

【基本案情】

原告（被上诉人）胡某某诉称：原告原系北京金威中嘉科技有限公司（以下简称金威中嘉公司）法定代表人，亦是金威中嘉公司实际控制人。北京海淀颐海出租汽车有限责任公司（以下简称颐海出租车公司）、北京恒通出租汽车有限公司（以下简称恒通出租车公司）、北京东华门出租汽车有限责任公司（以下简称东华门出租车公司）均是金威中嘉公司投资控股企业。2011 年，金威中嘉公司与西藏信托有限公司（以下简称西藏信托公司）开始建立借贷关系，向西藏信托公司举债（借款）用于颐海出租车公司、恒通出租车公司、东华门出租车公司的车辆更新、扩大经营规模。被告北京博源工贸有限责任公司（以下简称博源公司）作为关联企业为西藏信托公司的债权提供抵押担保，原告提供连带责任保证。2011 年 11 月 29 日，应西藏信托公司要求，为担保西藏信托公司的债权实现，将金威中嘉公司投资人变更为西藏信托公司。此后，金威中嘉公司与西藏信托公司之间借新还旧，至今贷款尚未偿还。因金威中嘉公司向西藏信托公司借款逾期未还，2015 年 5 月 5 日，原告与西藏信托公司签订《北京博源工贸有限责任公司股权转让协议》，将所持有的博源工贸公司 80% 股权转让给西藏信托公司，用于金威中嘉公司所欠债务的担保。博源公司办理至西藏信托公司名下系作为债权的担保，而非真正的股权转让，西藏信托公司虽在工商登记中记载为博源公司的股东，但仅为名义股东，而非实际股东。此种通过转让标的物的所有权来担保债权实现的方式属于非典型担保中的让与担保，西藏信托公司可以依据约定主张担保权利，但其并未取得股权。因西藏信托公司与案外人恶意串通，拟低价处分北京博源工贸有限责任公司的财产，严重损害原告的合法权益，故诉至法院，申请判令：（1）确认西藏信托公司不是博源公司股东；（2）确认胡某某具有博源公司的股东资格，持有博源公司 80% 的公司股权。

被告（上诉人）博源公司经法院依法传唤未到庭参加诉讼，但向法庭提交了《关于胡某某、曹某诉我公司股东资格确认纠纷的意见》，其书面意见认为西藏信托公司持有博源公司 100% 股权，系根据《股权转让协议》约定取得，并非基于担保关系取得，不认可胡某某的主张。

法院经审理查明：原告系金威中嘉公司的法定代表人，同时系被告博源公司的原法定代表人和股东。金威中嘉公司与西藏信托公司签订借款合同借款1.8亿元（双方认可债务共计3亿元），并以博源公司所有的一块6000余平方米的土地使用权及其上的5000余平方米的房屋作为抵押。后金威中嘉公司未如期还款，原告作为博源公司的股东将自己持有的80%的股权转让给西藏信托公司（转让价格没有约定），并拟定了关于原告零对价回购股权为内容的出资转让协议的补充协议（只有原告签字，没有西藏信托公司的签字或印章）。随后博源公司办理了工商变更登记手续，西藏信托公司被登记为博源公司的股东，同时法定代表人也由本案原告变更为崔某。

【裁判结果】

北京市石景山区人民法院2018年12月21日（2018）京0107民初29633号民事判决：确认胡某某系持有博源公司80%股权的实际股东；驳回原告胡某某的其他诉讼请求。宣判后，西藏信托公司向北京市第一中级人民法院提起上诉。北京市第一中级人民法院于2019年3月18日以同样的事实作出（2019）京01民终2736号民事判决：驳回上诉，维持原判。

【裁判理由】

法院生效裁判认为：认定涉案股权转让协议是股权让与担保、股权转让还是股权质押，不能仅仅看合同的形式或名称，而要探究当事人的真实意思表示。如果当事人的真实意思是以转让标的物的形式为主合同提供担保，则此种合同属于让与担保合同，而非其他。本案中，西藏信托公司与胡某某均否认双方之间的协议是股权买卖或股权质押关系，故上述两种关系可以排除。因此，本案应当着重分析涉案协议是否属于股权让与担保。所谓让与担保是指，债务人或第三人为担保债务的履行将标的物转让给债权人，于债务不履行时，债权人可就标的物受偿的一种非典型担保。将标的物转移给债权人的债务人或第三人形式上是转让人，实质上是担保人；受领标的物的债权人形式上是受让人，实质上是担保权人。《物权法》没有规定让与担保制度，但由于其具有融资灵活、交易成本较低、第三人阻碍债权实现的可能性小等优势，让与担保一直在担保实践中屡见不鲜。在让与担保关系中，通常存在主从两份合同，股权让与担保作为从合同，是为了担保主合同项下的债务而订立的，这也是判断一个协议是股权转让还是股权让与担保的重要标准。本案中，当事人均认可博源公司与西藏信托公司之间存在3笔债权债务关系，涉及本金约3亿元，故上述3份借款合同应为主合同。而胡某某与西藏信托公司之间的股权转让协议即应当属于为了担保上述主合同的履行而签订的从合同。否则，博源公司名下房产及土地价值几亿元，而胡某某与西藏信托公司之间的股权转让协议未约定任何对价，这显然与理性的商事主体的交易行为相悖，无法让人信服。同时，让与担保亦具有便于债权人实现债权的功能，这与西藏信托公司关于涉案股权转让协议是为了防范胡某某和博源公司处置八大处不动产，保障西藏信托公司抵押权的实现，方便西藏信托公司处置八大处不动产的主张完全相符。让与担保作为非典型担保形式并不违反法律及行政法规禁止性规定，应属有效。而股权让与担保的法律构造为：债务人将股权转移至债权人名下，债务清偿后，股权应返还于债务人。债务人履行不能时，债权人可就股权变价并经过债务清算后受偿。因此，本案第三人依据股权转让协议在工商登记中公示为股东，但相关记载应为名义股东性质，并非实际股东。有限公司股权权能中包含财产权及社员权，而股权让与担保本身仅涉及其中的财产权部分，但不应影响实际股东社员权利的行使。原告并不因此完全丧失股东身份，故本案原告仍为博源公司的实际股东并行使相应的股东权利，而第三人作为名义股东，其权利的行使应受到实际股东权利的合理限制。关于第三人在工商登记处仍记载为股东的情况，系双方为实现债权担保及特定商业目的所作出的自主安排，名义股东与实际股东并存之情形并不违反公共利益及法律、行政强制性规范，也符合常见的商业惯例，故应尊重当事人的商业判断和权利处分，故对于原告要求否定第三人名义股东身份的主张法院不予支持。

【案例注解】

担保法律制度作为化解市场风险的法律手段，是通过增加信用与分离财产的形式，从静态上减少乃至消除交易中存在的债权风险。[①] 股权作为包含“财产权”及“社员权”多种权能内容的权利束，其财产权天然地具备融资担保的功能，围绕股权衍生出“股权质押”等典型性担保，也催生了包含以“股权转让”为形式，以“股权担保”为实质的“股权让与担保”的非典型性担

① 参见梁慧星：《日本现代担保法制及其对我国制定担保法的启示》，载《民商法论丛》第3卷，法律出版社1995年版，第172页。

保。与实践中“股权让与担保”如火如荼的形势形成反差的是司法实践中的规则应对困境：缺乏公示手段，导致担保权人存在滥用权利的可能，同时对有限公司的封闭性造成威胁。股权让与担保中的真意隐藏行为和通谋虚伪表示规则的适用可能会导致此类协议被认定无效，且禁止“股权流质”条款约定可能会对协议效力造成影响。另外，股权让与担保是否违反物权法定及其后果认定尚存争议。除规则方面的适用争议和缺位情况之外，此类纠纷尚涉及“债权人、债务人、担保人、与公司交易的第三人”各方主体的利益衡量，当事人之间易发生争议。本案中双方的争议焦点即为涉案股权转让协议的性质及相应的法律后果，这为我们处理类似案件提供了一个绝佳样本。以下我们就相关问题进行梳理，希望可以对此类案件的审理提供一条清晰的可供因循的思维路径。

一、关于股权让与担保的认定路径[①]

（一）意思表示明确情况下：“融资＋担保”模式识别

股权让与担保一般的构成要件为：第一，债权人与债务人主债权债务关系的存在；第二，担保设定人与担保权人股权让与担保关系的成立。在当事人表示明确的情况下，应当对股权转让协议及周边的融资协议一体考虑，判断是否属于“融资＋担保”的模式，进而判断是否属于股权让与担保。

（二）意思表示不明情况下：“行为＋制度安排”解读

实务中，判断“股权转让协议”是股权让与担保、股权转让抑或是股权质押，不能仅仅看合同的形式或名称，而要探究当事人的真实意思表示。如果当事人的真实意思是通过转让标的物的形式为主合同提供担保，则此种合同属于让与担保合同，而非其他。但是在意思表示不明的情况下，如何对当事人的相关行为和合同安排进行解读，是我们必须完成“探求当事人的真实意思表示”的解释学作业。结合司法实践及股权让与担保的实质性特征，可从以下几个方面进行解读：

1. 是否设置股权回购条款。在股权让与担保中，由于股权转让的本质是为了担保，大多约定在债务人偿还债务后，担保权人（股权受让人）有义务配合股权返还等条款。

---

① 本部分思路及部分内容参考自河南大学李星的硕士论文《我国有限责任公司股权让与担保效力认定问题研究》第四部分“股权让与担保效力在不同主体间的具体认定”。具体详见李星：《我国有限责任公司股权让与担保效力认定问题研究》，河南大学2018年硕士学位论文。

2. 股权受让人即“新股东”是否实际控制公司。股权的财产属性是股权能够作为担保物的一个重要原因，一般的股权让与担保也都关注股权的财产属性，[①] 并不直接参与公司的经营和控制，因此可以从“新股东”是否实际参与公司经营和实际控制公司来对争议协议及性质定性。

3. 股权转让价格是否合理及是否实际履行。在股权让与担保的情形下，债务人（股权转让方）一般均处于劣势地位，在整个交易中并没有太多话语权，体现在股权转让协议中，就是股权的价格与其实际价值明显偏离，或者股权转让价款并没有实际履行。在港丰集团公司与国融公司、长城担保公司、何建华等合同纠纷案[②]中，涉案股权价值10亿元却被作价1元。在本文所涉及案件中，并没有证据显示原告收到了股权转让价款，甚至在股权转让协议中根本就没有对股权转让价格进行约定。

二、协议有效与否的认定规则：尊重契约自由，鼓励交易

以“股权转让”为形式实现债权担保目的的协议效力认定规则，一方面要严格遵守《合同法》合同效力章节的规则体系，在协议内容不违反公共利益的情形下慎用无效等负面评价规则。另一方面，要比对《合同法》契约自由、鼓励交易的精神，尽量维系合同效力。围绕“股权让与担保”产生的协议效力认定争议主要包括以下几个方面：

第一，股权让与担保作为一种非典型担保，违反了物权法定原则，因而合同效力应当作出否定评价。关于这个问题，应当回溯到法律规定物权法定的初衷和逻辑原点，即为了避免因为契约自由所产生的交易动态发展而引起的不同类型物权相互之间的法益冲突，以确保基本财产秩序的静态安全，然而，自该原则产生以来就因为其与私法自治原则之间的冲突而不断遭受质疑。[③] 虽然股权让与担保由于缺乏公示，但是针对由此引起的问题，可以交由其他制度在其“规则射程”内解决，并非只有否定合同效力一条华山之道。

第二，通谋虚伪意思表示对协议效力判断的影响。通谋虚伪意思表示，由

---

① 需要说明的是并非股权的社员权属性没有价值，不能作为让与担保的标的，在这样的情况下，担保权人（新股东）实际上是深入介入公司的，对公司的封闭性造成很大的冲击。

② 一审案号：广东省深圳市中级人民法院（2012）深中法涉外初字第83号，二审案号：广东省高级人民法院（2015）粤高法民四终字第196号，再审案号：最高人民法院（2016）最高法民申1689号。

③ 参见房绍坤、王洪平：《论担保物权法定的意思自治及规范选择——以担保法和〈物权法（草案）〉建议稿的比较分析为中心》，载《担保立法疑难问题研究与立法完善》，法律出版社2006年版，第397页。

于双方均无相应法律后果发生的意思，因此自然不产生效力。但是在股权让与担保情形下，要根据《民法总则》第一百四十六条第二款的规定："以虚假的意思表示隐藏的民事法律行为的效力，依照有关法律规定处理。"虚假的意思表示即股权转让协议因其并非当事人的真实意思表示而无效。而隐藏的行为，即让与担保行为则要根据《合同法》的相关规定认定其效力。让与担保本身并不存在违反法律、行政法规的强制性规定的情形，应当认定为合法有效。

第三，关于流质条款对协议效力的冲击。一方面，应当按照《合同法》第五十六条的精神，部分条款无效的不影响整个合同的效力；另一方面，应当引导采用此种担保方式的商事主体在合同中同时约定"清算条款"以避免相应的安排被认定为"股权流质"条款，导致整个合同目的落空，而且这样的安排也有利于保护处于劣势的债务人在无法完成股权回购时，股权能够以较为合理的价值被处置，保障股权出让人的利益。

三、合同效力的考量：个体契约自由与团体利益保护之博弈

股权让与担保的设定，属于股东对自身股权的处分，股权一经设定担保，就可能会引入新的股东进入并导致担保设定人股权的丧失，而股权处分呈现的是团体交易的特征，团体交易关系的复杂性突破了契约简单功利性交换模式。[①] 作为个体之间的契约安排的股权让与担保，其影响在公司团体利益场域之下呈现出复杂性，因此该类协议的效力也应当作出内外有别的区分。

（一）对内效力：权利享有与权利行使相分离的规则

权利的享有和权利的行使为两个相互关联又相互独立的法律事实。权利享有表征的是静的法律状态，其法律效力在于确定权利的归属，而权利行使表征的是动的法律状态，其法律效力在于实现权利的内容。[②] 股权权能的复合性决定了其权利享有和行使的复杂性，作为股权受让人的担保权人的权利行使"射程"应以保障实现债权为限，原则上不能行使公司内部的相关社员权利，不能干预公司的经营管理。只有在债务人终局地、不可挽回地偿还债权失败的情况下，才允许担保权人经由"清算规则"获得完整的股权，进而使得权利享有和行使重归为一体。

（二）对外效力：权利外观主义原则统摄下的善意第三人保护

股权让与担保经合同安排即可成立，并没有相应的公示途径，因此产生了

① 蒋大兴：《公司法中的合同空间——从契约法到组织法的逻辑》，载《法学》2017年第4期。

② 蔡立东：《股权让与担保纠纷裁判逻辑的实证研究》，载《中国法学》2018年第6期。

关于与公司进行交易的第三人的利益保护问题。出于对工商登记信息信任而与公司进行交易的相对人，应当按照“不知股东名册及工商登记的记载错误且无重大过失”的标准区分是否属于善意，进而作出不同的制度安排，并以保护善意第三人信赖利益为原则。同时需要指出的是，作为名义股东的担保权人（股权受让人）的对外交易行为本质上属于一种权利滥用，前文已述名义股东的权利行使是有明确界限的，为了防止名义股东滥用权利，有限责任公司的其他非股权让与股东一方面可以采用“优先购买权”等方式阻击“外人”进入公司，破坏公司封闭性；另一方面，股东可以充分利用公司章程的约束力，在公司设立之时就对股权让与担保可能产生的风险作出安排。

总之，股权让与担保在形式上是“股权转让”，在目的上具备和“股权质押”类似的担保功能。探求当事人的内心真实意思表示，界定协议性质是分析问题的第一步；在契约自由及鼓励交易原则下对协议效力进行评价是分析问题的第二步；此外，还要充分考虑股权让与担保的个体契约自由与公司组织性特征的团体利益保护，兼顾各方主体利益，对股权让与担保的合同效力作内外有别的安排。

（**一审法院合议庭成员** 施舟骏 钮金荣 刘淑荣
二审法院合议庭成员 黄占山 杨 力 刘 婷
编写人 北京市石景山区人民法院 施舟骏 陈世昌
责任编辑 杨 奕
审稿人 曹士兵）

知识产权

北京同仁堂股份有限公司诉李某甲等侵害商标权纠纷案

——加大对医疗食品等领域的知识产权侵权赔偿力度

关键词：知识产权　商标侵权　用药安全　侵权损害赔偿

【裁判要旨】

侵权人因同一行为应当承担行政责任或者刑事责任的，不影响依法承担侵权责任。本案侵权人的行为不仅构成生产销售假药罪，需要承担相应的刑事责任，还侵害同仁堂公司注册商标专用权，应承担相应民事侵权责任。适用法定赔偿方式确定赔偿数额时，需综合考虑侵权行为性质、商标知名度等因素。通过加大损害赔偿力度的方式来展示裁判对社会公众正确行为模式的指引作用。

【相关法条】

《中华人民共和国侵权责任法》

第四条① 侵权人因同一行为应当承担行政责任或者刑事责任的，不影响依法承担侵权责任。

---

① 参见《民法典》第一百八十七条之规定：“民事主体因同一行为应当承担民事责任、行政责任和刑事责任的，承担行政责任或者刑事责任不影响承担民事责任；民事主体的财产不足以支付的，优先用于承担民事责任。”

因同一行为应当承担侵权责任和行政责任、刑事责任，侵权人的财产不足以支付的，先承担侵权责任。

《中华人民共和国商标法》（2013 年修正）

第六十三条[①] 侵犯商标专用权的赔偿数额，按照权利人因被侵权所受到的实际损失确定；实际损失难以确定的，可以按照侵权人因侵权所获得的利益确定；权利人的损失或者侵权人获得的利益难以确定的，参照该商标许可使用费的倍数合理确定。对恶意侵犯商标专用权，情节严重的，可以在按照上述方法确定数额的一倍以上三倍以下确定赔偿数额。赔偿数额应当包括权利人为制止侵权行为所支付的合理开支。

人民法院为确定赔偿数额，在权利人已经尽力举证，而与侵权行为相关的账簿、资料主要由侵权人掌握的情况下，可以责令侵权人提供与侵权行为相关的账簿、资料；侵权人不提供或者提供虚假的账簿、资料的，人民法院可以参考权利人的主张和提供的证据判定赔偿数额。

权利人因被侵权所受到的实际损失、侵权人因侵权所获得的利益、注册商标许可使用费难以确定的，由人民法院根据侵权行为的情节判决给予三百万元以下的赔偿。

【案件索引】

一审：广东省广州市荔湾区人民法院（2017）粤 0103 民初 1066 号（2017 年 6 月 19 日）

二审：广州知识产权法院（2017）粤 73 民终 1612 号（2018 年 12 月 18 日）

① 此条文已被 2019 年修正的《商标法》所修改。《商标法》（2019 年修正）第六十三条规定："侵犯商标专用权的赔偿数额，按照权利人因被侵权所受到的实际损失确定；实际损失难以确定的，可以按照侵权人因侵权所获得的利益确定；权利人的损失或者侵权人获得的利益难以确定的，参照该商标许可使用费的倍数合理确定。对恶意侵犯商标专用权，情节严重的，可以在按照上述方法确定数额的一倍以上五倍以下确定赔偿数额。赔偿数额应当包括权利人为制止侵权行为所支付的合理开支。人民法院为确定赔偿数额，在权利人已经尽力举证，而与侵权行为相关的账簿、资料主要由侵权人掌握的情况下，可以责令侵权人提供与侵权行为相关的账簿、资料；侵权人不提供或者提供虚假的账簿、资料的，人民法院可以参考权利人的主张和提供的证据判定赔偿数额。权利人因被侵权所受到的实际损失、侵权人因侵权所获得的利益、注册商标许可使用费难以确定的，由人民法院根据侵权行为的情节判决给予五百万元以下的赔偿。人民法院审理商标纠纷案件，应权利人请求，对属于假冒注册商标的商品，除特殊情况外，责令销毁；对主要用于制造假冒注册商标的商品的材料、工具，责令销毁，且不予补偿；或者在特殊情况下，责令禁止前述材料、工具进入商业渠道，且不予补偿。假冒注册商标的商品不得在仅去除假冒注册商标后进入商业渠道。"

【基本案情】

原告北京同仁堂股份有限公司（以下简称同仁堂公司）诉称：第171188号“同仁堂”商标原由北京同仁堂制药厂于1983年注册于第31类中药，注册类别后经核准变更为国际分类第5类，于1989年被确定为驰名商标。2002年6月7日，经中华人民共和国工商行政管理总局商标局核准，商标注册人变更为中国北京同仁堂（集团）有限责任公司（以下简称同仁堂集团公司），现仍处注册有效期内。原告同仁堂公司于2013年2月28日与同仁堂集团公司签订《“同仁堂”商标许可使用合同》，同仁堂集团公司许可将“同仁堂”注册商标使用于原告同仁堂公司，同仁堂集团公司批准使用的商品和服务中包含安宫牛黄丸。2014年12月，经广州市公安局越秀分局通知，原告同仁堂公司得知被告因涉嫌制假售假已被公安机关查处。故起诉请求：（1）三被告共同赔偿同仁堂公司经济损失（包括维权合理费用）300万元；（2）本案诉讼费用由三被告共同承担。

被告李某甲、吴某某、李某乙辩称：第一，同仁堂公司诉求的赔偿金额没有事实依据和法律依据。第二，同仁堂公司将一案拆分为两个案件起诉，诉讼标的重复，构成重复起诉，违反了一事不再理的原则，法院应裁定驳回起诉。综上，同仁堂公司不能因为同一共同侵权的行为将一个案件拆分两个案件进行诉讼而获得双重的赔偿，请求法院依据一事不再理原则裁定驳回同仁堂公司的起诉。

法院经审理查明：同仁堂集团公司为第171188号“註册 同仁堂 商標”商标的商标权人，注册日期为1983年，使用商品为第31类中药，后经核准转为商品国际分类第5类。中华人民共和国国家工商行政管理局商标局于1989年认定“同仁堂”商标属驰名商标。

2013年2月28日，同仁堂集团公司作为甲方与同仁堂公司作为乙方签订《“同仁堂”商标使用许可合同》，约定甲方将包括第171188号商标在内的“同仁堂”商标，许可乙方仅使用在甲方批准乙方所使用的商品和服务上；许可使用的期限自2013年3月1日起至2018年2月28日止。

2017年1月4日，同仁堂集团公司出具《声明书》，作出声明如下：同仁堂集团公司同意并授权同仁堂公司以自己公司的名义就（2017）粤0103民初1066号案件单独提起诉讼，因该案所获取赔偿款由该公司收取。

一审法院作出的（2015）穗荔法刑初字第654号刑事判决书载明，自2014年开始，被告人李某甲伙同吴某某、李某乙在其佛山市南海区金海花园金辉阁1207房家中利用自廖某某、黄某某（另案处理）处取得的假冒北京同仁堂安宫牛黄丸及假冒外包装锦盒进行包装，并由被告人李某甲负责销售。被告人梁某某伙同李某丙以35元一粒的价格向被告人李某甲购买假冒北京同仁堂安宫牛黄丸，并销售牟利。2014年12月12日13时许，被告人李某甲驾驶牌照为粤A827××小汽车搭载假冒北京同仁堂安宫牛黄丸到本市荔湾区大同路与被告人梁某某交易时被当场抓获，民警现场缴获假冒北京同仁堂安宫牛黄丸900粒（经鉴定为假药）及赃款人民币31500元。同日，民警在被告人李某甲的住处广东省佛山市南海区金海花园金辉阁1207房及租用的金海花园093房储物室搜查出假冒北京同仁堂安宫牛黄丸600粒（经鉴定为假药）、半成品药丸以及大量假冒北京同仁堂安宫牛黄丸的标识等物品一批。同日民警在被告人梁某某居住的本市荔湾区黄沙大道4号1608房搜查出假冒北京同仁堂安宫牛黄丸2180粒（经鉴定，其中的1450粒为假药）。刑事判决书判决：一、被告人李某甲犯生产、销售假药罪，判处有期徒刑二年三个月，并处罚金15万元；二、被告人梁某某犯销售假药罪，判处有期徒刑一年八个月，并处罚金10万元；三、被告人吴某某犯生产假药罪，判处有期徒刑一年五个月，并处罚金4万元；四、被告人李某乙犯生产假药罪，判处有期徒刑一年五个月，并处罚金2万元；五、被告人李某丙犯销售假药罪，判处有期徒刑一年五个月，并处罚金5万元……

同仁堂公司称被诉侵权安宫牛黄丸及其包装、说明书等上面所使用的标识与其第171188号注册商标相同，其并无授权或许可被告生产或销售带有涉案注册商标的产品，被控侵权产品不是其或其授权的厂商生产或销售的。李某甲、吴某某、李某乙对同仁堂公司所述没有异议。

庭审中，同仁堂公司明确主张李某甲、吴某某、李某乙共同实施了生产、销售侵害其第171188号商标专用权的商品的行为。李某甲、吴某某、李某乙称李某甲是生产销售，吴某某、李某乙只是生产，没有销售。

【裁判结果】

广州市荔湾区人民法院于2017年6月19日作出（2017）粤0103民初1066号民事判决：一、被告李某甲、吴某某、李某乙于本判决发生法律效力之日起10日内共同赔偿原告北京同仁堂股份有限公司经济损失（包含维权合理费用）23万元；二、驳回原告北京同仁堂股份有限公司的其他诉讼请求。宣判后，同仁堂公司、李某甲均提起上诉。广州知识产权法院于2018年12月18日作出（2017）粤73民终1612号民事判决：一、撤销广东省广州市荔湾区人民法院（2017）粤0103民初1066号民事判决；二、李某甲、吴某某、李某乙在本判决发生法律效力之日起10日内连带赔偿北京同仁堂股份有限公司经济损失（含维权合理费用）300万元。

【裁判理由】

法院生效裁判认为：首先，根据生效的刑事判决书显示，李某甲、吴某某和李某乙通过假冒同仁堂公司本案商标的方式来生产、销售安宫牛黄丸药品假药的行为，属于共同侵害本案商标权的行为，不仅侵害同仁堂公司的注册商标，而且生产、销售假药的行为已经构成犯罪，社会危害性极为严重。依照《侵权责任法》第四条第一款规定："侵权人因同一行为应当承担行政责任或者刑事责任的，不影响依法承担侵权责任。"即使已承担刑事责任，仍然需要通过加重民事赔偿责任的方式向社会提供明确的信号，司法必须通过加大损害赔偿力度来展示裁判对社会公众行为的指引作用。

其次，依照《商标法》第六十三条规定，同仁堂公司既未能提交证据证明其因被侵权所受到的实际损失或者侵权获利，也未能举证证明可供参照该商标许可使用费的倍数合理确定，一审法院适用法定赔偿确定本案的赔偿数额符合法律规定，依法予以准许。

再次，如上所述，本案的损害赔偿应当通过适用法定赔偿的方式来确定赔偿金额。对于本案酌定的赔偿金额，广州知识产权法院基于以下因素：（1）本案侵权行为属于源头侵权和共同侵权。李某甲、吴某某和李某乙通过分工合作方式共同故意实施了生产、销售被诉侵害本案商标权商品的行为，不仅存在源头侵权，而且实施共同侵权，情节恶劣，社会危害性巨大。（2）假冒本案商标使用在药品上的性质。药品关涉到广大人民群众的身体健康和生命财产安全，假冒商标使用在药品上，不仅涉及同仁堂公司的经济利益，而且关系到社会公众的切身利益和用药安全，更何况本案中的假冒药品属于急救药品，在病人发生紧急情形下具有救命的功效，社会公众可能因服用假药而耽误抢救时机，社会危害性较为严重。（3）本案商标的知名度较高。本案商标为驰名商标，社会知名度较高，经过长期的使用，显著性较强，在假药上使用本案商标，不仅危害社会公众用药安全，而且对同仁堂公司相应商标的社会评价造成极大影响，危及企业的商业信用和商品的美誉度，对商标所彰显的社会评价造成伤害。（4）生产、销售的数量巨大。根据一审法院查明的事实，被诉侵权的假药不仅生产数量巨大，而且销售数量也很巨大，社会危害性在深度和广度上会因持有假药人的服用而显现，社会危害性以及其恶意程度均较为明显。且一审法院查明的事实表明，除了刑事判决书认定的生产、销售假药构成犯罪外，李某甲自 2014 年就开始进行销售假药，持续时间较长，这些事实均证明李某甲、吴某某和李某乙通过全家生产、销售方式从而产生严重的社会危害。（5）同仁堂公司的合理开支。同仁堂公司为了维护自己的合法权益进行调查取证、鉴定价格所支付的各项费用，且为诉讼而支付了律师费，虽然同仁堂公司在本案中并未提交合理开支的支付凭证，基于本案中同仁堂公司维权而必然要支付维权费用，故合理开支也是本案适用法定赔偿方式酌定赔偿数额的因素之一。基于以上共同侵权情节的考量，依照《商标法》第六十三条第三款的规定，广州知识产权法院依法酌定李某甲、吴某某、李某乙连带赔偿同仁堂公司 300 万元，一审法院适用法定赔偿判令赔偿数额没有考虑到本案侵权的特殊情节，酌定的赔偿数额明显偏低，广州知识产权法院依法予以调整。

【案例注解】

一、司法裁判的价值指引作用

司法实践中，须重视司法裁判的价值指引作用，尤其是在医疗食品等领域，通过加大损害赔偿力度的方式来展示裁判对社会公众正确行为模式的指引作用。用药安全关系到广大人民群众的生命安全和切身利益，国家制定了严格的法律来加强对药品的监管，保证药品质量，保障人民用药安全，维护人民用药合法权益。对严重危害人民群众生命安全和利益的行为采取严厉的态度，司法裁判通过提高损害赔偿数额来维护公平正义。司法裁判的正向引导功能不能缺席，可通过裁判来彰显公信力。

依照《侵权责任法》第四条第一款规定：“侵权人因同一行为应当承担行政责任或者刑事责任的，不影响依法承担侵权责任。”本案中，侵权人采取直接假冒同仁堂公司的本案商标的行为制造销售假药，其行为不仅构成制造销售假药罪，需要承担相应的刑事责任，还侵害同仁堂公司注册商标专用权，危害用药安全以及同仁堂公司作为知名企业的社会评价，应依照《商标法》的规定，承担相应的民事责任。对于此类直接故意侵害商标权，且具有假冒商标严重情节的案件，应加大司法惩处力度，给权利人提供充分的司法救济，使侵权人付出足够的侵权代价，努力营造侵权人不敢侵权、不愿侵权的法律氛围。

二、法定赔偿方式的适用

我国《商标法》对损害赔偿数额的认定，主要设置了四种方法，首先应以权利人因被侵权所受到的损失（实际损失）为依据，实际损失难以计算的情况下，可适用侵权人因侵权所获得的利润（侵权所得），实际损失及侵权所得难以确定的，可参照许可使用费的合理倍数（许可使用费倍数），前述方法均不能确定的，由法官自由裁量赔偿结果（法定赔偿）。知识产权损害赔偿制度具有惩罚、遏制与补偿的规范功能，负有矫正不法事态、恢复社会秩序的重要使命。法定赔偿作为知识产权损害赔偿的一种替代性制度安排，需细化法定赔偿的考量因素，多路径探索解决知识产权损害“赔偿难”问题，确定知识产权损害赔偿数额时，既要力求准确反映被侵害的知识产权的相应市场价值，又要适当考虑侵权行为人的主观状态及社会危害性等。

本案中，通过适用法定赔偿的方式确定赔偿金额，综合考虑侵权人存在源头侵权和共同侵权行为，制造销售数量较大，本案商标为驰名商标，社会知名度较高，假冒商标使用在急救药品上等因素，不仅危害社会公众用药安全，而且对同仁堂公司本案商标的社会评价造成极大影响，危及企业的商业信用和商品的美誉度，酌情确定侵权人赔偿权利人300万元。通过此类案件的审理，强化知识产权司法保护的导向性，旗帜鲜明地落实严格保护要求，有效保护知识产权，维护良好的市场竞争秩序。

（**一审法院合议庭成员**　左　斯　谭志斌　黄静娴
二审法院合议庭成员　蒋华胜　黄惠环　刘小鹏
编写人　广州知识产权法院　蒋华胜　杨　岚
责任编辑　丁文严
审稿人　林广海）

融创房地产集团有限公司诉天津融创家具有限公司侵害商标权及不正当竞争纠纷案

——驰名商标的认定

关键词：知识产权　商标权　不正当竞争　驰名商标　跨类保护

【裁判要旨】

1. 驰名商标的核心在于其知名度，《商标法》第十四条规定的认定驰名商标应当考虑的各项因素并非认定驰名商标的必要条件，在相关事实证据能够证明商标已达到驰名商标的知名程度时，无需考虑《商标法》第十四条规定的全部因素。商标作为驰名商标受保护的记录只是认定驰名商标需要考虑的因素之一，在通过其他方面能够证明商标已达到驰名商标的认定标准的情况下，商标是否曾作为驰名商标受到保护并不影响对驰名商标的认定。

2. 认定驰名商标受保护的商品服务项目应考虑商标注册时商品服务分类情况和商标的实际使用情况。由于不同版本的商品服务分类表对同一类别的商品服务内容可能存在变化，如果商标注册时在某一商品服务类别下不包括某一具体商品服务项目，但之后版本的分类表中在同一类别下增加了该商品服务项目，只要商标在注册前后被实际用于该增加的商品服务项目，即使商标注册人未在增加的商品服务项目下重新进行商标注册，亦应认定商标的保护范围包括该增加的商品服务项目。

3. 商标是否具备认定驰名商标的必要性，取决于商标核定使用的商品服务项目与被诉侵权商标所使用的商品服务项目是否属于相同或类似。认定商品服务项目是否属于相同或类似应综合考虑《最高人民法院关于审理商标民事纠纷案件适用法律若干问题的解释》第十一条规定的因素，仅在上述因素中的某一方面存在重合或交叉不构成相同或类似，如商品房销售和家具销售在消费者和服务对象上存在重合，但并不能构成商品服务项目的相同或类似。

【相关法条】

《中华人民共和国商标法》

第十三条第一款 为相关公众所熟知的商标，持有人认为其权利受到侵害时，可以依照本法规定请求驰名商标保护。

第三款 就不相同或者不相类似商品申请注册的商标是复制、摹仿或者翻译他人已经在中国注册的驰名商标，误导公众，致使该驰名商标注册人的利益可能受到损害的，不予注册并禁止使用。

【案件索引】

一审：天津市第一中级人民法院（2018）津01民初19号（2019年3月4日）

【基本案情】

原告诉称：原告成立于2003年1月31日，是一家专门从事住宅及商业地产综合开发的企业。原告的控股股东融创中国控股有限公司（以下简称融创中国）是香港联交所上市公司，专业从事住宅及商业地产综合开发，在业内具有较强的品牌影响力和竞争力。原告所有的第3917458号“**融创**”商标和第8350627号“**融創**”商标在“房地产开发、不动产管理、不动产出租、住所（公寓）、不动产评估、公寓管理”等服务上已构成驰名商标，被诉侵权标识与原告驰名商标相同或近似，容易误导公众，削弱了原告驰名商标的显著性、识别性及内在价值，损害了原告利益，依法应对原告的驰名商标进行跨类保护。原告经调查、取证发现，被告在原告成立及注册前述两个商标后，成立了以“融创”为字号的企业。被告于2016年3月23日分别在第20类“家具”商品及第35类“广告销售”服务上申请注册与原告上述两个驰名商标相近似的“金融创”商标。被告注册了含有与原告上述两个驰名商标相同或近似文字的微信公众号“融创家具”，被告以其法定代表人徐清利的名义申请注册了 www. tjrcoffice. com 作为其官方网站并进行运营。上述微信公众号和网站多处使用与原告上述两个驰名商标相近似的“金融创”“品融于心 质创于行”“品融于心 质创于行”等标识，对被告的产品进行宣传和推广。

此外，被告在销售被诉侵权产品过程中自称其产品品牌为“融创”，在销售人员的名片上突出使用“融创”字样作为商标标识，在销售涉案被诉侵权产品的收据上使用“融创”作为被诉侵权产品的商标，在产品宣传册（家具色卡）上突出使用“融创”等标识进行宣传推广。被告与原告同处天津市西青区，基于原告及其涉案商标的高知名度以及涉案商标已达到驰名程度，被告在成立前理应知晓原告的“融创”商号和驰名商标。被告在此情况下申请成立以“融创”为字号的企业，并在经营过程中将“融创”突出进行商标性使用，构成对原告驰名商标的侵犯，并构成不正当竞争。现起诉请求：（1）判令被告停止使用与原告驰名商标“融创”和“融創”相同或近似的标识，具体为：判令被告停止在家具等商品及商业广告、宣传推广活动中使用“融创”“金融创”“品融于心 质创于行”“品融于心 质创于行”等标识；（2）判令被告停止使用并注销含有与原告驰名商标“融创”和“融創”相近似文字的微信公众号“融创家具”；（3）判令被告办理企业名称变更登记，变更后的企业名称中不得含有“融创”字样；（4）判令被告赔偿原告经济损失及合理支出共计300万元。

被告天津融创家具有限公司（以下简称融创家具公司）辩称：涉案商标没有达到公众广泛知晓和认可的程度，上述商标没有作为驰名商标被保护的记录，且在同类商标侵权案件当中原告存在败诉行为，故上述商标均不能认定为驰名商标。被告不存在侵犯商标权及不正当竞争行为，被告销售的商品未标注“融创”字样，且被告未在任何场所销售标有“融创”标识的商品。涉案宣传册是被告在原告的强烈要求下提供的，并未公开发放。原告销售的商品房存在诸多质量问题，与驰名商标的品牌认知度严重不符，且原告在很多因房屋质量问题作为被告的案件中被判决承担相关的法律责任。

法院经审理查明：融创房地产公司于2003年1月31日成立，原企业名称为天津融创置地有限公司，2015年8月22日经核准变更为现名称。经营范围为：房地产开发及商品房销售、物业管理、室内外装饰、自有房屋租赁、房地产信息咨询（不含中介）、企业管理信息咨询服务、建筑材料批发兼零售、货物进出口（国家法律法规禁止的除外）。

第3917458号"融创"商标的注册人为天津融创投资有限公司，申请日期为2004年2月18日，注册公告日期为2006年10月7日，核定服务项目为第36类：保险、资本投资、金融信息、艺术品估价、不动产代理、不动产中介、不动产评估、公寓管理、经纪、担保、募集慈善基金、代管产业、典当，有效期经续展自2006年10月7日至2026年10月6日。2008年9月14日，该商标经核准转让给天津融创置地有限公司。2017年1月20日，该商标经核准变更注册人名义为融创房地产公司。

第8350627号"融創"商标的注册人为天津融创置地有限公司，申请日期为2010年6月1日，注册公告日期为2011年8月7日，核定服务项目为第36类：保险、资本投资、房地产开发、不动产管理、不动产出租、不动产评估、住所（公寓）、经纪、担保、典当，有效期自2011年8月7日至2021年8月6日。2017年1月20日，该商标经核准变更注册人名义为融创房地产公司。

融创房地产公司及其关联公司以"融创"为开发、销售的房地产项目命名，包括商品房、商业地产等物业类型。在案证据显示，融创房地产公司最晚自2004年即开始在房地产项目名称中使用"融创"，2004年8月22日，"融创海逸长洲"项目在天津开盘销售。

截至2016年，融创房地产公司及其关联公司在天津、重庆、北京、江苏、上海、浙江等地开发了融创海逸长洲、融创时代奥城、融创伊顿庄园、融创英伦墅、融创长滩壹号、融创苏州桃花源、融创御园、融创盛世滨江、融创滨江壹号院、融创杭州印等多个房地产项目，其在山西太原、山东青岛、湖北武汉等地的项目亦经过核准或备案。

最晚自2008年，媒体对"融创"商标开始进行报道、宣传，融创房地产公司及其关联公司在每一房地产项目销售前后，均通过多种渠道对其进行持续数年的推广、宣传，其宣传范围包括天津、重庆、北京、江苏、上海、浙江、江苏等地，宣传方式包括报纸、电台、电视台、网络、户外广告等多种形式。

根据融创房地产公司各年度财务报表记载，其主营业收入中各年房地产销售收入分别为：2012年2033256万元；2013年2529592万元；2014年1464029万元；2015年1079848万元；2016年2489164万元；各年度销售推广费分别为：2012年32347万元；2013年30336万元；2014年为22567万元；2015年为19829万元；2016年为25755万元。

根据中审华会计师事务所对融创房地产公司及其下属公司2010～2014年度用于“融创”的广告宣传费用进行的专项审计，各年度广告宣传费分别为：2010年6203.54万元；2011年12452.23万元；2012年33344.22万元；2013年43652.91万元；2014年56231.33万元。

根据天津市西青区国家税务局及天津市地方税务局、西青区地方税务局出具的税收完税证明，融创房地产公司各年度纳税总额分别为：2012年255649483.87元；2013年68368290.32元；2014年14450155.43元；2015年28902283.22元；2016年50539167.38元。

2016年，易居企业（中国）集团有限公司与中国房地产业协会分别出具推荐“融创”商标为中国驰名商标的推荐函。

“融创”商标及相关房地产项目获得“重庆优秀住宅小区金奖”“2011年第19届中华建筑金石奖　顶尖居住品牌”“第八届（2011年度）精瑞科学技术奖　建筑文化奖优秀奖”“2011新浪乐居北京地区年度最热销楼盘奖”“2011中国地产年度金牌项目”“2012年度十大美誉品牌地产”“北京地区最具品牌价值企业”“2012中国房地产公司品牌价值TOP10”“2012～2013年度金牌商业地产项目”“英国皇家建筑艺术奖”“2014中国房地产开发企业品牌价值10强”“2016中国房地产开发企业综合实力10强”等荣誉。

融创家具公司于2012年2月29日成立，自成立至今均使用现有名称，是法定代表人徐清利与案外人伍成忠投资设立的有限责任公司；注册资本为660万元；经营范围为：家具销售及制造；家具材料、装饰建筑材料、木材、钢材、五金电料、家用电器、日用百货、办公用品、通讯器材、电子产品、灯光照明设备、音响器材批发兼零售；注册地址为天津市西青区精武镇吴庄子村裕华路一支路6号。

融创家具公司在第20类商品上注册并使用第19396446号商标，该商标有效期至2027年4月27日。2019年1月30日，第1632期商标公告宣告上述注册商标全部无效。

融创家具公司在微信公众号“融创家具”以及融创家具公司的官方网站www.tjrcoffice.com、宣传册、名片等多处使用含有“融创”的文字，以及突出“融”“创”二字的“品融于心 质创于行”“品融于心 质创于行”，宣传和推广其家具产品。

融创房地产公司（乙方）分别与案外人成都众怡房地产开发有限公司、

杭州盈资投资有限公司（甲方）签订《品牌授权使用协议》，约定乙方授权甲方使用以下商标："融创""SUNAC""至臻，致远"，甲方按照当年销售回款的固定费率支付授权使用费。

【裁判结果】

天津市第一中级人民法院于2019年3月4日作出（2018）津01民初19号民事判决：一、本判决生效之日起，融创家具公司立即停止在经营活动中使用 金融创 、"融创""融创家具"、突出"融""创"二字的"品融于心　质创于行"宣传语等侵犯第3917458号注册商标权的行为；二、本判决生效之日起30日内，融创家具公司变更其企业名称，变更后的名称中不得含有"融创"文字；三、本判决生效之日起10日内，融创家具公司赔偿融创房地产公司经济损失及为制止侵权行为支出的合理费用共计100万元；四、驳回融创房地产公司的其他诉讼请求。如果未按本判决指定的期间履行给付金钱义务，应当依照《中华人民共和国民事诉讼法》第二百五十三条之规定，加倍支付迟延履行期间的债务利息。案件受理费30800元，由融创房地产公司负担10800元，融创家具公司负担2万元。宣判后，当事人未提出上诉，判决已发生法律效力。

【裁判理由】

法院生效裁判认为：融创家具公司使用"融创"作为字号构成不正当竞争，在经营中使用 金融创 、"融创""融创家具"及突出"融""创"的宣传语等侵权标识，侵犯了融创房地产公司享有的"**融创**"驰名商标专用权，融创家具公司应承担停止侵害、赔偿损失的民事责任。关于停止侵权的方式，融创家具公司应变更其企业名称，不再使用"融创"作为字号；停止在微信公众号、网站、名片等经营活动中使用"融创""融创家具"以及突出"融""创"的宣传语，停止使用 金融创 标识。对于融创房地产公司要求融创家具公司停止使用并注销"融创家具"微信公众号，由于公众号的名称可以修改，判令融创家具公司停止使用"融创家具"足以达到制止侵权行为的目的，故法院对融创房地产公司的该项请求不予支持。关于损害赔偿额的确定，融创房地产公司要求参照许可使用费确定赔偿数额，其提交的与成都重怡房地产开发有限公司、杭州盈资投资有限公司的授权使用协议中许可使用的内容不限于“融创”，且两份协议许可使用费收取方式为销售回款的固定费率，没有确定商标许可使用费的具体数额。考虑到融创家具公司的主观过错程度、经营规模、侵权行为的性质、范围、期间、后果、商标的声誉等因素，法院综合确定包括为制止侵权行为的合理开支在内的赔偿额为100万元。

【案例注解】

一、关于不正当竞争的问题

根据《反不正当竞争法》第六条第二项规定，擅自使用他人有一定影响的企业名称（包括简称、字号等）、社会组织名称（包括简称等）、姓名（包括笔名、艺名、译名等），引人误认为是他人商品或与他人存在特定联系，构成不正当竞争。

根据融创房地产公司将“融创”作为字号并使用，以及对“**融创**”商标进行注册并使用宣传的情况，可以认定至融创家具公司成立之时，“融创”已经成为在天津地区有一定影响的字号。

融创家具公司使用“融创”作为企业字号，但无法对使用“融创”的行为作出合理解释，具有攀附融创房地产公司知名度的故意，且融创家具公司与融创房地产公司均为注册在天津市西青区的企业，家具行业与房地产行业具有密切联系，作为位于相同区域的同一产业链上的企业，两者使用相同字号，容易使人产生联想，误以为两者存在特定联系。

同时，融创家具公司的上述行为亦违反了《商标法》第五十八条、《反不正当竞争法》第二条规定，构成不正当竞争。

二、关于驰名商标认定的问题

本案是否具备认定驰名商标的必要性，取决于“**融创**”“**融創**”商标核定使用的服务与融创家具公司使用的办公家具是否属于相同或类似。《最高人民法院关于审理商标民事纠纷案件适用法律若干问题的解释》第十一条第三款规定：“商品与服务类似，是指商品和服务之间存在特定联系，容易使相关公众混淆。”本案两件注册商标核定的服务类别是不动产代理、不动产中介、不动产管理、房地产开发等，家具行业属于不动产消费行业的下游行业，消费者可能存在部分重合，但融创家具公司主要经营办公家具，仅在商业性不动产方面存在消费者和服务对象的重合，两者的功能用途、生产部门、销售渠道均不相同，属于不相同也不相类似的商品、服务。故本案有必要对涉案商标是否构成驰名商标作出判断。

第3917458号“**融创**”商标于2004年2月18日申请，2006年10月7日核准注册。在2002年1月1日至2006年12月31日期间，我国使用的是世界知识产权组织第八版《商标注册用商品和服务国际分类》，商标局以此为基础修订完成了2002年版的《类似商品和服务区分表》。在该版本中，第36类不动产事务中不包含“商品房销售”。2007年1月1日起实行的第九版分类表及依据该版修订完成的区分表，在第36类不动产事务下增加了“商品房销售”。基于这一情况，“**融创**”商标于2004年申请时没有指定“商品房销售”，而指定了第36类服务中的不动产代理、不动产中介、不动产评估、公寓管理，这一情况是当时对商品分类认识不足造成的。“**融创**”商标在申请注册前后均实际被用于商品房销售上。因此，法院认定“**融创**”商标核准使用的不动产事务包含了商品房销售，融创房地产公司无需补充申报并获得核准，第3917458号商标核定的保护范围包括商品房销售服务。

《商标法》第十四条第一款规定，认定驰名商标应当考虑下列因素：（1）相关公众对该商标的知晓程度；（2）该商标使用的持续时间；（3）该商标的任何宣传工作的持续时间、程度和地理范围；（4）该商标作为驰名商标受保护的记录；（5）该商标驰名的其他因素。

“**融创**”商标在被核准注册之前，已经被用于房地产开发、商品房销售中。自2004年，融创房地产公司即开始在天津进行不动产销售，“融创”最晚在2004年8月即被用于“融创海逸长洲”房地产项目，以融创命名的楼盘自2008年起开始在天津进行销售。综合以“融创”命名的房地产项目的地域范围，对“融创”进行宣传、推广的方式和范围和费用，融创房地产公司及其关联公司的销售及纳税情况，以及所获得的荣誉，可以认定“融创”在相关公众中享有高度市场声誉。

认定是否属于驰名商标时应综合考虑《商标法》第十四条第一款规定的各项因素，但该条规定内容并非认定驰名商标的必要条件。即使没有作为驰名商标受保护的记录，融创房地产公司提交的证据足以证明至被诉侵权行为发生时“融创”商标为相关公众广为知晓，无需考虑上述规定的全部因素即可认定“融创”为驰名商标。在现有证据可以证明“融创”商标具有高度市场美誉的情况下，融创家具公司主张的“融创”商标没有作为驰名商标受保护的记录以及融创房地产项目曾受到消费者投诉等情况不影响对“融创”驰名商标的认定。

综上，被诉商标侵权行为于2016年发生之时，用于不动产事务的“融创”商标在我国具有广泛知名度，已经为相关公众熟知，应当认定“融创”（不动产代理、不动产中介、不动产评估、公寓管理）为驰名商标。

三、关于商标侵权的认定

对于融创家具公司在微信公众号、网站、宣传册、名片中使用“融创”“融创家具”，以及“品融于心 质创于行”“品融于心 质创于行”“品融于心 质创于行”等宣传语的行为。《商标法》第十三条第三款规定：“就不相同或者不相类似商品申请注册的商标是复制、摹仿或者翻译他人已经在中国注册的驰名商标，误导公众，致使该驰名商标注册人的利益可能受到损害的，不予注册并禁止使用。”《最高人民法院关于审理涉及驰名商标保护的民事纠纷案件应用法律若干问题的解释》第九条第二款规定：“足以使相关公众认为被诉商标与驰名商标具有相当程度的联系，而减弱驰名商标的显著性、贬损驰名商标的市场声誉，或者不正当利用驰名商标的市场声誉的，属于商标法第十三条第二款规定的‘误导公众，致使该驰名商标注册人的利益可能受到损害’。”

融创家具公司于2012年开始使用“融创”作为字号，在“融创”商标使用、宣传范围进一步扩大、知名度不断提高的情况下，融创家具公司自2016年在微信公众号、网站、宣传册、名片中使用“融创”“融创家具”，或使用突出“融”“创”二字的宣传语，上述行为属于在不相同、不相类似的商品上使用“融创”商标，具有明显攀附融创房地产公司及“融创”商标知名度的故意。鉴于房地产行业与家具行业处于同一产业链上，具有紧密联系，上述行为客观上容易使相关公众对融创家具公司的商品来源与融创房地产公司产生联系。特别是，融创房地产公司的“融创”二字来源于“融会贯通、创造未来”，相关公众虽然熟知“融创”商标，但对于二字的来源并不清楚。融创家具公司使用“品融于心　质创于行”时通过使用加大字体或不同字体颜色的方式，突出“融”“创”二字，容易使得相关公众误以为融创房地产公司的“融创”即来源于融创家具公司宣传的“品融于心　质创于行”，加深了相关公众对“融创”二字与上述宣传语之间的联系，客观上借用了“融创”的市场声誉，使消费者对双方的商品、服务来源产生联系，致使融创房地产公司的利益受到损害。

对于融创家具公司使用金融创的行为。第19396446号注册商标由融创家具公司于2016年申请，并于2017年4月28日获准注册，现已被宣告无效，融创家具公司使用该标识不具有合法依据。该标识上部含有“融创”二字，下部文字“品融于心　质创于行”中“融”“创”二字字体较大，更为突出。由于“融创”商标具有高度知名度，且融创家具公司将上述标识用于宣传与房地产具有紧密联系的家具产品，容易使相关公众将其与融创房地产公司及“融创”驰名商标产生联想，误认为使用该标识的商品提供者与融创房地产公司存在特定的联系，致使融创房地产公司的利益因此受到损害。

综上，融创家具公司在经营中使用金融创、“融创”“融创家具”以及突出“融”“创”二字的宣传语，致使驰名商标权利人的利益遭受损失，属于《商标法》第五十七条第七项规定的侵权行为，侵犯了第3917458号注册商标专用权。

关于融创房地产公司主张“融創”商标亦应为驰名商标，融创家具公司同时侵犯了第8350627号注册商标专用权的问题，由于对“融创”驰名商标的认定，足以制止侵权行为，能够对融创房地产公司提供充分、有效的法律保护；且融创房地产公司亦当庭陈述其主要使用简体“融创”，而使用繁体“融創”较少，亦未提供对繁体“融創”商标进行使用宣传并达到驰名程度的证据，因此对“融創”是否驰名并无认定的必要。由于融创家具公司使用被诉侵权标识的商品种类与“融創”核准注册服务类别既不相同也不相类似，法院对融创房地产公司关于第8350627号注册商标的诉讼请求不予支持。

四、关于融创家具公司侵权责任的承担

根据《侵权责任法》第十五条规定，承担侵权责任的方式包括停止侵害、

赔偿损失、消除影响、恢复名誉等。以上承担侵权责任的方式，可以单独适用，也可以合并适用。融创家具公司同时实施了商标侵权行为和不正当竞争行为，应当承担停止侵害、赔偿损失的民事责任。

关于停止侵权的方式，融创家具公司将“融创”作为企业字号，属于《反不正当竞争法》规制的混淆行为，为避免使公众误认融创家具公司与融创房地产公司存在特定联系，融创家具公司应依法变更其企业名称，变更后的企业名称中不得含有“融创”文字。融创家具公司在经营中使用“融创”“融创家具”以及突出“融”“创”二字的宣传语，损害了原告作为驰名商标权利人的合法权益，应停止其上述商标侵权行为。

此外，停止侵权的范围应以足以制止侵权行为为限，而不应任意扩大停止侵权的方式，避免对侵权人的合法权益造成不应有的损害。被告虽然使用“融创家具”作为涉案微信公众号的名称，但微信公众号的名称可以修改，判令融创家具公司停止使用“融创家具”足以达到制止侵权行为的目的，融创房地产公司要求融创家具公司停止使用并注销“融创家具”微信公众号，超出了停止侵权的必要范围，会损害融创家具公司的合法权益，有违公平原则，故对融创房地产公司的该项请求应不予支持。

关于损害赔偿数额的确定，融创房地产公司未能提供证据证明其因侵权所受到的实际损失和侵权人因侵权所获得的利益。虽然融创房地产公司要求参照许可使用费确定赔偿数额，但其提交的与相关授权使用协议中许可使用的内容并不限于“融创”，且协议并未确定商标许可使用费的具体数额。故原告主张的赔偿计算标准依据不足，本案应适用法定赔偿确定赔偿数额。融创房地产公司的“融创”商标和企业字号具有一定的知名度和影响力，融创家具公司与融创房地产公司位于相同区域，其明显具有攀附融创房地产公司商标和字号知名度的主观故意。此外，在确定赔偿数额时还应考虑被告的经营规模、侵权行为的性质、范围、期间、后果以及原告必要的维权成本等因素。

（**一审法院合议庭成员** 雷艳珍 刘剑腾 赵淑敏
编写人 天津市第一中级人民法院 刘剑腾
责任编辑 丁文严
审稿人 林广海）

上海陆家嘴国际金融资产交易市场股份有限公司、上海陆金所互联网金融信息服务有限公司诉西安陆智投软件科技有限公司不正当竞争纠纷案

——网络抢购服务构成不正当竞争的判定

关键词：知识产权　网络抢购服务　不正当竞争　平台规则　用户黏性

【裁判要点】

经营者提供网络抢购服务，应当遵循《反不正当竞争法》第十二条之规定，不得利用技术手段，通过影响用户选择或者其他方式，妨碍、破坏其他经营者合法提供的网络产品或者服务的正常运行。在网络抢购服务不属于《反不正当竞争法》互联网专条明确列明的行为类型从而适用该条兜底条款时，除应考量其对抢购服务目标平台及用户是否造成损害外，还应审查其是否具有不正当性。网络抢购服务利用技术手段，为目标平台的用户提供不正当抢购优势，破坏目标平台既有的抢购规则并刻意绕过其监管措施，对目标平台的用户黏性和营商环境造成严重破坏的，应认定构成不正当竞争。

【相关法条】

《中华人民共和国反不正当竞争法》

第十二条　经营者利用网络从事生产经营活动，应当遵守本法的各项规定。

经营者不得利用技术手段，通过影响用户选择或者其他方式，实施下列妨碍、破坏其他经营者合法提供的网络产品或者服务正常运行的行为：

（一）未经其他经营者同意，在其合法提供的网络产品或者服务中，插入链接、强制进行目标跳转；

（二）误导、欺骗、强迫用户修改、关闭、卸载其他经营者合法提供的网络产品或者服务；

（三）恶意对其他经营者合法提供的网络产品或者服务实施不兼容；

（四）其他妨碍、破坏其他经营者合法提供的网络产品或者服务正常运行的行为。

【案件索引】

一审：上海市浦东新区人民法院（2019）沪0115民初11133号（2020年8月6日）

【基本案情】

原告上海陆家嘴国际金融资产交易市场股份有限公司（以下简称陆金所公司）、上海陆金所互联网金融信息服务有限公司（以下简称陆金服公司）共同诉称：陆金所公司是全球领先的互联网财富管理平台，注册用户逾4000万人。陆金服公司系陆金所公司的全资子公司，提供网络借贷中介信息服务（P2P）平台。两原告均开设有金融服务网站及手机应用，债权转让产品交易是其中的热门服务。为抢购债权转让产品，两原告的会员需经常登录上述网站或手机应用，频繁刷新关注债权转让产品信息。被告西安陆智投软件科技有限公司（以下简称陆智投公司）系“陆金所代购工具”的提供者。用户通过被告运营的“陆金所代购工具”软件、“陆智投”手机应用、“陆智投”微信公众号、“掌上陆智投”微信小程序和“陆智投”微信小程序等渠道，无需关注两原告平台发布的债权转让产品信息即可根据预设条件实现自动抢购，并先于手动抢购的会员完成交易。此举不仅破坏了两原告平台的公平交易规则，剥夺了其他会员的公平交易机会，也令两原告通过会员制度建立的市场优势损失殆尽。同时，陆智投公司利用代购工具创造的不公平交易机会，吸引、抢占两原告的客户资源，借此推广其他多款理财产品与理财工具，有违基本的商业道德。在微信小程序等渠道的宣传中，陆智投公司更是将“陆金所”列为推荐返利平台之一，使公众误以为陆智投公司与两原告存在营销推广的合作关系或直接的合作关系。该行为既构成虚假宣传，又属恶意攀附原告市场影响力的搭便车混淆行为。受前述行为之影响，社会公众对两原告平台交易系统的安全性、公平性和两原告运营管理能力的评价降低。两原告认为，陆智投公司实施的不正当竞争行为损害了两原告通过多年经营所积累的竞争优势，导致两原告会员流失、产品关注度下降、商誉受损，对两原告造成了较大损失。据此，两原告诉请法院判令：（1）被告停止通过代购工具提供抢购两原告平台债权转让产品外挂服务的不正当竞争行为；（2）被告停止使社会公众误以为原、被告之间存在合作关系的混淆及虚假宣传行为；（3）被告公开发布声明，消除不良影响；（4）被告赔偿原告经济损失220391元及为维权支出的律师费25万元、公证费29609元。

被告陆智投公司辩称：（1）陆金所公司属于商务服务业，陆金服公司属于互联网和相关服务业，而陆智投公司属于信息传输、软件和信息技术服务业。原、被告之间所属行业及经营范围均不相同，并非同类经营者，不存在竞争关系。（2）陆智投提供的抢购服务核心是在用户授权的前提下，使其更为便捷地购买两原告平台的债权转让产品，本质上属于代理行为。抢购服务既不阻碍用户正常登录两原告平台进行交易，也不影响两原告平台其他注册用户的正常购买行为。（3）两原告平台债权转让产品之所以难以抢购，系因该类产品发布数量少、发布时间随机不定。两原告运营管理能力评价降低的根本原因则在于其管理模式本身存在缺陷。（4）被告为用户提供多家理财平台的抢购服务，用户通过比较自主选择交易平台，被告并未抢占两原告的客户群体。同时，陆智投软件的用户数量与两原告注册用户数量间差距巨大，不会对两原告的正常经营产生不良影响。（5）被告作为独立的软件技术公司，从未刻意制造与两原告之间的联系。两原告平台只是陆智投推荐的返利平台之一，且仅作展示之用，并不存在虚假宣传或搭便车的行为。综上，陆智投抢购服务并未给两原告造成不良影响或经济损失，也未给被告带来非法获利，两原告支付的律师费亦非为制止侵权支出的合理开支，故请求驳回两原告的全部诉讼请求。

经审理查明，陆金所公司的经营范围包括金融产品的研究开发、组合设计、咨询服务以及非公开发行的股权投资基金等的各类交易相关配套服务。该公司系“平安陆金所官网”（首页网址www. lu. com）的主办单位，也是“陆金所”手机应用的运营主体。陆金服公司的经营范围包括金融信息服务（除金融业务）、金融产品的研发以及金融类应用软件开发等。该公司系“上海陆金所互联网金融信息服务有限公司网站”（首页网址www. lup2p. com）的主办单位，也是“陆金服”手机应用的运营主体。自2012年起，陆金所公司先后荣获数十项奖项，并得到相关媒体的广泛关注与报道。

在两原告运营的上述网站和手机应用中，均有债权转让产品的交易服务。

其中，两原告自营的债权转让产品仅有“慧盈—安 e+”一类，下辖多款不同产品，相应的转让价格、约定出借利率、投资期限等各不相同。债权转让产品由购买理财产品的用户转让而产生，数量有限且发布时间并不固定。两原告的用户在登录上述网站或手机应用后，可以查看可供购买的债权转让产品信息，并通过产品详情页内的“立即投资”选项，在输入交易账号、交易密码和验证码后进行抢购。

被告陆智投公司成立于2017年4月18日，系微信小程序“陆智投”“掌上陆智投”的开发者以及微信公众号“陆智投”的账号主体，同时也是“陆智投”安卓手机应用1.0.24版的运营主体和“陆智投科技”网站（首页网址www.luzhitou.com）的登记主办单位。上述微信小程序、微信公众号、手机应用与网站具有以下内容和功能：

1. 微信小程序“陆智投”于2018年2月3日完成名称注册，并于同年7月13日更新。2018年7月25日，进入该小程序即显示标题为“陆智投—网贷助手”的页面，下辖“陆金所”“宜贷”和“需要助攻点这里”三个标签页。其中，陆金所标签页下显示“当前安E转让总数”为3417笔，数据采集时间“2018/07/25 11:10:04”，宜贷标签页下显示“当前宜享转让总数”为1004笔。

2. 微信小程序“掌上陆智投”于2018年4月11日完成名称注册。2018年7月25日登录该小程序后，首页显示“工具”“任务”和“推荐返利平台”三部分内容。同时，“助攻中心”版块显示参与人数为1657人，赏金总金额“¥31345.28”，累计撮合交易金额“¥3828214.00”，但可助攻标的中未见两原告平台的债权转让产品。2018年12月12日该小程序完成更新，12月19日再次登录后，推荐返利平台中包括“陆金所”“厚本”和“网信”等。每一平台都有相应介绍，“陆金所”平台的介绍内容为“平安集团成员，平安财险保驾……”，点击该平台后可显示相应简介、奖励估算表及官方注册链接。用户在手机浏览器中输入上述链接地址即可进入“平安陆金所官网”的用户注册页面。

3. 微信公众号“陆智投”于2017年7月3日注册，并于2018年5月24日完成名称认证。该公众号首先向用户提供《使用说明·陆智投产品手册》，介绍陆智投软件的操作指引。其次，该公众号对陆智投软件使用中发生的常见问题进行了解答，例如：弱密码容易被扫描工具捕获，故需要修改为强度较高的复杂密码；每个陆智投账户最多可以建立4个任务，每个任务可以绑定一个陆金所账户；任务运行期间可以关闭电脑等。此外，通过该公众号还可注册“陆智投”账户，完成注册并登录后，首页主要包括推荐小工具和社区两类内容。其中，推荐小工具包括“小赢发标提醒”“宜人贷精英标发标提醒”“人人贷自动签到”等，社区的“热门板块”包括“综合板块”“工具板块”“陆金所”“小赢网金”等，“陆金所”版块的介绍为“陆金所投资人交流社区”。首页末端还载有“陆金所二手转让数据小程序”和“官方微信群”的二维码。

4. “陆智投”安卓手机应用1.0.24版发布于2018年12月20日，首页工具市场包含“小赢发标提醒”和“宜人贷精英标发标提醒”等工具，推荐返利平台的类别、介绍内容与微信小程序“掌上陆智投”基本相同。点击进入推荐返利平台的陆金所版块后，其中介绍称陆金所是全球领先的互联网财富管理平台，并提供投资补贴奖励返利率、奖励试算表和陆金所平台的注册链接。点击注册链接后，在该手机应用内即可申请注册成为陆金所平台的用户。2018年12月27日，该手机应用的网贷助手项下显示“安E转让总数”和“债转转让总数”均为0笔，助攻管理页面显示的参与人数为1877人，赏金总金额“￥37001.28”，累计撮合交易金额“￥4196288.00”。综合讨论区的陆金所版块内，有用户发帖称“陆金所手动太难抢标”。

5. “陆智投科技”网站首页的内容与“陆智投”微信公众号登录后所显示内容基本相同。用户登录网站后可以管理抢购工具和抢购任务，并可跳转至“看云”网站（首页网址www.kancloud.cn）浏览《陆智投产品手册》，首页末端亦载有“陆金所二手转让数据小程序”和“官方微信群”的二维码。该网站社区版块中，截至2018年7月25日论坛会员数共计1088人，论坛总帖数为796个，其中多条帖子与两原告平台相关。2018年5月19日发布的题为《感谢陆智投》的帖子中，用户称“陆金所真的难抢，陆智投为大家提供方便，真的是非常感谢”。同日发布的题为《陆智投：我想着您、惦记着您、回味着您》的帖子中，用户称“关闭陆金所的抢标工具，无费标我是抢不到的，只能买全费的--手标，并期待再次开放”。2018年5月21日发布的题为《陆金所的抢标工具还会有吗?》的帖子中，用户称“老陆家的不好说，别的家会有的”。2018年6月3日发布的题为《陆金所手动太难抢标了》的帖子中，用户询问是否有抢购工具出售。2018年6月19日发布的题为《您在别处登录陆金所APP，请重启任务》的帖子中，用户称当天一直出现该反馈消息，无法完成购买。2018年6月25日发布的题为《到VIP能有陆金所工具吗?》的帖子中，用户称“有陆金所工具”，但“升级VIP也没用，打开任务就被封号，也收到警告短信”。

2019年2月20日再次登录“陆智投科技”网站后，首页显示两类内容。一类内容以“高效管理，提升效率”为标题，主要提供各类网贷金融产品的管理应用，标注“陆　LU自动投标”“赢　小赢发标提醒”和“宜　宜人贷精英发标提醒”等标识。另一类内容以“直签合作，额外返利”为标题，提示用户

“不影响原有利率，额外加息”，并称“合作平台均严选管理，拒绝中间商”。根据该网站介绍，陆智投公司于 2017 年 7 月推出一款可以智能管理陆金所投资的应用程序，陆智投 2.0 版本应用正在升级中，微信小程序（掌上陆智投）和 APP 可正常使用。网站返利频道则称，返利运营总时间共计已达 9 个月零 15 天，累计返利 622 人，返利总金额为 363.56 万元，累计撮合交易金额达 58112.02 万元。陆智投合作平台均为直签的合作协议，直接对接平台官方数据源，部分平台最快可于投资当日获得返利。其中，返利平台共包括“小赢理财”“厚本金融”和“铜板街”三类，官方合作平台除该三类外还包括“网信”平台。

陆智投公司运营的上述服务渠道中，除“陆智投”微信公众号和“陆智投”微信小程序外，均有抢购两原告债权转让产品的功能。通过“陆智投”抢购服务购买两原告债权转让产品的流程与《陆智投产品手册》的描述基本一致：（1）在工具市场安装“陆金所代购工具”；（2）预先输入用户在两原告平台注册的用户名（或手机号）、登录密码及交易密码；（3）输入所需购买的金额范围（缺省值为 1000 元~200000 元）后启动抢购任务；（4）抢购系统通过安卓模拟器登录两原告平台对债权转让产品的信息进行不断刷新，并根据既定金额范围自动筛选，对符合条件的产品迅速提交购买申请。抢购任务的有效期间自任务建立时起至提交购买申请时止，在此期间用户除任务失败或需修改购买金额等情况外，无需进行主动操作。相较通过人工方式抢购债权转让产品的用户，使用陆智投抢购功能的用户在产品信息浏览、作出交易判断和完成交易流程等环节上，均具有一定的时间优势。但与此同时，两原告对于自身平台用户的交易行为也采取相应的监管措施。除向用户发送站内短信进行风险提示外，对于成交耗时明显过短的用户，两原告将采取复杂化验证码等方式延长其完成交易所需的时间，以保证各用户在抢购债权转让产品时的公平机会。为此，陆智投抢购服务在成交耗时方面进行了一定的延长，使其设定为略微领先于人工抢购的时长，从而规避两原告平台的监管。

自 2018 年 5 月 10 日起，用户名为“此间乐不思蜀 yanglei”的用户先后数次向陆金所公司工作人员发送电子邮件，称两原告平台外挂横行，普通投资者已无法正常抢购债权转让产品，尤其是陆智投公司以外挂为幌子，套取陆金所平台高端用户信息后以返利引诱的方式将投资者转移到其他金融平台。在邮件附件中，该用户还添加了名为“陆智投官方【1】群”和“陆智投 vip 小赢群客户群”的微信群聊天截图，其中多为用户对抢购工具是否可用等内容的讨论。2018 年 5 月 8 日、2018 年 11 月 12 日，另有两位用户先后通过客服电话向两原告平台投诉陆智投抢购工具影响普通会员的正常交易。2018 年 11 月 16 日，发件人为“陆智投 < snowflakeu@ 163. com >”的用户向陆金所公司客服邮箱发送电子邮件，也附有“陆智投官方【1】群”的微信群用户关于抢购工具、奖励金、陆金所账户封号等内容的聊天记录以及多条“插件抢标成功”的通知截图。

2018 年 9 月 28 日，在百度贴吧“陆金所吧”内以“陆智投”为关键词进行搜索后，显示多条关于两原告债权转让产品及外挂工具的帖子。在题为《所长家的挂真的太放肆了！太不要脸了！打折标都买不到了》的帖子中，用户关于两原告债权转让产品外挂抢购现象的分析主要存在三种观点：（1）外挂工具太多，且两原告纵容外挂工具存在；（2）目前外挂工具的数量已经减少，且只能自动抢购特定类别的产品，对手动抢购的影响不大；（3）可供抢购的产品太少，两原告平台为吸引用户还可能推送一些实际无法抢购的优质产品。在题为《二手这么多，连个 5 折的都抢不到》的帖子中，用户讨论观点同样存在分歧：一部分用户认为外挂工具通过自动筛选抢购的方式，其效率必然领先于手动抢购；另一部分用户认为目前外挂工具数量减少，但可供抢购的产品数量同样减少。题为《所长打击外挂了》的帖子转载了陆金所公司《关于提醒广大会员加强账户安全防范的公告》，用户分析称该公告主要为制止向外挂工具泄露账户信息，也有用户称本就不愿冒险将账户信息提供给外挂工具。在题为《抢标抢的好累》的帖子中，有用户推荐使用陆智投抢购工具，并分享其推荐码。在题为《我就问一句，抢标真的有挂吗？与手机好坏关系大吗?》的帖子中，部分用户认为抢购成功与否和操作的熟练度、网速、手速和运气都有关系，并分享了一些抢购经验。

【裁判结果】

上海市浦东新区人民法院于 2020 年 8 月 6 日作出（2019）沪 0115 民初 11133 号民事判决：一、被告西安陆智投软件科技有限公司自本判决生效之日起立即停止通过抢购服务干扰原告上海陆家嘴国际金融资产交易市场股份有限公司、上海陆金所互联网金融信息服务有限公司债权转让产品销售的不正当竞争行为；二、被告西安陆智投软件科技有限公司自本判决生效之日起立即停止涉案虚假宣传的不正当竞争行为；三、被告西安陆智投软件科技有限公司自本判决生效之日起 10 日内在“陆智投”微信公众号连续 15 日刊登声明、消除影响（声明内容须经本院审核，如不履行，本院将在相关媒体公布本案判决，费用由被告西安陆智投软件科技有限公司负担）；四、被告西安陆智投软件科技有限公司自本判决生效之日起 10 日内赔偿原告上海陆家嘴国际金融资产交易市场股份有限公司、上海陆金所互联网金融信息服务有限公司经济损失人民币 220391 元及为制止侵权行为所支付的合理开支人民币 279609 元，以上共计人民币 50 万元；五、驳回原告上海陆家嘴国际金融资产交易市场股份有限公司、上海陆金所互联网金融信息服务有限公司的其余诉讼请求。宣判后，原、被告双方均未提起上诉，判决已发生法律效力。

【裁判理由】

法院生效裁判认为：《反不正当竞争法》的立法目的是鼓励和保护公平竞争，维护正常的市场竞争秩序，从而降低经营者的生产经营成本和消费者的商品选择成本。其所保护的法益不仅包括竞争利益，也包括消费者利益和社会公共利益。正因如此，对于不正当竞争之诉成立与否的判别，应着眼于经营者实施的特定行为是否具有市场竞争属性和不正当性。至于经营者间是否存在同业竞争关系，并不属于提起不正当竞争之诉或认定不正当竞争的必要前提。

两原告经营的债权转让产品具有数量少、热度高、随机性强的特点，用户为抢购特定的债权转让产品必须投入持续性的全面关注，这正是两原告作为一种营销模式推出该类产品所期待的结果，能够为两原告带来可观的流量利益。被告运营的陆智投抢购服务，实质是由软件系统代替人工方式为用户抢购两原告平台的债权转让产品。由于软件系统在抢购流程的各环节耗时更少，故使用陆智投抢购服务的用户较其他用户而言，在同等条件下具有更高的抢购成功率。该种服务方式不仅使用户不再对两原告平台发布的金融产品信息存有高度依赖，导致两原告平台流量利益的减损，也剥夺了通过人工方式正常抢购的用户本应享有的潜在交易机会，破坏了两原告平台正常的营商环境。同时，陆智投抢购服务对两原告平台规则的颠覆破坏了产品抢购的公平基础，并刻意规避两原告的监管机制，具有不正当性。因此，被告经营的陆智投抢购服务利用技术手段，通过为两原告平台用户提供不正当抢购优势的方式，妨碍两原告债权转让产品抢购业务的正常开展，对两原告及平台用户的整体利益造成了损害，不正当地破坏了两原告平台公平竞争的营商环境，构成不正当竞争，该行为应给予《反不正当竞争法》上的否定评价。

此外，被告在“掌上陆智投”微信小程序中将“陆金所”列为推荐返利平台之一，以投资补贴奖励的形式吸引用户通过该小程序内的链接注册成为两原告的会员，但其所称“投资返利”却未得佐证。被告以虚构“推荐返利”的方式，在奖励估算页面中直接提供了两原告的会员注册链接，使投资者错误地认为以被告为媒介向两原告平台进行投资可获得额外利益，直接影响其对注册渠道的选择，不正当地吸引投资者通过被告设置的链接注册成为两原告平台的会员，从而提升了被告微信公众号等载体的关注度。该行为实属对被告服务内容所作的虚假陈述，对投资者造成误导，不仅扰乱了正常的市场竞争秩序，更有违诚实信用的市场基本准则，构成虚假宣传行为，依法应受规制。

被告实施不正当竞争行为，侵害两原告的相关竞争利益，应当承担停止侵害、消除影响、赔偿损失等民事责任。第一，鉴于已安装完毕的陆智投安卓手机应用1.0.24版仍可正常使用，被告实施的涉案不正当竞争行为仍在持续，且涉案抢购服务和虚假宣传行为在《反不正当竞争法》上受否定评价，故被告应立即停止干扰两原告平台债权转让产品的抢购，并停止以“推荐返利”为名进行虚假宣传以吸引用户通过被告设置的链接注册成为两原告的会员。第二，被告运营陆智投抢购服务，剥夺了两原告平台大部分用户通过债权转让产品投资获利的机会，导致用户对两原告平台形成负面评价。此外，被告在商业宣传中传递虚假信息，使具有投资意向的不特定公众产生了通过被告设置的链接注册两原告会员可得投资返利的错误认知。故被告应当消除由其抢购服务和虚假宣传行为引发的前述不良影响，根据其对应的影响范围和程度在“陆智投”微信公众号刊登声明。第三，在适用法定赔偿方式计算经济损失赔偿数额时，综合考量以下因素予以确定：（1）被告实施的涉案不正当竞争行为对两原告平台造成了全面损害；（2）被告推出“陆智投”抢购服务至今已约3年，其所针对的债权转让产品抢购业务系两原告平台的重要营销模式和流量利益来源，对两原告造成了较为严重的损害；（3）被告不仅干扰两原告债权转让产品的正常抢购，还通过技术手段隐匿行为痕迹以规避两原告平台的监管，具有明显的主观恶意；（4）两原告平台通过技术监管或技术反制等措施限制了陆智投抢购服务的负面效应。鉴于两原告诉请经济损失赔偿的数额与根据前述因素酌定的数额相当，故予全额支持。同时，关于两原告为本案诉讼支付的公证费与律师费，亦根据本案实际情况予以全额支持。

【案例注解】

《反不正当竞争法》第十二条作为“互联网专条”，通过示例性规范的方式明确了互联网环境下参与市场竞争所应遵循的规则。经营者提供的网络抢购服务，虽不属于“互联网专条”所明确规制的三类不正当竞争行为，也应遵循该条之兜底规定，不得利用技术手段，通过影响用户选择或者其他方式，妨碍、破坏其他经营者合法提供的网络产品或者服务的正常运行。在适用“互联网专条”之兜底条款判定网络抢购服务是否构成不正当竞争时，应参照最高人民法院“海带配额案”[①] 所确立的裁判规则，同时从对抢购服务目标平台及用户是否造成损害以及是否具有不正当性两方面进行评价。

本案中，两原告经营互联网金融平台，债权转让产品虽不属于定期发布的常规金融产品，但却因投资周期较短、手续费用相对优惠等因素颇受用户欢迎。因此，数量少、热度高、随机性强是两原告债权转让产品的主要特点。有意购买的用户不仅需要登录两原告平台全面查询、浏览产品信息，确定符合需求的目标产品，更需要提高信息浏览频率，以期在目标产品发布后的最短时间内进行抢购。依用户的一般访问习惯，其所浏览的内容既包括最终决定购买的产品，也包括其他备选产品以及不甚符合购买期望的产品，在关注不断变化的产品信息时投入了大量的时间成本。可见，用户为抢购特定的债权转让产品必须投入持续性的全面关注，这正是两原告作为一种营销模式推出该类产品所期待的结果，而这种结果能为两原告带来可观的流量利益。

用户正常抢购两原告的债权转让产品，大致需要经过产品检索、购买决策、密码输入和交易确认四个环节，每一环节均依靠用户人工完成。而被告运营的陆智投抢购服务，实质是由软件系统代替人工方式为用户抢购两原告平台的债权转让产品。由于软件系统在抢购流程的各环节耗时更少，故对使用陆智投抢购服务的用户较其他用户而言，在同等条件下具有更高的抢购成功率。尽管债权转让产品的抢购实质上属于平台用户间的利益竞争，但被告通过运营抢购服务介入其中并为部分用户提供抢购优势的行为，造成以下三方面的损害后果：

一是平台流量利益的减损。使用陆智投抢购服务的用户只需事先确定目标产品的金额范围即可设置自动抢购，其行为模式已由先浏览产品信息再评估产品是否符合需求，转变为先确定需求再搜索是否存在契合的产品。此时用户不再对两原告平台发布的金融产品信息存有高度依赖，失去了继续投入时间成本的驱动力，访问两原告平台的频率将不可避免地呈下降趋势。即便如被告辩

---

① 参见最高人民法院（2009）民申字第1065号“山东省食品进出口公司等诉青岛圣克达诚贸易有限公司、马达庆不正当竞争纠纷申请再审案”民事裁定书，最高人民法院在该裁定书中指出：“总体而言，适用《反不正当竞争法》第二条第一款和第二款认定构成不正当竞争应当同时具备以下条件：一是法律对该种竞争行为未作出特别规定；二是其他经营者的合法权益确因该竞争行为而受到了实际损害；三是该种竞争行为因确属违反诚实信用原则和公认的商业道德而具有不正当性或者说可责性。”

称，陆智投抢购服务仍通过安卓模拟器访问两原告平台并检索产品信息，但该种以用户预设需求为基础的定向检索，与用户人工抢购时采取的全面信息浏览相比，显然在相当程度上减损了两原告平台本应获得的流量利益。更何况两原告平台除债权转让产品外，尚有其他自营、非自营金融产品在售。用户为抢购债权转让产品进行信息浏览时，有充分的机会接触这些产品，亦不乏在未能购得理想的债权转让产品时从中寻找替代产品之可能。因此，陆智投抢购服务导致用户对两原告平台的访问频率下降，客观上减少了两原告其他金融产品的展示机会。

二是用户潜在交易机会的剥夺。由于陆智投抢购服务的介入，通过人工方式正常抢购的用户购得两原告债权转让产品的几率大幅降低，这使得本应由平台全体投资者公平竞争的投资收益向小部分投资者严重倾斜。被告运营陆智投抢购服务，客观上改变了债权转让产品在两原告平台用户间的收益分配，对其中大部分用户在市场投资活动中本应享有的机会利益造成了减损。

三是平台营商环境的破坏。尽管陆智投抢购服务在短期内可促使两原告平台债权转让产品快速成交，但单纯追求成交速率的做法与两原告平台的远期利益相去甚远。两原告经营的互联网金融平台，需依靠用户关注度和活跃度实现持续运营，通过用户习惯的培育和用户黏性的建立不断吸纳新的投资者和资本注入，债权转让产品正是其积累用户群体、拓展影响范围的重要载体。但在陆智投抢购服务促成的快速交易中，少数用户借助计算机系统的优势提升了其对目标产品的抢购成功概率，挤占了其他用户获得投资收益的空间，更使两原告平台与“外挂横行”之类的负面形象产生关联。长此以往，两原告平台最为依赖的投资者信心将受到冲击。由此导致的用户黏性降低、投资者与资本流向其他投资渠道等后果，将使两原告平台的经营活动难以维系，其在现阶段获得的短期成交利益无法弥补平台整体价值的减损。

但需注意的是，市场主体对特定竞争利益的争夺实属商业常态，而竞争行为通常必然导致一方受损。因此，竞争利益受到损害并非《反不正当竞争法》对受损方施以民事救济的充分条件，只有当相关竞争行为具有不正当性时，方受《反不正当竞争法》所规制。本案中，被告提供的债权转让产品抢购服务，从以下两方面反映出显著的不正当性：

一方面，“陆智投”抢购服务对两原告平台规则的颠覆破坏了产品抢购的公平基础。两原告平台根据债权转让产品随机发布的特点，已经在销售过程中建立起“先购先得”的抢购规则。用户竞争的核心标准即抢购所耗时长，其由发现产品耗时和达成交易耗时两部分组成，每一部分都受特定因素的影响。

发现产品耗时一般与用户浏览产品信息的频率呈负相关，即用户登录两原告平台浏览产品信息的频率越高，发现目标产品所耗时长就越短。达成交易耗时则受主客观两方面因素的影响：网速、计算机响应速度等是取决于技术条件的客观因素，决策果断性、操作熟练度等是取决于用户自身特质的主观因素。除极小概率偶发因素的影响外，每一用户都根据其自身特质及投入的成本对抢购成功这一结果事件享有特定概率，这也正是两原告平台用户相互竞争所依赖的基础。用户参与两原告平台债权转让产品的抢购，实则是对上述抢购规则的认可和接纳，同意按照两原告平台预设的概率影响因素在相对公平的环境下进行抢购，并愿意投入一定的时间或经济成本改善相应的概率影响因素。陆智投抢购服务的介入，虽从表象上体现为通过技术手段提升抢购成功率，但该种技术手段的实质并非为改善概率影响因素，而是从根本上颠覆既有规则，破坏用户间抢购产品的公平竞争基础。通过正常方式进行抢购的用户，无论其如何缩短抢购所耗时长，都无法抗衡陆智投抢购服务通过计算机系统自动操作形成的时长优势。故此时抢购规则已然发生了改变，用户不再根据其对应的影响因素对抢购成功享有特定概率，抢购成功率整体上向使用陆智投抢购服务的用户严重倾斜，用户间公平竞争的基础丧失殆尽。

另一方面，陆智投抢购服务刻意规避两原告的监管机制，反映了被告对该行为所持的主观故意。两原告平台为遏制违规抢购、维系既定的抢购规则，专门设置了相应的监管机制，对成交时长过短的非正常交易行为进行管控。但陆智投抢购服务不仅破坏了两原告平台既定的抢购规则，还通过设置抢购时长下限的方式，刻意绕开两原告平台的监管，隐匿其行为痕迹。由此可见，被告熟知两原告平台的抢购与监管规则，也能够较为准确地预见陆智投抢购服务可能导致的不良后果，但其对该种后果的发生持积极期待的态度。

综上，被告经营的陆智投抢购服务利用技术手段，通过为两原告平台用户提供不正当抢购优势的方式，妨碍两原告债权转让产品抢购业务的正常开展，对两原告及平台用户的整体利益造成了损害，不正当地破坏了两原告平台公平竞争的营商环境，构成不正当竞争，该行为应给予《反不正当竞争法》上的否定评价。

（**一审法院合议庭成员** 金民珍 徐 俊 姜广瑞

编写人 上海市浦东新区人民法院 徐 俊 徐弘韬

责任编辑 丁文严

审稿人 林广海）

行政与国家赔偿

张某某诉内黄县社会医疗保险中心不履行支付医疗保险待遇法定职责案

——参保居民享受住院医疗保险待遇的判断标准

关键词：行政 住院医疗 保险待遇

【裁判要旨】

参保居民在定点医疗机构发生的政策范围内住院医疗费用由住院统筹基金按比例支付。结合我国医疗现状，对于参保人员是否应当享受住院医疗待遇，不能仅以住院手续为唯一判断标准，应当结合参保人员的病情、医院的治疗情况等多种因素综合考量。

【相关法条】

《中华人民共和国行政诉讼法》

第七十二条 人民法院经过审理，查明被告不履行法定职责的，判决被告在一定期限内履行。

【案件索引】

一审：河南省滑县人民法院（2018）豫0526行初32号（2018年11月16日）

二审：河南省安阳市中级人民法院（2019）豫05行终36号（2019年1月29日）

【基本案情】

原告张某某诉称：2017 年 8 月 2 日到 2017 年 9 月 4 日，原告张某某因脑出血在北京天坛医院急诊留观室住院治疗，共花费医疗费 62382.33 元。根据社会医疗保险规定，被告应对原告所支出的医疗费进行审核报销支付，经原告向被告申请，被告以原告不是在该院住院部住院为由，不予支付原告医疗费。原告遂请求法院依法判令被告依法履行法定职责，核定并支付原告医疗费。

被告内黄县社会医疗保险中心辩称：（1）原告因脑出血在北京天坛医院急诊留观室住院治疗，花费医疗费用 62382.33 元。根据《河南省人力资源和社会保障厅关于印发河南省城乡居民基本医疗保险实施办法（试行）的通知》（豫人社〔2017〕1 号）第六十三条规定及《安阳市社会医疗保险中心关于印发安阳市基本医疗保险就医管理办法的通知》（安医保〔2016〕76 号）第二十三条规定："参保人员经急诊抢救无效死亡的，其因急诊发生的门诊费用视同住院按规定报销。"原告发生的门诊医疗费用不属于安阳市基本医疗保险报销范围，应由个人承担其发生的门诊医疗费用。（2）因个人支付的医疗费用而发生的诉讼费应由原告承担。请求法院依法驳回原告张某某的诉讼请求。

法院经审理查明：张某某系内黄县豆公乡田大晁村村民，属于内黄县城乡居民基本医疗保险参保人员。2017 年 8 月 2 日，张某某在北京务工期间突发脑出血，被北京市红十字会急诊抢救中心送至北京市朝阳区双桥医院，当天转至北京天坛医院急诊留观诊治，直至 2017 年 9 月 4 日结束治疗，各项医疗费用共计 62382.33 元。在北京天坛医院留观治疗期间，张某某于 2017 年 8 月 2 日至 8 月 16 日住重症监护室，8 月 17 日至 9 月 4 日住急诊留观室。2017 年 9 月以来，张某某家属多次向内黄县医保中心申请核定并支付张某某医疗费，均被拒绝。

【裁判结果】

河南省滑县人民法院于 2018 年 11 月 16 日作出（2018）豫 0526 行初 32 号行政判决：依照《中华人民共和国行政诉讼法》第七十二条之规定，判决内黄县社会医疗保险中心于判决生效后 30 日内对张某某的申请予以受理并审核支付。宣判后，内黄县社会医疗保险中心不服，向河南省安阳市中级人民法院提起上诉。河南省安阳市中级人民法院于 2019 年 1 月 29 日作出（2019）豫

05 行终 36 号行政判决：驳回上诉，维持原判。

【裁判理由】

法院生效裁判认为：根据《河南省城乡居民基本医疗保险实施办法（试行）》第十六条第一款规定："住院医疗待遇。参保居民在定点医疗机构发生的政策范围内住院医疗费用，起付标准以下由个人支付；起付标准以上由住院统筹基金按比例支付，额度不超过住院统筹基金年度最高支付限额。"在实际的医保核算中，按照住院医疗进行报销需要参保人员的住院相关手续。本案中，张某某在北京天坛医院作为急诊留观对象接受治疗，并未办理相应住院手续，但是从北京天坛医院《内科病人急诊留观制度》看，"病情需要住院，但无床位且一时不能转出，病情允许留观察者"就属于急诊留观对象。综合张某某的病情及诊治情况看，张某某的病情明显属于需要住院治疗的情形，只是由于非其本人的客观原因无法办理住院手续。内黄县社会医疗保险中心仅以张某某没有办理住院手续为由拒绝按照住院待遇为其核算并支付医疗费用，貌似合规，实则有悖常理和实情，内黄县社会医疗保险中心应该受理张某某的申请并审核支付其医疗费用。因此，安阳市中级人民法院二审维持原一审法院判决。

【案例注解】

本案在审理过程中，争议焦点是参保居民享受住院医疗保险待遇的判断标准。参保居民是否符合城乡居民基本医疗保险住院医疗的报销条件，应充分理解医疗保险相关法律规定的立法本意，既要严格按照相应的政策、法律规定，也要结合本案当时的客观条件，具体问题具体分析。

一、是否能够享受异地医疗待遇应当遵循充分保障当事人获取医疗保障权益的立法本意

《社会保险法》第一条明确规定了"维护公民参加社会保险和享受社会保险待遇的合法权益，使公民共享发展成果，促进社会和谐稳定"的立法宗旨，其实质是医疗保险的公平性价值。城乡居民基本医疗保险作为我国社会医疗保险体系的重要组成部分，要求所有参保人员的保险质量和范围不应该取决于收入高低和支付能力的大小，而应该取决于其需求水平。为了保障

参保人的合法权益，《社会保险法》第二十八条规定："符合基本医疗保险药品目录、诊疗项目、医疗服务设施标准以及急诊、抢救的医疗费用，按照国家规定从基本医疗保险基金中支付。"同时，《河南省城乡居民基本医疗保险实施办法（试行）》第二十条规定，城乡居民就医执行河南省基本医疗保险药品目录、诊疗项目目录和医疗服务设施范围及支付标准（简称"三个目录"）。即只要城乡居民基本医疗保险参保人员因病就医的费用符合河南省基本医疗保险药品目录、诊疗项目目录和医疗服务设施范围及支付标准，相关医疗费用即应由城乡居民基本医疗保险经办机构从基本医疗保险基金中予以支付。

结合本案，张某某作为城乡居民基本医疗保险参保人员，其因病就医的费用符合三个目录范围及支付标准，其相关医疗费用应由内黄县社会医疗保险中心从基本医疗保险基金中及时予以核算支付。这符合我们建立完善城乡基本医疗保险降低参保人的疾病风险，防止公民因病致贫，因贫不治现象发生的初衷和本意。

二、医疗卫生资源配置失衡的现状决定了机械依据住院手续认定医疗报销待遇有失公允

随着人员流动和迁移愈发频繁，异地就医的需求越来越大，参保人在参保统筹地区以外其他国内地区就医的情况大量出现。

但是我国不同地区、不同人群之间，在保障范围、保障水平、保障质量、筹资水平、待遇调整等方面存在不平衡。在这种优质医疗资源总量相对不足，且地区之间医疗资源分布差距大的情况下，部分医院出现住院，"一床难求"的现象。对于需要立即住院治疗的危重病人，由于没有床位不能办理住院手续，有的医院采取急诊留观进行诊疗。留观，即留院观察，通常指病人在病情尚未稳定时医生采取的将病人留在医院进行观察的措施。严格来讲，留观不同于住院，正常情况下，留观时间一般不得超过72小时。

具体到本案，根据北京天坛医院《内科病人急诊留观制度》规定，该院留观察对象主要有四类，分别是：（1）病情需要住院，但无床位且一时不能转出，病情允许留观察者；（2）不能立即确诊，离院后病情有可能突然变化者；（3）某些病症如高热、哮喘、腹痛、高血压等经治疗病情尚未稳定者；（4）其他特殊情况需要留观察者。留观时间一般为3天，最多7天，特殊情况例外。北京天坛医院对张某某采取留观，是因为其脑出血的突发性和后续治疗的需要，符合住院标准却又没有床位。这样手续上看似门

诊，实则是连续住院的医疗方式，对于参保人员的报销设置了障碍。因为按照规定，在门诊支付无法按照住院医疗进行报销。因此，内黄县社会医疗保险中心在负有履行社会保险支付的行政职责下，不顾及张某某脑出血的危险性和重症监护室治疗的必要性，仍然机械地要求住院手续完备才可进行支付核算，显然有悖常理。

三、异地医保待遇的判断标准应当兼顾医疗保险的公平性、便捷性和可及性原则

《安阳市基本医疗保险就医管理办法》第二十三条规定，参保人员经急诊抢救无效死亡的，其因急诊发生的门诊费用视同住院，按规定报销。按照该规定，对于经抢救无效死亡的参保人员，因急诊发生的门诊费用尚可视为住院费用，那么对于经抢救没有死亡的参保人员，是否也应该给予同等的保障，是否从有利于维护张某某参加社会保险和享受保险待遇的角度思考，将抢救费用视同住院费进行相应报销？建设法治医保是建设法治中国的应有之义，法律的生命在于实施，法律的权威也在于实施。《河南省城乡居民基本医疗保险实施办法（试行）》及《安阳市基本医疗保险就医管理办法》等作为规范性文件，应该贯彻增强医疗保障公平性、便捷性和可及性的要求，经抢救无效死亡的参保人员与经抢救生还的参保人员的权益应该受到同等的尊重和保障，本着有利于参保人员医疗就医和报销的出发点，践行为民宗旨和利益最大化原则。因而，在没有完备住院手续的情况下，住院医疗保险待遇的判断标准应该结合参保人员的病情、医院的治疗情况等多种因素综合考量。

本案中，张某某突发脑出血，脑出血是指非外伤性脑实质内血管破裂引起的出血，发病凶险，病情变化快，致死致残率高。张某某在北京天坛医院急诊室急诊留观33天，其中住在重症监护室15天，综合情况属于病情需要住院，但在北京医疗资源过度紧张，一床难求的背景之下，无法办理住院手续而留观。因此，张某某实质是接受住院医疗，理应享受住院医疗保险待遇。

（**一审法院合议庭成员**　吕万众　王德勋　刘金领
二审法院合议庭成员　程晓丽　崔永清　阎丽杰
编写人　河南省安阳市中级人民法院　邢　霞　肖珊珊　阎丽杰
责任编辑　韩德强
审稿人　王振宇）

黄某诉厦门市公安局思明分局、厦门市公安局治安管理行政处罚案

——刑行交叉案件中“刑事程序优先”原则应有限适用

关键词：行政　刑行交叉　刑事程序优先　有限适用

【裁判要旨】

1. 在刑事与行政交叉案件中，刑事程序是否优先适用，应考虑其是否构成行政案件的必要前提。

2. 关联刑事案件未办结，不当然构成公安机关行政案件超期违法的免责事由。

【相关法条】

《中华人民共和国行政诉讼法》

第七十四条第一款　行政行为有下列情形之一的，人民法院判决确认违法，但不撤销行政行为：

（一）行政行为依法应当撤销，但撤销会给国家利益、社会公共利益造成重大损害的；

（二）行政行为程序轻微违法，但对原告权利不产生实际影响的。

第七十九条　复议机关与作出原行政行为的行政机关为共同被告的案件，人民法院应当对复议决定和原行政行为一并作出裁判。

【案件索引】

一审：福建省厦门市集美区人民法院（2019）闽0211行初100号（2019年11月1日）

【基本案情】

原告黄某诉称：2018 年 4 月 13 日，其所承租房屋的房东严某、赖某纠集蔡某、蔡某章、王某等 10 多人闯入原告承租的思明区某商铺内，对原告的厨房进行打砸，并殴打原告致轻伤。2018 年 4 月 14 日，厦门市公安局开元派出所受理该案并展开调查。2018 年 12 月 29 日，厦门市公安局思明分局（以下简称思明公安分局）作出的厦公思（开元）行罚决字〔2018〕00372 号行政处罚决定书，决定对原告行政拘留 10 日，并处罚款 500 元。后原告于 2019 年 1 月 2 日向厦门市公安局（以下简称市公安局）申请行政复议。2019 年 3 月 29 日，市公安局作出厦公复决字〔2019〕011 号行政复议决定书，维持原行政处罚决定。原告认为市公安局作出行政复议决定事实认定不清，证据不足，应当予以撤销。该行政复议决定认定原告询问笔录中承认其与对方多次互殴、先动手殴打、挣开控制后反击对方与客观事实不符。原告从未在询问中有上述陈述内容，客观上，原告一个人单独面对 10 多人的不法侵害，是正当还击。原告的行为符合《公安部关于公安机关执行〈中华人民共和国治安管理处罚法〉有关问题的解释（二）》中规定的为了免受正在进行的违反治安管理行为的侵害而采取的制止违法侵害行为的情形，不属于违反治安管理的行为。原告的诉讼请求为：（1）请求依法撤销厦公思（开元）行罚决字〔2018〕00372 号行政处罚决定书；（2）请求依法撤销厦公复决字〔2019〕011 号行政复议决定书；（3）本案诉讼费由被告承担。

被告思明公安分局辩称：其作出的行政处罚决定事实清楚、证据充分、量罚适当。根据《治安管理处罚法》第七条第一款规定，县级以上地方各级人民政府公安机关负责本行政区域内的治安管理工作。思明公安分局具有作出本案行政处罚决定的法定职权。其经依法调查后，根据《治安管理处罚法》第四十三条第二款第三项规定，对黄某处以行政拘留 10 日，并处罚款 500 元，认定事实清楚、证据充分，量罚适当。

关于存在两份行政处罚决定书的问题，2018 年 12 月 29 日，思明公安分局对黄某殴打他人的行为作出的厦公思（开元）行罚决字〔2018〕00372 号行政处罚决定，民警送达决定书时黄某拒绝在决定书上签字，并提出申请行政复议，思明公安分局当天作出厦公思（开元）缓拘决字〔2018〕00001 号暂缓执行行政拘留决定书，对黄某暂缓执行拘留。2019 年 1 月 4 日，办案民警在整理案件时发现行政处罚决定书的时间有笔误，即予以修正并通知黄某领取，同时将 2018 年 12 月 29 日送达给黄某的厦公思（开元）行罚决字〔2018〕00372 号公安行政处罚决定书收回，不存在出具两份不同的行政处罚决定的情形。

综上，思明公安分局对原告黄某的行政处罚决定事实认定清楚、证据确凿、适用法律准确、程序合法、量罚适当，请求依法驳回原告黄某的诉讼请求。

被告厦门市公安局辩称：（1）厦门市公安局办理行政复议案件程序合法。原告于2019年1月2日向厦门市公安局申请行政复议，厦门市公安局经审查后于同日受理，并通知思明公安分局答复。思明公安分局于2019年1月3日答复并提交相关证据材料。期间，厦门市公安局依法延长行政复议期限30日。经审查并逐级审批，厦门市公安局于2019年3月29日作出厦公复决字〔2019〕011号行政复议决定书，决定维持厦公思（开元）行罚决字〔2018〕00372号行政处罚决定，并于3月29日送达原告。厦门市公安局严格依照《行政复议法》关于行政复议案件受理、审查、报批、送达等有关规定，办案程序合法。（2）厦门市公安局作出的行政复议决定内容正确，适用法律准确。厦门市公安局经审理查明：2018年4月13日14时许，原告在厦门市思明区某店面内，因拆除排油烟管等问题，与蔡某武、蔡某章等人发生纠纷，引发双方互殴。互殴过程中，蔡某武、蔡某章、欧某等人徒手殴打原告头面部，致原告当场受伤；原告多次先动手殴打蔡某、蔡某章、王某等人，致蔡某章面部受伤。2018年4月14日，厦门市公安局开元派出所将该案受理为行政案件展开调查。经伤情鉴定，蔡某章右下唇粘膜破损痕0.9cm，评定为轻微伤；原告右侧鼻骨骨折，评定为轻伤二级。思明公安分局于2018年5月18日决定对该故意伤害案刑事立案侦查；于2018年11月8日对蔡某、蔡某章涉嫌故意伤害案侦查终结，并于2018年11月12日向思明区人民检察院移送审查起诉；于2019年1月22日对欧某涉嫌故意伤害案向思明区人民检察院移送审查起诉。期间，思明区人民检察院延长审查起诉期限一次，退回公安机关补充侦查一次。思明公安分局于2018年12月29日依据《治安管理处罚法》第四十三条第二款第三项规定，决定对原告处以行政拘留10日，并处罚款500元处罚。厦门市思明区人民法院于2019年3月20日作出判决，认定本案系因邻里纠纷激化引发，且原告亦对矛盾激化负有一定的责任，依法从轻处罚、分别判处蔡某、蔡某章有期徒刑八个月，欧某有期徒刑九个月。本案中原告在询问笔录中承认其与对方多次互殴、先动手殴打、挣开控制后反击对方等，且有证人证言、监控视频等其他证据佐证，足以证实。根据《公安部公安机关执行〈中华人民共和国治安管理处罚法〉有关问题的解释（二）》第一条的规定，为了免受正在进行的违反治安管理行为的侵害而采取的制止违法侵害行为，不属于违反治安管理行为，但对互相斗殴的行为，应当予以治安管理处罚。本案中双方因拆除排油烟管等问题发生纠纷，原告系在挣脱对方控制、多人劝架拉开双方后的还击殴打行为，且多次先动手殴打对方，不属于为制止正在进行中的不法侵害而采取的正当防卫行为。原告关于其系正当防卫的辩解属法律认识错误，不予支持。

综上所述，厦门市公安局办理原告黄某行政复议程序合法，作出的行政复议决定内容正确，适用法律准确，请求依法驳回原告的诉讼请求。3 名第三人未提交书面陈述意见。

法院经审理查明：2018 年 4 月 13 日 14 时许，原告黄某与第三人蔡某章、蔡某武、王某等人在厦门市思明区某店面内因拆除排油烟管等问题发生纠纷，并引起双方冲突。后双方报警，思明公安分局接警后派民警到达案发现场处警。黄某、蔡某武、蔡某章于当日就医，被告思明公安分局于当日对蔡某章进行询问并制作询问笔录一份。2018 年 4 月 16 日，被告思明公安分局对黄某、王某进行询问，并制作询问笔录两份。2018 年 4 月 18 日，被告思明公安分局对蔡某武进行询问，并制作询问笔录一份。被告思明公安分局分别于 2018 年 5 月 20 日、2018 年 8 月 14 日、2018 年 8 月 25 日、2018 年 9 月 9 日、2018 年 9 月 29 日、2018 年 12 月 14 日对第三人蔡某武进行讯问并制作讯问笔录六份。被告思明公安分局分别于 2018 年 7 月 3 日、2018 年 8 月 14 日、2018 年 8 月 24 日、2018 年 9 月 29 日、2018 年 10 月 30 日、2018 年 12 月 14 日对蔡某章进行讯问并制作讯问笔录六份。2018 年 12 月 6 日，欧某第一次到案接受思明公安分局讯问。此外，被告思明公安分局亦对赖某敏、赖某、严某、蔡某梁等人进行询问。

2018 年 6 月 11 日，厦门市公安局开元派出所委托厦门市公安局思明分局物证鉴定室对蔡某章的伤情进行鉴定，该鉴定所于 2018 年 6 月 20 日出具思公鉴〔2018〕499 号鉴定书，鉴定结论为蔡某章损伤程度为轻微伤。2018 年 7 月 3 日，思明公安分局将前述鉴定结果对蔡某章及黄某进行告知。2018 年 8 月 17 日，被告思明公安分局因刑事案件办理过程中发现原告涉嫌殴打他人，对原告黄某涉嫌殴打他人一案予以行政立案受理。2018 年 8 月 23 日，蔡某章、蔡某武作为犯罪嫌疑人被刑事拘留。2018 年 12 月 29 日，思明公安分局对黄某进行处罚前告知后作出厦公思（开元）行罚决字〔2018〕第 00372 号行政处罚决定书，并于当日向黄某送达。此后，思明公安分局发现 2018 年 12 月 29 日送达的决定书存在笔误，于 2019 年 1 月 4 日向原告收回原送达的决定书，并于当日重新向原告送达了一份文号相同但内容不完全相同的处罚决定。思明公安分局在 2019 年 1 月 4 日送达原告的处罚决定书上载明其查明的事实为"2018 年 4 月 13 日 14 时许，违法行为人黄某因拆除排油烟管与蔡某武、蔡某章等人发生纠纷，后黄某多次先行动手殴打蔡某章、蔡某武、王某等人，至蔡某章右唇受伤。经伤情鉴定，蔡某章右唇黏膜损痕0.9cm，评定为轻微伤。”因黄某的行为违反《治安管理处罚法》第四十三条第二款第三项之规定，思明公安分局决定对黄某处以行政拘留10日，并处罚款500元。

黄某于2019年1月2日缴纳保证金并向厦门市公安局提起行政复议，市公安局于当日受理。2019年2月28日，厦门市公安局延长该案复议期限，并于2019年3月1日通知黄某。2019年3月29日，厦门市公安局作出厦公复决字〔2019〕011号《行政复议决定书》，决定维持被告思明公安分局作出的厦公思（开元）行罚决字〔2018〕第00372号《行政处罚决定书》。

另查明，厦门市思明区人民法院于2019年3月20日作出（2019）闽0203刑初168号刑事判决书，该判决书查明：2018年4月13日14时许，蔡某章、蔡某武、欧某等人在厦门市思明区某店面因拆除排油烟管等问题与黄某发生纠纷，引发双方互殴，判决蔡某武、蔡某章、欧某犯故意伤害罪，分别判处蔡某武、蔡某章有期徒刑八个月，判处欧某有期徒刑九个月。该刑事判决书已经发生法律效力。

【裁判结果】

福建省厦门市集美区人民法院于2019年11月1日作出（2019）闽0211行初100号行政判决：一、确认被告厦门市公安局思明分局于2018年12月29日作出的厦公思（开元）行罚决字〔2018〕第00372号《行政处罚决定书》违法。二、撤销被告厦门市公安局于2019年3月29日作出的厦公复决字〔2019〕011号《行政复议决定书》。宣判后，各方未提出上诉，判决已发生法律效力。

【裁判理由】

法院生效裁判认为：《治安管理处罚法》第七条第一款规定：“国务院公安部门负责全国的治安管理工作。县级以上地方各级人民政府公安机关负责本行政区域内的治安管理工作。”据此，被告思明公安分局具有对本行政区域内治安违法行为依法作出行政处罚的法定职权。

本案的争议焦点在于：（1）原告黄某之行为是否构成殴打他人；（2）被告思明公安分局作出的案涉行政处罚决定程序是否合法。

1. 关于原告的行为是否构成殴打他人。本案系因民事纠纷所引发，从在案证据看，原告黄某与第三人蔡某章、蔡某武，及数名案外人因拆除排油烟管问题发生冲突继而在冲突过程中引发互殴。从案发现场监控视频来看，第三人蔡某章、蔡某武等人在冲突过程中，对原告实施了殴打行为，但该殴打行为并非持续且不间断。虽然黄某与对方在人数上差距较大，但在冲突过程中也并非始终被动挨打。在14时40分43秒、14时48分20秒、14时49分10秒这几个时间节点，原告也有明显的主动出击之行为，原告主张其行为属于为免受正在进行的违法行为的侵害而采取的制止行为，与事实不符，法院不予采信。本案因民事纠纷引发冲突，原告对矛盾激化亦负有一定责任，且多次先动手殴打对方，其行为不属于为制止正在进行中的不法侵害而采取的正当防卫行为。思明公安分局认定黄某于2018年4月13日14时许，因拆除排油烟管与蔡某武、蔡某章等人发生纠纷，多次先行动手殴打蔡某章、蔡某武、王某等人，致蔡某章轻微伤，有相应的事实依据，证据充分。

2. 关于办案程序是否合法。公安机关依法管理社会治安，行使国家行政权的同时又依法侦查刑事案件，行使国家的司法权，具有行政和司法的双重职能。本案属于一次冲突分别引发刑事责任与行政责任的情形。思明公安分局在侦查前述刑事案件中发现原告涉嫌殴打他人，遂予以行政立案处理。刑事案件中最后一位到案的犯罪嫌疑人为欧某，其于2018年12月6日第一次到案接受讯问。但并无证据表明欧某在案发后报案或指控原告对其实施了殴打行为，故欧某何时到案接受讯问与本案原告违法行为的处理并不具有利害关联。根据《公安机关办理行政案件程序规定》第三十三条规定："刑事案件转为行政案件办理的，刑事案件办理过程中收集的证据材料，可以作为行政案件的证据使用。"但前述规定并不意味着行政案件必须待刑事侦查程序结束后方可作出处理结果。行政程序有多种类型，设立程序的目的也各不相同，有些是为了保障当事人合法权益，有些则是为了规范行政行为或提高行政效率。为行政处罚的办理设定相应的办案期限，能够督促行政机关及时调查取证并及时高效地作出处理，避免被处罚人再次作出相同的违法行为，从而达到惩罚和教育的功能。《治安管理处罚法》第九十九条规定："公安机关办理治安案件的期限，自受理之日起不得超过三十日；案情重大、复杂的，经上一级公安机关批准，可以延长三十日。为了查明案情进行鉴定的期间，不计入办理治安案件的期限。"《公安部关于公安机关执行〈中华人民共和国治安管理处罚法〉有关问题的解释》中关于办理治安案件期限问题亦明确"对因违反治安管理行为人逃跑等客观原因造成案件不能在法定期限内办结的，公安机关应当继续进行调查取证，及时依法作出处理决定，不能因已超过法定办案期限就不再调查取证。因违反治安管理行为人在逃，导致无法查清案件事实，无法收集足够证据而结不了案的，公安机关应当向被害人说明原因”。根据已查明事实，本案于2018年8月17日受案，至2018年12月29日作出案涉行政处罚决定书，已超过法定办案期限。从在案证据看，案涉冲突所引发的刑事案件的侦办单位亦为思明公安分局，本案也不存在违法行为人在逃，导致无法查清案件事实，或无法收集足够证据而结不了案的情形。

综上，被告思明公安分局作出案涉行政处罚决定，事实认定清楚，结果正确，但其办案期限已超过法定的期限，因办案超期对案涉处罚决定最终的实体处理结果不产生影响，尚不足以撤销被诉行政处罚行为，故应确认超期程序违法。被告市公安局依法受理复议申请，并在法定期限内作出复议决定，但该复议决定认定思明公安分局行政处罚决定程序合法不当，行政复议决定应予撤销。

【案例注解】

刑行交叉案件是指刑事法律关系与行政法律关系相互交织、冲突的案件。行政执法与刑事司法都是国家公权力依照法定权限和程序对违法行为作出处理的法律活动。二者均承载着维护社会秩序，保障公民、法人和其他社会组织合法权益的功能，只是采用不同的社会治理手段。对同一行为既违反行政法律规范又违反刑事法律规范的，《行政处罚法》第二十二条规定：“违法行为构成犯罪的，行政机关必须将案件移送司法机关，依法追究刑事责任。”实践中，行政机关对于自身在查处行政违法行为过程中发现构成犯罪的，依法应根据前述规定将案件线索移送公安机关，即原则上应优先通过刑事诉讼程序解决行为人的刑事责任问题。

但公安机关在刑行交叉案件的处理上具有其特殊性，因为公安机关依法管理社会治安，行使国家行政权的同时又依法侦查刑事案件，具有行政和司法的双重职能。故而在公安机关办理刑行交叉案件中，应对可能存在的两种情形加以甄别：一是行政案件与刑事案件相互交叉并且冲突，二是行政案件与刑事案件虽存在交织但并不冲突。是否适用刑事程序优先原则，应分析刑事案件与行政案件的具体关联予以确定。只有在刑事案件是行政案件的必要前提，即具体行政行为的合法性的审查要以刑事诉讼的结果为依据的情形下，才具有刑事程序优先的必要性。若未予区分，一味坚持刑事程序优先，则有可能造成行政执法行为不必要的拖延，使行政执法相对人在被立案调查以后，长期处于一种可能被科以行政处罚的不确定的状态，有违行政执法的效率原则，不利于当事人权利的保护。

互殴案件是公安机关可能涉及刑事、行政两大不同职权行使的常见案件。

是否构成治安行政违法或故意伤害罪，与双方的伤情程度密切相关。因双方伤情不同，可能存在因一次冲突分别引发刑事案件与行政案件，公安机关对于两类案件的调查同时推进，在刑事程序中所搜集的证据亦可作为行政处罚的证据使用的情形。

本案冲突即分别引发刑事案件与行政案件，冲突对立的双方中，原告构成轻伤，第三人一方中蔡某章构成轻微伤。刑事调查程序中最后一位到案的犯罪嫌疑人欧某于2018年12月6日第一次到案接受讯问，但欧某在案发后并未指控原告对其实施了殴打行为，且在此前的调查中并无证据显示原告有实施殴打欧某的行为，故欧某何时到案接受讯问与本案对原告殴打他人违法行为的处理并不具有利害关联。从刑事案件与行政案件的关系看，本案涉及的刑事案件与行政案件虽然存在同时调查，且部分刑事程序中搜集的证据作为行政案件使用的情形，但是刑事案件与行政案件的关联仅仅是事实与证据上的关联，并不存在刑事案件需作为前提的情形。

根据行政法理论，行政行为一经作出便产生行政法上的效力，即具有公定力、确定力、拘束力和执行力。依法行政要求做到效率、公平。这也是设立行政案件办案期限的意义之一。通过设定办案期限，能够督促行政机关及时调查取证并及时高效地作出处理，避免行政相对人的权益长期处于不确定状态，使行政相对人不再次作出相同的违法行为，从而达到惩罚和教育的功能。本案公安机关作出行政处罚决定时关于办案期限应适用的规定为《治安管理处罚法》第九十九条及《公安部关于公安机关执行〈中华人民共和国治安管理处罚法〉有关问题的解释》中关于办理治安案件期限问题的规定，根据前述规定，鉴定期间不计入办案期限，治安管理行为人逃跑等客观原因造成案件不能在法定期限内办结的，公安机关仍应当继续进行调查取证，及时依法作出处理决定。因违反治安管理行为人在逃，导致无法查清案件事实，无法收集足够证据而结不了案的，公安机关还应当向被害人说明原因。

因关联刑事案件尚在办理不构成行政案件超期的免责事由，公安机关因刑事案件尚未办结而未对行政案件作出及时处理缺乏依据，本案亦不存在法定的办案超期的免责事由，故公安机关办案超期程序违法，遂依法判决确认处罚决定违法并撤销复议决定。

（**一审法院合议庭成员** 蓝水凤 廖永健 陈跃忠
编写人 福建省厦门市集美区人民法院 蓝水凤
责任编辑 韩德强
审稿人 王振宇）

陈某某诉重庆市丰都县公安局行政强制案

——公安机关对不在案发现场当事人进行口头传唤行为的合法性

关键词：行政强制　公安　行政强制　行政强制措施　口头传唤

【裁判要旨】

公安机关对不在所涉纠纷案发现场的当事人进行口头传唤的行为违法。

【相关法条】

《中华人民共和国行政强制法》

第二条　本法所称行政强制，包括行政强制措施和行政强制执行。

行政强制措施，是指行政机关在行政管理过程中，为制止违法行为、防止证据损毁、避免危害发生、控制危险扩大等情形，依法对公民的人身自由实施暂时性限制，或者对公民、法人或者其他组织的财物实施暂时性控制的行为。

行政强制执行，是指行政机关或者行政机关申请人民法院，对不履行行政决定的公民、法人或者其他组织，依法强制履行义务的行为。

《中华人民共和国治安管理处罚法》

第八十二条　需要传唤违反治安管理行为人接受调查的，经公安机关办案部门负责人批准，使用传唤证传唤。对现场发现的违反治安管理行为人，人民警察经出示工作证件，可以口头传唤，但应当在询问笔录中注明。

公安机关应当将传唤的原因和依据告知被传唤人。对无正当理由不接受传唤或者逃避传唤的人，可以强制传唤。

【案件索引】

一审：重庆市涪陵区人民法院（2016）渝0102行初153号（2016年12月26日）

二审：重庆市第三中级人民法院（2017）渝03行终22号（2017年4月21日）

【基本案情】

原告陈某某诉称：2016年5月30日，原告根据工作安排下乡走访时，因琐事与单位职工曾某某发生争执，当天下午，城东派出所以电话形式通知工作队刘某某，要求原告到城东派出所接受调查。下午2点左右，在刘某某、马某某带着原告前往派出所的途中与城东派出所的警车正面相遇。该警车中的四位民警在未穿戴警帽、未出示警官证、未出示传唤证、未表明身份的情况下，要求带走原告。原告告诉民警接一个电话就一起走时，四个民警立即强行将原告的右手扭至后背并用手铐铐上，致原告的右手腕软组织损伤。后原告主动将双手伸出让民警铐上带至城东派出所，在派出所被限制人身自由至次日凌晨2点多，期间民警非法搜查原告身体、对戴着手铐的原告讯问过一次，在放行原告时也未出具任何书面材料。丰都县公安局城东派出所违法对原告使用警械的强制传唤措施、违法限制原告人身自由达12小时、非法搜查原告身体，造成原告身体受伤，给作为国家公务员的原告带来了巨大的负面影响。请求人民法院判决确认被告对原告采取使用警械的强制传唤措施、限制人身自由、非法搜查原告身体的具体行政行为违法。

被告重庆市丰都县公安局辩称：对违法嫌疑人的传唤、强制传唤、使用警械、人身检查、限制人身自由等具体行政行为是丰都县公安局城东派出所依职权作出的行政行为，无需丰都县公安局审批同意，因此丰都县公安局不是适格被告。2016年5月30日13时30分许，丰都县公安局城东派出所民警接到曾某某报警后，赶到丰都县双路镇楠木村村委会调查此事，经现场走访了解到原告涉嫌殴打他人，随后民警得知原告已乘车前往丰都县三合街道。同日14时40分许，民警驾车在楠木村9组处找到原告，原告当时坐在一辆越野车后排。经民警表明身份、出示证件后，原告下车，随后民警依法对原告进行传唤，但原告拒不配合民警执法，且欲上车逃避民警传唤，民警便依法使用手铐控制原告，强制传唤原告至派出所接受调查。因原告可能逃脱或者有其他危险行为，为确保执法安全，民警依法对其使用手铐约束性警械。原告于2016年5月30日15时15分传唤到案，到案后公安机关根据相关规定对原告的人身进行安全检查，之后城东派出所依法对原告进行询问，原告于次日0时14分离开城东派出所，城东派出所的询问查证时间为9小时。本案中，受害人曾某某为肢体三级残疾人，原告涉嫌殴打残疾人，根据《治安管理处罚法》第四十三条、第八十三条第一款规定，原告可能被依法处以行政拘留，公安机关的询问查证时间最长为24小时，因此原告称城东派出所对其非法限制人身自由的事实不成立。丰都县公安局城东派出所对原告采取传唤、强制传唤、使用警械、人身检查、限制人身自由等具体行政行为符合法律及规章的规定。请求人民法院判决驳回原告的诉讼请求。

法院经审理查明：陈某某系丰都县双路镇人民政府工作人员。2016年5月30日中午，陈某某在丰都县双路镇楠木村村委活动室因工作琐事与同事曾某某发生纠纷。丰都县公安局城东派出所接警后，派民警吴某和三名辅警前往纠纷现场进行调查，城东派出所双路警务室社区民警文某也接到通知赶到纠纷现场协同调查。民警到达纠纷现场后，因陈某某已离开，经调查得知陈某某已下乡扶贫。办案民警经电话请示派出所负责人后，决定将陈某某口头传唤至派出所接受调查。办案民警遂驾车下乡寻找陈某某，在楠木村9组的乡村道路上与陈某某乘坐的车辆相遇。民警吴某与三名辅警下车走到陈某某车外，向陈某某表明身份，并告知陈某某现在是口头传唤，如不配合，将采取强制传唤。陈某某下车后称："曾某某不去，我就不去。"此时，有手机响了，陈某某摸了下裤兜，后转身拉开车门，办案民警遂对陈某某使用手铐约束并强制传唤至城东派出所进行调查。在此过程中，民警文某在不远处的车上未下车。调查时，丰都县公安局告知了陈某某依法享有的权利义务，并对陈某某随身携带的物品进行了安全检查、登记和保管。陈某某于2016年5月31日0时许回家。

【裁判结果】

重庆市涪陵区人民法院于2016年12月26日作出（2016）渝0102行初153号行政判决：确认被告丰都县公安局于2016年5月30日对原告陈某某实施的强制传唤措施违法。宣判后，重庆市丰都县公安局提起上诉。重庆市第三中级人民法院于2017年4月21日作出（2017）渝03行终22号行政判决：驳回上诉，维持原判。

【裁判理由】

法院生效裁判认为：本案强制传唤系丰都县公安局在作出行政处罚前，对违法行为人采取的程序性调查取证措施，陈某某对该传唤措施不服，以丰都县公安局作为被告提起诉讼，亦无不当。根据《治安管理处罚法》第八十二条第一款规定，需要传唤违反治安管理行为人接受调查的，经公安机关办案部门负责人批准，使用传唤证传唤，对现场发现的违反治安管理行为人，人民警察经出示工作证件，可以口头传唤，对无正当理由不接受传唤或者逃避传唤的人，可以强制传唤。本案中，办案民警对案件进行调查时，所涉纠纷已经结束，陈某某已下乡扶贫不在案发现场，丰都县公安局需要传唤陈某某接受调查，应按照上述法律规定，经负责人批准使用传唤证传唤。本案不属于可适用口头传唤的情形，故缺乏强制传唤的前提。且丰都县公安局在对陈某某进行传唤时没有出示工作证件，也不符合上述法律规定的程序要求。因此，丰都县公安局实施的强制传唤措施不合法，应予撤销，但因该传唤措施已经实施完毕，不具有可撤销内容，一审判决确认违法的裁判结果正确，法院予以维持。

【案例注解】

根据《行政强制法》的规定，我国将行政强制分为行政强制措施和行政强制执行，本案被诉行政行为是公安机关作出的强制传唤行为，是一种强制措施，通过对行政强制措施的司法识别，可以认定本案公安机关作出的口头传唤行为与行政强制措施的限制性不符。

一、强制传唤行为的性质

根据《治安管理处罚法》第八十二条第一款的规定"需要传唤违反治安管理行为人接受调查的，经公安机关办案部门负责人批准，使用传唤证传唤，对现场发现的违反治安管理行为人，人民警察经出示工作证件，可以口头传唤，对无正当理由不接受传唤或者逃避传唤的人，可以强制传唤"，强制传唤行为的作出是当被传唤人无正当理由不接受传唤或者逃避传唤时而作出的具体行政行为。因此，强制传唤行为本身存在两层含义：第一，传唤决定；第二，对传唤决定的强制实施行为。即强制传唤行为可以分为传唤决定的"基础行为"和对该行政决定予以实施的"执行行为"。

传唤决定这一“基础行为”可以分为两种方式：传唤证传唤和口头传唤。实施行为这一“执行行为”也可以分为两种：行政相对人配合履行“容忍”或“不作为”的义务而使得该行为得以执行；行政相对人不履行“容忍”或“不作为”的义务而使得该行为需由行政主体强制执行。从行政相对人的“容忍”或“不作为”的义务来看，无论是行政相对人配合实施，还是行政主体强制执行，都与行政强制执行强制行政相对人履行的“作为”义务有明显区别。因此，强制传唤行为是一种行政强制措施。

二、从行政强制措施的司法识别角度，“案发现场”是公安机关作出口头传唤的合法性前提

根据《行政强制法》第二条第二款的规定：“行政强制措施是指行政主体在行政管理过程中，为制止违法行为、防止证据损毁、避免危害发生、控制危险扩大等情形，依法对公民的人身自由实施暂时性限制，或者对公民、法人或者其他组织的财物实施暂时性控制的行为。”因此，从文义解释来看，合法的行政强制措施至少有以下四个特点：第一，行政性，即行政强制措施是有权的行政主体依法定程序作出的行政行为；第二，控制性，即具有强制性，能够对行政相对人的人身或财产权益进行一定的强制控制；第三，暂时性，即该措施是并非对行政相对人相关权利的最终处分；第四，限制性，即实施行政强制措施应当进行限制，其适用条件必须是“为制止违法行为、防止证据损毁、避免危害发生、控制危险扩大等情形”。因此，从本案来看，公安机关作出的口头传唤行为，虽然符合上述行政性、控制性和暂时性特点，但由于作出口头传唤时并非在案发现场，与限制性特点相悖，既不符合《治安管理处罚法》第八十二条第一款的规定，又不符合《行政强制法》第二条第二款的规定，应被认定为违法。

（**一审法院合议庭成员** 昌媛媛 彭隆川 胡群英
二审法院合议庭成员 谭晓琪 喻伦泰 袁钦明
编写人 重庆市第三中级人民法院 李 昊 袁钦明
责任编辑 韩德强
审稿人 王振宇）

菲利浦海运公司申请揭阳市公安局国家赔偿案

——国家赔偿决定判项应具有可执行性

关键词：行政　国家赔偿　违法扣押　直接损失

【裁判要点】

复议机关作出的刑事赔偿复议决定事项不具有可执行性，人民法院赔偿委员会新作出的国家赔偿决定应予变更，为执行提供法律依据。

【相关法条】

《中华人民共和国国家赔偿法》

第二条　国家机关和国家机关工作人员行使职权，有本法规定的侵犯公民、法人和其他组织合法权益的情形，造成损害的，受害人有依照本法取得国家赔偿的权利。

本法规定的赔偿义务机关，应当依照本法及时履行赔偿义务。

第十八条　行使侦查、检察、审判职权的机关以及看守所、监狱管理机关及其工作人员在行使职权时有下列侵犯财产权情形之一的，受害人有取得赔偿的权利：

（一）违法对财产采取查封、扣押、冻结、追缴等措施的；

（二）依照审判监督程序再审改判无罪，原判罚金、没收财产已经执行的。

第三十六条　侵犯公民、法人和其他组织的财产权造成损害的，按照下列规定处理：

（一）处罚款、罚金、追缴、没收财产或者违法征收、征用财产的，返还财产；

（二）查封、扣押、冻结财产的，解除对财产的查封、扣押、冻结，造成财产损坏或者灭失的，依照本条第三项、第四项的规定赔偿；

（三）应当返还的财产损坏的，能够恢复原状的恢复原状，不能恢复原状的，按照损害程度给付相应的赔偿金；

（四）应当返还的财产灭失的，给付相应的赔偿金；

（五）财产已经拍卖或者变卖的，给付拍卖或者变卖所得的价款；变卖的价款明显低于财产价值的，应当支付相应的赔偿金；

（六）吊销许可证和执照、责令停产停业的，赔偿停产停业期间必要的经常性费用开支；

（七）返还执行的罚款或者罚金、追缴或者没收的金钱，解除冻结的存款或者汇款的，应当支付银行同期存款利息；

（八）对财产权造成其他损害的，按照直接损失给予赔偿。

【案件索引】

广东省高级人民法院赔偿委员会（2016）粤委赔10号（2016年9月27日）

【基本案情】

赔偿请求人菲利浦海运公司（以下简称菲利浦公司）诉称：揭阳市公安局对务萨号船实施错误扣押及处罚决定，侵害了该公司的财产权。该公司不服广东省公安厅复议决定的部分事项，请求：（1）维持赔偿10万美金及利息的决定，但利息应顺延至法院作出决定之日；（2）变更返还扣押货柜为揭阳市公安局赔偿38个集装箱损失801809.755元；（3）揭阳市公安局扣押务萨号货船并没收船上货物，导致货船被货主在中国香港申请扣押，应赔偿在香港被扣押期间的营运损失616337元、燃油费损失69652元；（4）在中国香港、菲律宾被扣押期间船员工资、船舶补给损失278707元；（5）为应对货主在香港提起诉讼产生的律师费3583978元；（6）维持赔偿担保金等各项损失共1292226元的复议决定。

赔偿义务机关广东省梅州市中级人民法院辩称：（1）在国际航运中，集装箱所有权不一定是船东菲利浦公司的，请求人应提供证据证明集装箱的所有权；（2）请求赔偿扣押货船期间的损失、律师费等不是直接经济损失，不属于《国家赔偿法》规定的赔偿范围，应不予支持。

法院经审理查明：1997 年 10 月 12 日，揭阳市公安局以涉嫌走私为由，决定对菲利浦公司的务萨号集装箱货船立案侦查。随后，揭阳市公安局对航行在惠来县神泉封开海面的务萨号货船进行搜查、扣船，船上载有 38 个集装箱物品。同年 11 月 6 日，揭阳市公安局向船长 KYAW SEIN（高盛，缅甸人）发出《通知》：因务萨号货船向我国运载走私汽车、香烟等物品，根据《刑法》《刑事诉讼法》有关规定，经报上级部门批准，我局决定对你船所运载的物品依法予以没收；由新加坡船东具结悔过并提供 10 万美元担保金后予以放行。同年 11 月 11 日，务萨号货船的船东菲利浦公司向揭阳市公安局提交《悔过书》，并缴纳了 10 万美元担保金。同日，揭阳市公安局解除船长和船员的监视居住，随船押送出境。1998 年 1 月 12 日，根据越南和丹麦向我国外事部门提出的核查放行及有关召开法语国家首脑会议服务设备和丹麦驻越南大使馆外交货物的意见，将其中两个集装箱退还越南和丹麦有关部门。同年 1 月 22 日，退还香港电影人制作有限公司的集装箱 1 个。

2014 年 1 月 21 日，揭阳市公安局作出揭市公（刑）撤案字（2014）001 号《撤销案件决定书》：我局办理的务萨号货船涉嫌走私犯罪一案，因在侦查中发现不应该对犯罪嫌疑人追究刑事责任，根据《刑事诉讼法》第一百六十一条规定，决定撤销此案。

另查，务萨号货船是一艘航行于香港—越南海防市的国际班轮，船籍利比里亚共和国，船东是菲利浦公司。揭阳市公安局对务萨号货船解除扣押后，货主在香港特别行政区申请香港高等法院扣船，由香港海事处协助执行扣船（1997 年 11 月 14 日至 12 月 3 日）。提供担保解除扣押后，又有船员在菲律宾申请菲律宾法院扣船，由菲律宾法院实施扣船措施（1997 年 12 月 4 日至 12 月 13 日）。

【裁判结果】

复议机关广东省公安厅于 2016 年 3 月 19 日作出粤公赔复字［2016］4 号刑事赔偿复议决定：赔偿义务机关揭阳市公安局赔偿菲利浦公司 1292226 元（应付利息计算至 2016 年 3 月 19 日）；返还从菲利浦公司处扣押的货柜（赔偿义务机关无法恢复原状返还的，按法律规定给付相应的赔偿金）。菲利浦公司不服，向广东省高级人民法院赔偿委员会申请作出赔偿决定。广东省高级人民法院于2016年9月27日作出（2016）粤委赔10号国家赔偿决定书：一、维持广东省公安厅关于赔偿义务机关揭阳市公安局赔偿菲利浦海运公司担保金及利息、船上设备物品损坏修理费和差旅费等损失1292226元（应付利息计算至2016年3月19日）的复议决定；二、维持广东省公安厅关于给付集装箱相应赔偿金的复议决定，赔偿义务机关揭阳市公安局给付菲利浦海运公司30个集装箱相应赔偿金662728元；三、驳回菲利浦海运公司的其他国家赔偿请求。

【裁判理由】

法院生效裁判认为：《国家赔偿法》第三十六条第三项规定：“侵犯公民、法人和其他组织的财产权造成损害的，按照下列规定处理：（三）应当返还的财产损坏的，能够恢复原状的恢复原状，不能恢复原状的，按照损害程度给付相应的赔偿金。”本案中，1997年10月12日，揭阳市公安局以涉嫌走私为由，对菲利浦公司的务萨号集装箱货船立案侦查，并对货船实施扣押措施，船上载有38个集装箱的物品。直至16年后，2014年1月21日揭阳市公安局才撤销货船涉嫌走私一案，故菲利浦公司有取得国家赔偿的权利。揭阳市公安局应对违法扣押货船造成菲利浦公司担保金及利息、船上设备物品损坏修理费和差旅费等直接财产损失承担赔偿责任；因货船在我国香港特别行政区、菲律宾被扣押期间船员工资、船舶补给损失及在香港特别行政区被扣押期间营运、燃油费损失，不属于《国家赔偿法》调整的范围，不予赔偿；律师费不属于《国家赔偿法》规定的赔偿范围，不予赔偿。广东省公安厅复议决定给予赔偿正确，但未对应返还多少个集装箱及无法返还的相应赔偿金作出认定，该决定事项无可执行性，不当，依法应予改判。

【案例注释】

该案例系广东省侵权时间跨度最长的涉外刑事赔偿案件，揭阳市公安局应承担国家赔偿责任。根据菲利浦海运公司的申请，该案对揭阳市公安局因错误扣押货船所造成的罚金、船上所载集装箱、扣押期间船员工资等直接损失给予赔偿已无争议，主要争议焦点在于：被扣押的38个集装箱是否全部属船东菲利浦公司所有，集装箱已不能恢复原状返还原物的，应如何确定相应赔偿金的问题。广东省公安厅的复议决定未对无法返还集装箱原物的相应赔偿金作出认定，决定事项无法执行，应予变更。

该案务萨号货船属于船东菲利浦公司所有，但船上所载38个集装箱是否属于菲利浦公司所有？菲利浦公司表示已无法提供原购买集装箱的凭证，公安机关查扣货船时，船上所属物品包括了38个集装箱，故集装箱属其所有。但是，船东占有或使用集装箱，并不等于其为财产所有权人，菲利浦公司申请赔偿主体是否适格，仍需证据予以证实。经审查揭阳公安局的刑事侦查卷宗，发现当年报关所用的货运提单中有注明集装箱为船东或货主自备。经逐一核查，货船上有30个（20尺10个、40尺20个）集装箱为菲利浦公司自备。另从2014年1月揭阳市公安局撤销货船涉嫌走私一案后至2016年3月广东省公安厅作出复议决定时，在2年的申请赔偿时效期间，均未有货主或第三人对扣押的集装箱主张所有权提出赔偿申请。经质证，赔偿请求人菲利浦公司和赔偿义务机关揭阳市公安局、复议机关广东省公安厅三方共同确认，货船上有30个（20尺10个、40尺20个）集装箱为菲利浦公司所有。故菲利浦公司申请赔偿38个集装箱的理由部分成立。

《国家赔偿法》第三十六条第三项规定："侵犯公民、法人和其他组织的财产权造成损害的，按照下列规定处理：（三）应当返还的财产损坏的，能够恢复原状的恢复原状，不能恢复原状的，按照损害程度给付相应的赔偿金。"经到存放集装箱的现场调查，1997年前扣押的集装箱仅剩4个，已严重锈腐不能移动，其余的均不知去向。揭阳市公安局也确认，集装箱无法按复议决定恢复原状返还。按照法律规定，赔偿义务机关应依法给付相应赔偿金，但复议决定并未确定相应赔偿金金额。在集装箱已无法按原状返还，查找不到当年购买集装箱凭证和集装箱价格随着市场需求而增减的情况下，集装箱的相应赔偿金应如何确定？为更接近于赔偿的实际价值，可参照并采用菲利浦公司提供的《世界集装箱市场分地区价格走势》中1997年底国内集装箱20尺为1900美元、40尺为3050美元的价格，按扣押时1997年10月美元对人民币1∶8.2841元的汇率折算为人民币予以赔偿。赔偿义务机关揭阳市公安局对此没有提出否定的证据。故决定：揭阳市公安局应赔偿30个集装箱（20尺/15739.8元×10个=157398元，40尺/25266.5元×20个=505330元），共662728元给菲利浦公司。该集装箱相应赔偿金的确定，弥补了广东省公安厅复议决定的不足，提供了可执行性的法律依据。

（**合议庭成员**　梁　赋　李小慧　张　磊
编写人　广东省高级人民法院　李小慧
责任编辑　韩德强
审稿人　王振宇）

《人民法院案例选》通讯编辑

北京市高级人民法院 刘书星 刘晓虹 赵 彤
天津市高级人民法院 王 婧 孙 伟
河北省高级人民法院 王 佳
山西省高级人民法院 马云跃
内蒙古自治区高级人民法院 梁 宏 焦日清 杨智勇
辽宁省高级人民法院 周文政
吉林省高级人民法院 刘国春 敬晓清
黑龙江省高级人民法院 周 怡
上海市高级人民法院 牛晨光
江苏省高级人民法院 吕 娜 孙烁犇
浙江省高级人民法院 杨 治
安徽省高级人民法院 吴 婧
福建省高级人民法院 刘 光
江西省高级人民法院 章光园
山东省高级人民法院 徐清霜 芦 强
河南省高级人民法院 郭宇凌
湖北省高级人民法院 宋森军
湖南省高级人民法院 唐 竞
广东省高级人民法院 文靖之
广西壮族自治区高级人民法院 赵元松
海南省高级人民法院 李周伟
重庆市高级人民法院 游中川 吴雨亭
四川省高级人民法院 杜玉兰 金 晶

贵州省高级人民法院　尤　媛
云南省高级人民法院　郑天柱
西藏自治区高级人民法院　杨庭轶
陕西省高级人民法院　常媛媛　杨新斌
甘肃省高级人民法院　张文强
青海省高级人民法院　孙启英
宁夏回族自治区高级人民法院　吴培渊　杨　莹
新疆维吾尔自治区高级人民法院　马小菊
解放军军事法院　徐占峰
新疆维吾尔自治区高级人民法院生产建设兵团分院　王　琼
石家庄市中级人民法院　王红岩
太原市中级人民法院　张玉森
沈阳市中级人民法院　田　震
大连市中级人民法院　侯德强
长春市中级人民法院　赵　璐
哈尔滨市中级人民法院　周　磊
南京市中级人民法院　赵雪雁
南通市中级人民法院　沈　扬
无锡市中级人民法院　周耀明
徐州市中级人民法院　葛　文
杭州市中级人民法院　邓兴广
宁波市中级人民法院　袁玮玮
合肥市中级人民法院　张小春
福州市中级人民法院　陈学凯
厦门市中级人民法院　陈荣炜
南昌市中级人民法院　陈　健
济南市中级人民法院　赵　雯
青岛市中级人民法院　傅庆涛
东营市中级人民法院　延　颜
郑州市中级人民法院　朱世鹏
武汉市中级人民法院　柯昌洁
宜昌市中级人民法院　黄金波
长沙市中级人民法院　张　明

广州市中级人民法院　王龙飞　林健涛
深圳市中级人民法院　丁业强
南宁市中级人民法院　周传明
海口市中级人民法院　崔玉坤
成都市中级人民法院　郝廷婷
泸州市中级人民法院　胡　艳
贵阳市中级人民法院　施辉法
昆明市中级人民法院　冯丽萍
拉萨市中级人民法院　王　静
西安市中级人民法院　高　伟
兰州市中级人民法院　鲁千晓
西宁市中级人民法院　潘　伟
银川市中级人民法院　周志胜
天津海事法院　董丽娟
上海海事法院　英振坤
广州海事法院　付俊洋
宁波海事法院　孔　昱
青岛海事法院　张　静
厦门海事法院　吴海燕
武汉海事法院　王建新
大连海事法院　刘铁男
北海海事法院　邱德平
海口海事法院　刘本荣

（各法院通讯编辑若有变动，请及时告知中国应用法学研究所，电话：010－67555922　龙菲　邮箱：rmfyalx@126.com）